SAMMLUNG GÖSCHEN BAND 910

AFRIKA

Ein geographischer Überblick

von

PROF. DR. FRITZ JAEGER
Riehen bei Basel

2. umgearbeitete Auflage

I
Der Lebensraum

WALTER DE GRUYTER & CO.
vormals G. J. Göschen'sche Verlagshandlung · J. Guttentag, Verlagsbuchhandlung · Georg Reimer · Karl J. Trübner · Veit & Comp.
Berlin 1954

Archiv-Nr. 11 09 10
Satz und Druck: Thormann & Goetsch, Berlin SW 61
Printed in Germany

INHALT

SCHRIFTTUM

a) Gesamtwerke, Zeitschriften, Karten

Mai, E., Der Erdteil Afrika. Stuttgart 1953.
Jaeger, F., Afrika. Leipzig 1928.
Handbuch der Geographischen Wissenschaft, Band Afrika, Potsdam 1936.
Klute, F., Afrika. (Allgem. Länderkunde der Erdteile, hersg. von Meinardus, Teil 3.) Hannover 1935.
Géographie Universelle, Band XI und XII, Paris 1937—1939.
Weulersse, L'Afrique noire. Paris 1934.
Gautier, E.-F., L'Afrique blanche. Paris 1939.
Fitzgerald, Africa. London 1934.
Afrika. Handbuch der praktischen Kolonialwissenschaften. Berlin, 1941 ff.
Deutsches Koloniallexikon. 3 Bde. Leipzig 1920.
Koloniale Rundschau, Berlin. 1909—1943.
Mitteilungen aus den Deutschen Schutzgebieten. Berlin 1888 bis 1919, 1925—1932. Dazu Ergänzungshefte Nr. 1 bis 15.
Die deutschen Schutzgebiete in Afrika und der Südsee. Jährlich bis 1912/13.
Beiträge zur Kolonialforschung. Berlin. 6 Bände, 1942—44.
Colonial Annual Reports. London.
Africa. Zeitschrift des internationalen Instituts für afrikanische Sprachen und Kulturen. London, seit 1928.
Mémoires, hersg. vom Institut Français d'Afrique noire in Dakar.
Brown, The South and East African Yearbook and Guide. London, jährlich.
Ferner die geographischen Zeitschriften und Bibliographien der einzelnen Länder.

Carte internationale du monde 1 : 1 000 000.
Africa (Nouvelle Carte d'Afrique) 1 : 2 000 000.
Mittelafrika 1 : 2 000 000. (Ostsudan, Belgisch Kongo, Angola und deutsche Kolonien.) Berlin 1912—1922.
Atlas des Colonies Françaises. Paris 1934.
Deutsche, englische, französische, italienische Kolonialkarten in Maßstäben 1 : 500 000 bis 1 : 50 000.

b) Grundlegende Forschungsreisen

Barth, Heinrich, Reisen und Entdeckungen in Nord- und Zentralafrika in den Jahren 1849—1855. 5 Bände. Gotha 1857/58.
Nachtigal, G., Sahara und Sudan. 3 Bände. Berlin 1878 bis 1889.
Schweinfurth, G., Im Herzen Afrika. Leipzig u. London 1874, Dritte Aufl., Leipzig 1918.
Stanley, H. M., Through the dark continent. 2 Bände, London 1878.
Livingstone, D., Missionary travels and researches in South Africa. London 1857.

c) Physische Geographie

Sueß, Ed., Die Brüche des östlichen Afrika. Abh. Ak. Wiss. Wien 1891.
Krenkel, E., Geologie Afrikas. 3 Bde. Berlin 1925—1938.
Obst, E. und Kayser, K., Die große Randstufe auf der Ostseite Südafrikas. Hannover 1949.
Köppen und Geiger, Handbuch der Klimatologie. Berlin. Seit 1935.
Jaeger. Trocknet Afrika aus? Geogr. Zeitschr. 1943.
Nilsson, E., Quarternary glaciations and pluvial lakes in British Eastafrika. Geogr. Annaler 1931, 249—349.
Jaeger, F., Die Gewässer Afrikas. Zeitschr. Ges. Erdkunde Berlin, Jubiläumsband 1928, 158—190.
Lyons, G. H., The physiography of the river Nile and its basin. Cairo 1906.
Hurst and Phillips, The Nile basin. 1931.

Robert, M., Le Congo physique. Liège, 3. Aufl. 1946.
Engler, A., Die Panzenwelt Afrikas, besonders seiner tropischen Gebiete. 4 Bde. Leipzig 1910—1925.
Waibel, L., Urwald, Veld, Wüste. Breslau 1921.
Walter, H., Grasland, Savanne und Busch der arideren Teile Afrikas in ihrer ökologischen Bedingtheit. Jahrb. wiss. Botanik, Bd. 87, 1939, 750—860.
Hollstein, W., Eine Bonitierung der Erdoberfläche auf landwirtschaftlicher und bodenkundlicher Grundlage. Petermanns Mitt. Ergänzungsheft 234, Gotha 1937.
Penck, A., Das Hauptproblem der physischen Anthropogeographie. Sitzungsber. preuß. Akad. Wiss. 1924.
Passarge, S., Die natürlichen Landschaften Afrikas. Petermanns Mitt. 1908.

d) Länderkunde

Kaufmann, A., Ewiges Stromland. Stuttgart 1926.
Gautier, E. F., Le Sahara. Paris 1923. Englische Ausgabe 1935.
Schiffers, H., Die Sahara und die Syrtenländer. Stuttgart 1950.
Gautier, E. F., L'Afrique noire occidentale. Paris 1935.
Abadie. La colonie du Niger. Paris 1927.
Richard-Molard, J., Afrique occidentale française. Paris 1949.
Thorbecke, F. und M. P., Im Hochland von Mittelkamerun. Hamburg.
Hänel, K., Nigerien. Leipzig 1943.
Schober, R., Kamerun. Berlin 1937.
Bruel, G., La France Equatoriale Africaine. Paris 1935.
Meyer, H., Das deutsche Kolonialreich. 2 Bde., Leipzig 1909, 1910. (Eine Geographie der einzelnen deutschen Kolonien.)
Guide du voyageur au Congo Belge et au Ruanda Urundi. Brüssel, 2. Aufl. 1952.
Jessen, Reisen und Forschungen in Angola. Berlin 1936.
Passarge, S., Die Kalahari. Berlin 1904.

Erstes Kapitel: Die Weltlage Afrikas

Afrika, einst der dunkle Weltteil, seit 75 Jahren und noch heute der koloniale Erdteil Europas, mehr als irgend ein anderer, den die Europäer kolonisiert haben, ist das südwestliche Stück der großen östlichen Landmasse unserer Erde. Von dieser ist es durch den Einbruchsgürtel der Mittelmeere, das europäische Mittelmeer und das Rote Meer als selbstständiger Kontinent abgegliedert. Nur durch die Landenge von Suës hängt es mit ihr zusammen und ist zur umschiffbaren Insel geworden, als die Enge im Jahre 1869 durch den Sueskanal durchstochen wurde.

Der Zusammenhang mit dem Nachbarkontinent Eurasien hat noch im Laufe der geologischen Neuzeit mehrfach gewechselt. Nach Auffaltung des alpinen Gebirgsgürtels, der die östliche Landmasse vom Atlas und den Pyrenäen über die Alpen, den Kaukasus und den Himalaya bis nach Ostasien durchzieht, verschwand das Mittelmeer der älteren Tertiärzeit und es entstand ein breiter Landzusammenhang mit Europa.

Erst in der jüngeren Tertiärzeit, im Miozän bildete sich das heutige Mittelmeer. Noch hing es nicht durch die Straße von Gibraltar mit dem Atlantischen Ozean zusammen, sondern durch das Tal des Guadalquivir und über den Durchgang von Tasa, südlich des marokkanischen Rifgebirges. Im frühen Pliozän entstand die heutige Straße, die vielleicht um die Wende von Pliozän ins Diluvium noch einmal unterbrochen wurde, aber seit dem Mitteldiluvium dauernd besteht.

Das nördliche Rote Meer war im Miozän ein Golf des Mittelmeeres, ohne Zusammenhang mit dem Indischen Ozean, der erst im Pliozän im Süden eindrang, nachdem die Landbrücke von Sues wieder aufgetaucht war. Im frühen Diluvium wurde sie noch einmal vorübergehend vom Meere überflutet.

Im Jungpliozän scheint Tunesien noch mit Sizilien zusammengehangen zu haben. Erst in nachpliozäner Zeit öffnete sich der Kanal von Sizilien und die Verbindung des westlichen, mit dem östlichen Mittelmeerbecken. Es haben also noch zu Zeiten des Menschen andere Landzusammenhänge bestanden, was für die Einwanderung des Menschen in Afrika von Bedeutung ist. Für die historische Zeit dürfen wir allerdings die Umrisse von Land und Meer im wesentlichen als gleichbleibend ansehen. Durch Anschwemmungen, z. B. an der tunesischen Küste, und durch Hebung des Landes hat nur unbedeutender Landzuwachs stattgefunden.

Der meerumspülte Kontinent hat eine Fläche von 29 268 000 qkm. Mit den üblich dazu gerechneten Inselgruppen, nämlich Madagaskar, 625 142 qkm, Mauritius 1865 qkm, Réunion 2512, Komoren 2180, Seychellen und Amiranten 404 und Sokotra 3579 qkm im indischen, Madeira 739, Kanaren 7273, Kap Verden 845, Guineainseln 3044, Ascension 88, St. Helena 120, Tristan da Cunha 116 qkm im Atlantischen Ozean hat Afrika eine Fläche von 29 921 000 qkm, ist also dreimal so groß als Europa bis zum Ural. Die große Landmasse des Kontinents wird weder durch tief eingreifende Nebenmeere, noch durch hohe Gebirge zerteilt und gegliedert. Der von SW eingreifende Golf von Guinea läßt allenfalls ein nordafrikanisches Viereck und ein südafrikanisches Dreieck unterscheiden.

So können in Afrika, im Gegensatz zum reich zergliederten Europa großräumige Gebilde entstehen: Riesenströme, wie der Kongo und der Nil, riesige Landschaften einheitlichen Charakters wie die Wüste Sahara, der Sudan, das aequatoriale Waldgebiet, riesige, politisch zusammenhängende Landflächen wie der französische Kolonialblock NW-Afrikas von 10,4 Millionen, der britische im Osten Afrikas von 9,9 Millionen qkm, Nach seiner geographischen Breite, die von 37½° Nord bis 35° Süd reicht, sich also fast gleich weit beiderseits des Äquators erstreckt, gehört Afrika den Tropen und Subtropen an. Es ist größtenteils ein Tropenkontinent. Er kann tropische Erzeugnisse liefern und damit die Wirtschaft Europas ergänzen, eignet sich aber, von seinem nördlichsten und südlichsten Teil abgesehen, nicht für Massenansiedlung von Weißen.

Die Tropenwelt Afrikas ist durch den 2000 km breiten Wüstengürtel der Sahara von den subtropischen Küstenlandschaften des Mittelmeers scharf getrennt. Das ist eine der einschneidensten Tatsachen der Geographie Afrikas. Nordafrika hatte immer mit allen Mittelmeerländern enge Beziehungen. Das tropische und südliche Afrika ist durch die Sahara und durch die Weiten der Ozeane isoliert. Auf dieser Trennung beruht auch der große rassische und kulturelle Gegensatz des weißen Afrikas im subtropischen Norden und des schwarzen Afrikas, das die Tropen und das subtropische Südafrika umfaßt. Der subtropische Norden war und ist von Völkern der weißen, europiden Rassenfamilie bewohnt, den Ägyptern, den einstigen Libyern, den Berbern, seit der islamischen Ausbreitung auch von arabischen Völkern. Er gehört dem orientalischen Kulturkreis an, ist ein Stück Orient. Das südsaharische Afrika ist ein Rassen- und Kulturraum für sich, das Land der Neger.

Die Beziehungen Afrikas zu andern Kontinenten erfolgen außer an der Landenge von Sues ausschließlich über See. Daher ist die Zugänglichkeit der Küsten von Bedeutung. Afrika entbehrt nicht nur der Großgliederung, sondern an den meisten Strecken auch der kleinen Küstengliederung. Es mangeln ihm natürliche Häfen. Dieser Mangel ist allerdings kein wesentliches Hindernis für die Erschließung von außen, sobald sie als notwendig empfunden wird. Die späte Erschließung Afrikas hat andere Gründe. Haben doch schon um 600 vor Christus ägyptische Seefahrer Afrika umfahren, und der Karthager Hanno hat die Westküste wahrscheinlich bis zum Kamerunberg befahren. Aber der Mangel an Häfen ließ keine Seefahrervölker in Afrika entstehen. Nur da, wo die afrikanischen Küsten im kleinen reicher gegliedert sind, sind die Afrikaner wenigstens zur Fischerei und Küstenschiffahrt aufs Meer gegangen: im Westen von der Gambiamündung bis zur Sherbroinsel und beiderseits des Kamerunberges, in Ostafrika von Mosambik bis zur Djubamündung und im Südteil des Roten Meeres. Daher kommen die Beziehungen zu anderen Kontinenten wesentlich von diesen her, nach Afrika hin. Eine selbständige, überseeische Ausbreitung der Afrikaner hat nicht stattgefunden.

Sehen wir von Landzusammenhängen in früheren geologischen Perioden ab, so bestehen Beziehungen zwischen Afrika und den fernen Kontinenten, Nordamerika, Südamerika, Australien, Antarktis erst durch die europäische Ozeanschiffahrt. Sie brachte Negersklaven nach Amerika und verbreitete die Negerrasse auf den westlichen Doppelkontinent. Sie ließ Kulturpflanzen austauschen. Die Kultur von Mais, Maniok und Tabak wurde frühzeitig, die von Kakao, Kautschuk und Sisalhanf später aus Amerika in Afrika eingeführt; umgekehrt ist der afrikanische Kaffee die wichtigste Kulturpflanze Südamerikas geworden. Sonst besteht noch kein starker Verkehr, kein großer Handelsaustausch zwischen Afrika und dem tropischen Amerika, weil beide Erdteile als junge Kolonialländer in ihrem Wirtschaftsgefüge sich zu ähnlich sind. Für die Flugverbindung von Europa nach Südamerika ist Dakar nur Stützpunkt.

Viel enger sind Afrikas Beziehungen zum Nachbarkontinent Eurasien.

Die Natur der großen Kontinente der Ostfeste zeigt manche wichtige Übereinstimmung, die auf gemeinsamer Entwicklungsgeschichte beruht. Der Gürtel der in der Tertiärzeit entstandenen Faltenhochgebirge greift im Atlasgebirge nach Afrika über. Ein einheitliches System der Monsunwinde entwickelt sich im Hochsommer nicht nur über Asien, sondern es schließt Afrika nördlich vom Äquator ein. Die Tier- und Pflanzenwelt N-Afrikas ist der eurasiatischen, besonders der der Mittelmeerländer eng verwandt, sie bildet mit ihr die mediterrane Provinz des holarktischen Tier- und Pflanzenreiches. Die des tropischen Afrika hingegen zeigt Verwandtschaft mit der südasiatischen und gehört mit dieser dem paläotropischen Floren- und Faunenreich an.

Schon in frühen vorgeschichtlichen Zeiten konnten sich die Menschen von dem eurasiatischen Kontinent zum afrikanischen ausbreiten, vielleicht noch über alte Landbrücken, sehr früh aber auch über die Meerengen von Gibraltar, Sizilien und Bab el Mandeb. Uralt ist der durch den jahreszeitlichen Wechsel des Monsuns auch für ungedeckte Schiffe mögliche Verkehr zwischen Südasien und Ostafrika. Immer ältere Kulturbeziehungen werden da aufgedeckt. So sind die dunkelhäutigen Sakalaven Madagaskars keine afrikanischen Neger, sondern den Melanesiern verwandt. Indonesisches Kulturgut ist früh in Afrika eingedrungen.

Noch inniger sind seit alters die Verkehrs- und Kulturbeziehungen über die schmalen Mittelmeere, das europäische Mittelmeer und das Rote Meer. Die Phönizier von der Syrischen Küste gründeten ihre Kolonien auch auf europäischem und auf afrikanischem Boden. Die geschichtlich bedeutendste ist Karthago gewesen. Ebenso hatten die Griechen ihre Kolonien in Afrika, besonders an der Gegenküste der Cyrenaika, und breiteten ihre Kultur über das östliche Nordafrika aus. Im Römerreich waren sogar die europäischen, asiatischen und afrikanischen Mittelmeerländer nicht nur durch Verkehr und Kultur verbunden, sondern politisch vereint. Daraus ergab sich die Christianisierung ganz Nord-Afrikas bis nach Abessinien. Nordafrika gehörte zum mediterranen Kulturkreis. Der Norden war die Kulturfront Afrikas, Afrika südlich der Sahara blieb von diesen Einflüssen wegen des sperrenden Riegels der Sahara so gut wie unberührt. Als der Islam sich in ungeheurem Siegeszug in Vorderasien und über Nordafrika ausbreitete und das Christentum vernichtete, bildete das Rote Meer kein Hindernis.

Mit dem Siege des Islam hörten die Beziehungen zwischen Europa und Nordafrika fast ganz auf; es waren zwei feindliche, nicht durch die Natur, aber durch ihren Geist getrennte Welten, die nur in blutigen Kämpfen in Spanien und Frankreich und gegen die Seeräuber auf dem Mittelmeer zusammenstießen. Der Islam verstärkte die völlige Abtrennung Europas von Negerafrika.

Erst im Zeitalter der Entdeckungen durch die Ozeanschifffahrt konnte dieses Hindernis umgangen werden. Es begannen neue Einwirkungen Europas auf Afrika von den Ozeanküsten her. Wirkten sie sich zunächst wesentlich in den Sklavenjagden aus, so haben sie mit der Zeit doch zur Kolonisation Afrikas durch die Europäer geführt. Afrika hat damit eine neue Kulturfront erhalten, nämlich seine Küsten. Von diesen aus dringt die moderne, europäische Kultur ein, haben die europäischen Kolonialvölker den Erdteil militärisch erobert, politisch beherrscht, wirtschaftlich mehr oder weniger erschlossen und bemühen sich, ihn kulturell zu heben. So wurde Afrika der koloniale Erdteil wie kein anderer. Afrika ist der Europa zunächst gelegene Tropenraum und daher sein naturgemäßes tropisches Ergänzungsgebiet.

Durch die beiden Weltkriege ist die europäische Vorherrschaft in der Welt zusammengebrochen und auch die europäische Herrschaft in Afrika erschüttert. Es ist zu erwarten, daß auch die afrikanischen Kolonien immer selbständiger werden. Vorerst aber besitzen die Europäer noch die Herrschaft und haben gewaltige Aufgaben der Erschließung der Länder, der Führung und kulturellen Förderung der Afrikaner zu erfüllen. Je mehr die Europäer diese Aufgaben als eine gemeinsame europäische Angelegenheit betrachten, an der nicht nur die kolonialen Mutterländer, sondern auch Länder ohne Kolonien wie Deutschland und die Schweiz mitwirken müssen, desto eher wird es ihnen gelingen, Afrika als wirtschaftliches Ergänzungsgebiet und kulturelles Arbeitsfeld zu behalten, zum Segen der afrikanischen und der europäischen Völker.

Zweites Kapitel: Das Klima Afrikas

Von den beiden anorganischen Grundlagen der Landesnatur, Bodengestalt und Klima, schafft in Afrika vor allem das Klima die Verschiedenheiten der Großlandschaften, da die Bodengestalt durch geringe waagrechte und senkrechte Gliederung einförmiger ist als in andern Kontinenten. Mit dieser Einförmigkeit hängt es auch zusammen, daß in Afrika die planetarischen, d. h. die aus der Kugelgestalt der Erde und aus der wechselnden Sonnenstellung hervorgehenden Klimagürtel regelmäßiger ausgebildet sind als in den übrigen Erdteilen.

1. Die Temperatur

In den geographischen Breiten Afrikas, zwischen 37° N und 35° S, steht die Sonne das ganze Jahr ziemlich oder sehr hoch. Wo nicht beträchtliche Meereshöhe die Temperatur herabdrückt, ist es daher dauernd warm. In den Tropen herrscht ewiger Sommer, stets wärmer als in Mitteleuropa der Juli. In den subtropischen Küstenländern hat der kühlste Monat eine Temperatur wie im mitteleuropäischen Frühling, im Mai, so daß das Pflanzen- und Tierleben keine Unterbrechung durch den Winter erleidet. Nur subtropische Hochländer und Gebirge wie der Atlas haben einen eigentlichen Winter mit Frost und Schnee.

Hinge die Temperatur nur vom Sonnenstand ab, so müßten die Linien gleicher Temperatur parallel den Breitengraden verlaufen. Unsere auf Meereshöhe bezogenen Temperaturkarten (Abb. 1 und 2) geben ein stark davon abweichendes Bild. Zwar ein nordsüdlicher Schnitt durch den Kontinent zeigt etwa die zu erwartende Anordnung der Temperaturen. Im Januar, also im Winter der nördlichen und Sommer der südlichen Halbkugel, halten sich die Temperaturen an der Mittelmeerküste zwischen 11 und 13° C. Von da steigen sie ziemlich regelmäßig südwärts an auf 25 bis 30° unter 10° n. Br. Im nordafrikanischen Viereck verlaufen die Temperaturgleichen einigermaßen wie die Breitenkreise. Die tropischen Breiten sind recht gleichmäßig heiß mit über 26° mittlerer Januartemperatur. Sie nimmt südwärts noch zu auf über 34° am Wendekreis des Steinbocks, um dann gegen die Südküste rasch abzunehmen. Aber die Temperaturgleichen verlaufen im südafrikanischen Dreieck vorwiegend meridional, d. h. die Temperatur nimmt in gleicher geographischer Breite vom kühleren Meere zum Innern des im Südsommer stark erwärmten Kontinentes zu.

Auch im Nordsommer-Südwinter, im Juli, zeigt ein meridionaler Schnitt durch den Kontinent die gesetzmäßige Folge der Temperaturgürtel. Von 12 bis 16° an die Südküste nehmen die Temperaturen zu auf 26 bis 28° im Tropengürtel, wo das Innere des Kontinents sehr gleichmäßig warm ist. Nördlich des Äquators nehmen sie wieder zu bis etwa 20°

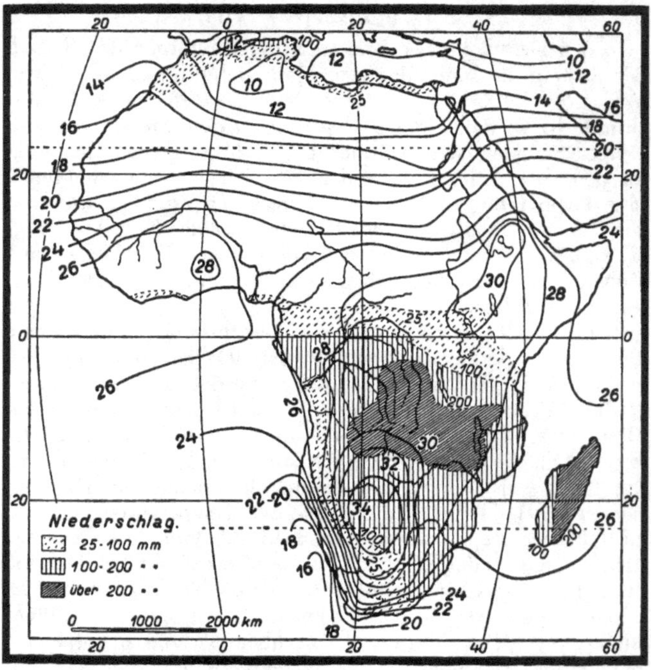

Abb. 1. Januar-Isothermen nach J. C. Craig.
Januar-Niegerschlag nach A. Knox.
(Aus Handbuch der geographischen Wissenschaft, Band Afrika)

n. Br., wo im Nordsudan und der Sahara der breite Streifen höchster Wärme mit 32 bis über 34° C sich ausdehnt. Weiter nördlich nimmt die Temperatur wieder ab auf 25 bis 27° an der Mittelmeerküste. Abgesehen von der Küste des Roten Meeres sind rings um den Kontinent die Küsten und die Lufttemperaturen über dem Meere kühler als im Innern. Der Gegensatz von ozeanischem und kontinentalem Klima, die

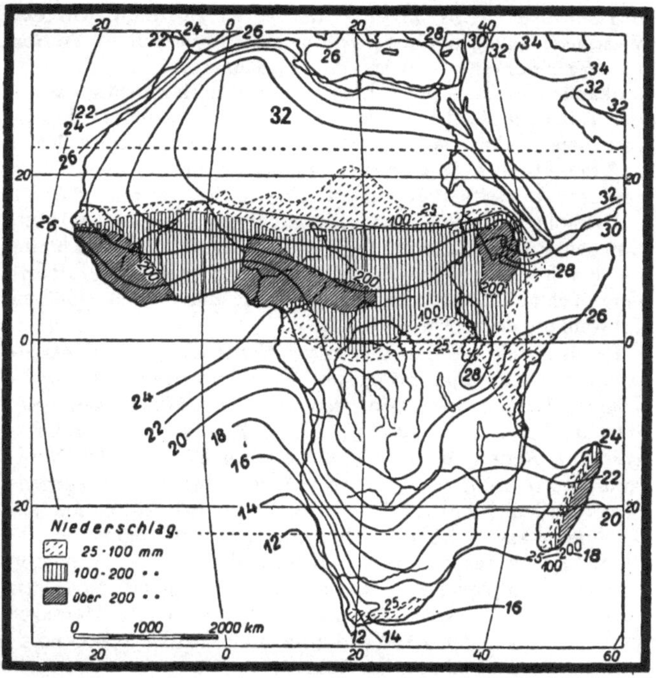

Abb. 2. Juli-Isothermen nach J. C. Craig.
Juli-Niederschlag nach A. Knox.
(Aus H. G. W., Band Afrika)

stärkere Erwärmung des Festlandes erklärt in der Hauptsache die Abweichungen der Temperaturverteilung von der planetarischen parallel zu den Breitenkreisen.

Weitere Unterschiede sind verursacht durch die Meeresströmungen abweichender Temperatur, die den Kontinent umziehen. An der Ostküste Südafrikas zieht der Mosambik- oder Agulhasstrom südwärts und bringt warmes Wasser aus äquatorialen Breiten bis ans Kap der guten Hoffnung. An der Westküste dagegen führt der Benguellastrom kühles Wasser höherer Südbreiten bis an den Äquator. An der südwestafrikanischen Küste wird diese Wirkung noch verstärkt durch das Aufsteigen sehr kühlen Wassers aus tieferen Meeresschichten. Daher hat in fast gleicher geographischer Breite auf der Ostseite Durban eine Februartemperatur von 24,7°, auf der Westseite Port Nolloth eine solche von nur 15,3° C.

Die folgende, aus Hann's Klimatologie, Stut gart 1911, zusammengestellte Tabelle gibt uns drei Temperaturquerschnitte durch Südafrika, die außerdem die durch Höhenlage niedrigere Temperatur der Binnenstationen und deren größere Schwankungen zeigen.

Ebenso zieht an der Westküste Nordafrikas der Kanarenstrom südwärts und bringt der Küste bis zum Kap Verde kühlere Temperaturen. Mogador an der marokkanischen Küste hat im August nur 20,1° C, das 5 Breitengrade nördlicher gelegene Algier an der Mittelmeerküste 27°. An der Nordguineaküste zieht von W nach O der warme Guineagegenstrom entlang und schiebt sich zwischen die Küste und das kühlere Wasser, das der Benguellastrom von Süden herbeiführt. Kaltes aus der Tiefe aufsteigendes Wasser beeinflußt, wenigstens zu gewissen Jahreszeiten, die Temperatur und den Regenfall in SW-Afrika an der atlantischen Küste Marokkos und der Sahara, an der Goldküste und Togoküste, im nördlichen Teil der Ostküste der Somalhalbinsel.

Infolge der beträchtlichen Meereshöhe Süd- und Ostafrikas, des Atlasraumes und einiger Gebirge sind die wirklichen Temperaturen in diesen Gegenden bedeutend niedriger als die auf den Meeresspiegel umgerechneten, die für die Verteilung des Luftdrucks und der Winds römungen maßgebend sind. Fast ganz Süd- und Ostafrika abseits der Küste liegt über 1000 m hoch. Daher bleiben im ostafrikanischen Hochland die Monatstemperaturen stets unter 25°, und im Innern Südafrikas erreichen sie auch im Januar nirgends 30°. Dagegen beträgt die Julitemperatur in den Tiefländern des nördlichen Sudans und der südlichen Sahara gegen 35°. Winterliche Fröste kommen in der Sahara nicht selten vor. In entsprechenden

Westküste					Binnenhochland					Ostküste				
Ort	Temperatur ° C				Ort	Temperatur ° C				Ort	Temperatur ° C			
	W	K	J	S		W	K	J	S		W	K	J	S
Port Nolloth 29° 14′ s. Br.	15,3 II	11,6 VIII	13,7	3,7	Kimberleg 28° 43′ s. Br. 1232 m	23,9 I	9,3 VII	17,4	14,6	Durban 29° 51′ s. Br.	24,7 II	17,8 VII	21,3	6,9
Lüderitzbucht 26° 36′ s. Br.	20,4 III	13,3 VIII	17,4	7,1	Johannesburg 26° 11′ s. Br. 1925 m	18,5 I	8,6 VII	14,6	9,9	Lourenço Marques 25° 56′ s. Br.	25,8 I	17,9 VII	22,2	7,9
Swakopmund 22° 42′ s. Br.	17,4 III	12,7 VIII	15,2	4,7	Windhuk 22° 34′ s. Br. 1663 m	23,6 I	13,4 VI	19,5	10,2	Beira 19° 50′ s. Br.	27,1 XII	20,5 VII	24,3	6,6

W = wärmster Monat, K = kühlster Monat (mit Angabe d. Monats), J = Jahresmittel, S = Schwankung

Breiten des Südafrikanischen Hochlandes sind sie recht häufig, doch hält der Frost niemals über Tag an.

Ein Vergleich der beiden Isothermenkarten gestattet, die Jahresschwankung der Temperatur, den Temperaturunterschied zwischen dem wärmsten und dem kühlsten Monat abzulesen. Den Unterschieden des Sonnenstandes entsprechend beträgt sie in den Tropen nur wenige Grade, in Äquatornähe meist nur 1—2°. Die gleichmäßige Hitze ist für den Europäer schwer zu ertragen. Mit wachsender, geographischer Breite

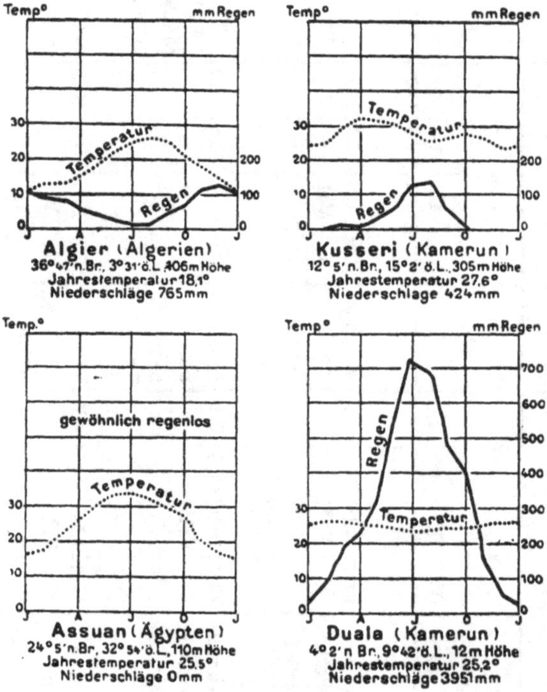

Abb. 3. Klimadiagramme von Afrika.
(Aus F. Jaeger, Afrika, Leipzig 1928)

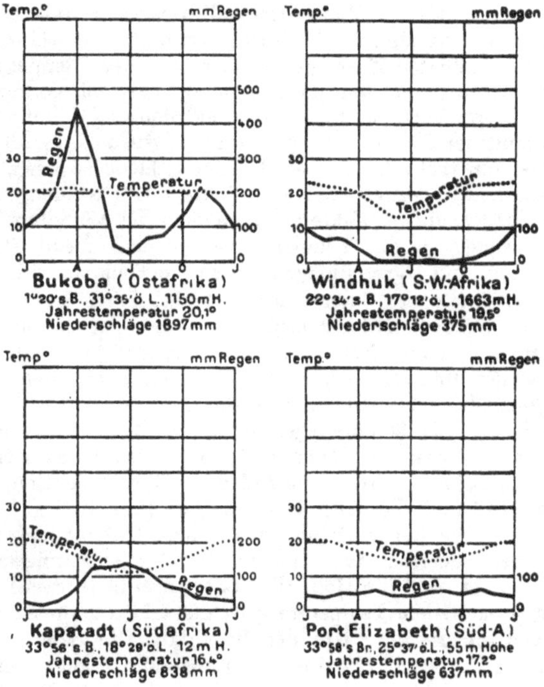

steigt die Jahresschwankung an auf 12—14° an den Küsten des Mittelmeeres, 6—10° an der sehr viel ozeanischen Südküste. Sind auch im kontinentalen Innern die Schwankungen bedeutend größer als an den Küsten, so werden doch nur in der nördlichen Sahara, begünstigt durch das Strahlungsklima der Wüste, mitteleuropäische Werte der Jahresschwankung erreicht oder überschritten. Die größte Jahresschwankung von ganz Afrika, nämlich 25,4°, hat Ghardaia, unter 32½ n. Br. in der algerischen Wüste gelegen.

Den j ä h r l i c h e n G a n g d e r T e m p e r a t u r zeigen die Diagramme Abb. 3. Wir können drei Typen unterscheiden:

Den der gemäßigten Zone, den indischen oder sudanischen und den äquatorialen. In den Subtropen bestimmt, wie in der ganzen gemäßigten Zone, der Sonnenstand den Temperaturgang. Das Maximum und das Minimum folgen mit geringerer oder größerer Verzögerung auf den höchsten und den niedrigsten Stand der Sonne (Beispiele: Algier, Assuan, Kapstadt). Je geringer innerhalb der Tropen die Unterschiede zwischen den Sonnenständen der verschiedenen Jahreszeiten werden, desto mehr werden andere Faktoren, besonders die Verteilung der Niederschläge, für den Temperaturverlauf maßgebend. Starke Bewölkung und Niederschläge drücken die Temperatur herab.

In der Breite des Sudans und entsprechenden Breiten auf der Südhalbkugel fällt die niedrigste Temperatur in die Zeit kurz nach dem niedrigsten Sonnenstande, also in den Januar oder in den Juli. Dann steigt die Temperatur mit zunehmender Sonnenhöhe bis etwa in den Mai oder in den November. Sobald aber die Sommerregen einsetzen, sinkt die Temperatur, auch wenn die Sonne noch höher steigt. Es werden daher drei Jahreszeiten unterschieden: Die kühle Zeit, die heiße Zeit und die Regenzeit. In den Breiten des Nordsudans, wo die Regenzeit nur kurz dauert, tritt oft nach dem Ende der Regenzeit noch ein zweites Temperaturmaximum auf, das aber nicht die Höhe des ersten erreicht (Kusseri).

Bei äquatorialem Temperaturgang mit seinen geringen Ausschlägen entscheidet allein der Regenfall. Die beim Zenitstand der Sonne zu erwartenden Temperaturmaxima werden völlig unterdrückt, wenn in dieser Zeit, wie es die Regel ist, starke Regen fallen. Das Minimum fällt in die Zeit stärkster Bewölkung und Niederschläge, das Maximum in die heiterste Zeit (Bukoba, Duala).

Im durchschnittlichen T a g e s g a n g der Temperatur wird wie überall das Minimum in den letzten Nachtstunden, das Maximum am frühen Nachmittag erreicht. Aber der Ausschlag ist sehr verschieden, und zwar dem größeren Unterschiede der täglichen Sonnenhöhe entsprechend in niedrigen Breiten größer als in höheren. Durch Bewölkung und Niederschläge wird die tägliche Temperaturschwankung sehr gemildert. Sie ist daher klein in der Regenzeit und in regenreichen Gebieten, groß in der Trockenzeit und in trockenen Landstrichen. Auf heiße Tage pflegen da kühle Nächte zu folgen, wodurch das Klima für den Weißen viel erträglicher wird. Tägliche Unterschiede von 15° sind in den trockenen Savannenländern gewöhnlich. Scharfe Fröste und extreme Hitzegrade sind auf die Trockengebiete mit sehr starker Wärmestrahlung beschränkt, die dem mildernden Einfluß des Meeres entzogen sind.

Die äußersten Temperaturen liegen daher im feuchten äquatorialen Klima nicht weit auseinander. In Equateurville im belgischen Kongo beträgt die höchste je gemessene Temperatur 34,5,°, die niedrigste + 17,5°. Die entsprechenden Werte einer allerdings viel längeren Beobachtungsreihe in Basel lauten 38,6 und — 27,0°. Die Temperatur von 50° wird in der Sahara und im nördlichen Sudan nicht selten überschritten. Auch in den felsigen Canjontälern des Sambesi, Oranje und Limpopo, die wie ein Backofen wirken, kommen gelegentlich so hohe Temperaturen vor. Im August 1914 wurden in In Salah im Herzen der Sahara 56,3°, in Azizia (Tripolitanien) sogar 58° gemessen. Es wird aber bezweifelt, ob diese Messungen einwandfrei sind. Der dänische Wüstenforscher Olufsen hält eine Lufttemperatur von 59° nicht für unmöglich. Der Boden erhitzt sich bei solchem Strahlungswetter auf weit über 70°. Die niedrigste in In Salah gemessene Temperatur beträgt — 3,4°. Auf dem südafrikanischen Hochlande, besonders in flachen Talmulden, in denen die kalte Luft sich sackt, treten selbst innerhalb der Wendekreise empfindliche Fröste auf. In Windhuk hat man schon — 15°, auf dem Neudammer Hochland östlich davon sogar angeblich — 22° gemessen. Aber nirgends tritt Dauerfrost auf. Über Mittag wird es wieder behaglich warm.

2. Luftdruck und Winde

In warmen Klimaten, wo die Temperatur stets ausreicht für die Entfaltung des Lebens, entscheidet die Menge und Verteilung des Regens über die Fruchtbarkeit des Klimas und den Verlauf der Jahreszeiten. Der Regen ist abhängig von den Luftströmungen, diese vom Luftdruck. Die planeta-

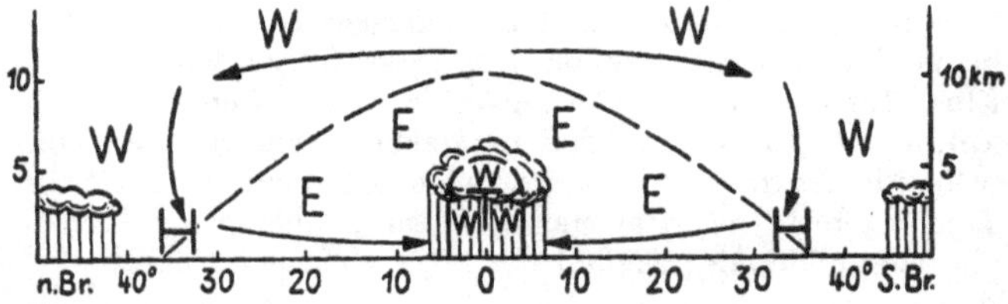

Abb. 4. Schematischer Meridianschnitt der tropischen Luftbewegung.

H = barometrisches Hoch, T = Tief, E = Ostwind, W = Westwind, — — — Grenzen der Windgürtel, ⟶ meridionale Komponente des Passats und Antipassats.

rischen, aus der Kugelgestalt der Erde sich ergebenden Klimagürtel sind in Afrika von allen Kontinenten am reinsten ausgebildet.

Die Beobachtungen der Höhenwinde haben im letzten Jahrzehnt zu einer andern Auffassung der tropischen Luftzirkulation geführt, als wir sie bisher kannten: Zwischen etwa 35° nördlicher und südlicher Breite umkreist eine bis 10 km mächtige östliche Windströmung die Erde, der Urpassat. Die Westwinde der gemäßigten Zonen reichen in großer Höhe als Antipassat noch über die Strömung des Passats hinweg. Im äquatorialen Gürtel aber ist der Passat unterbrochen durch eine Zone westlicher Winde, die etwa 5 km Höhe erreicht. Am Boden wird diese äquatoriale Westwindzone weitgehend getarnt durch Windstillen und schwache wechselnde Winde.

Diese parallel zum Äquator laufenden Ost- und Westströmungen lassen sich mit gewissen Ergänzungen aus der bisherigen Auffassung der Zirkulation ableiten.

Über der äquatorialen Zone größter Erwärmung dehnt sich die Luftmasse aus und fließt in großer Höhe als Antipassat nach Nord und Süd ab (Abb. 4). Dadurch wird der Luftdruck hier geringer; in etwas höheren Breiten verursacht die zugeflossene Luft ein Ansteigen des Luftdrucks, den Hochdruckgürtel der Roßbreiten, etwa zwischen 30 und 40°. Aus diesem Hochdruckgürtel strömt die Luft am Boden nach dem

Gürtel niederen Druckes am Äquator. Durch die Erdrotation werden diese Strömungen von der meridionalen Richtung abgelenkt und werden zu Nord-Ost- und Süd-Ost-Winden, den

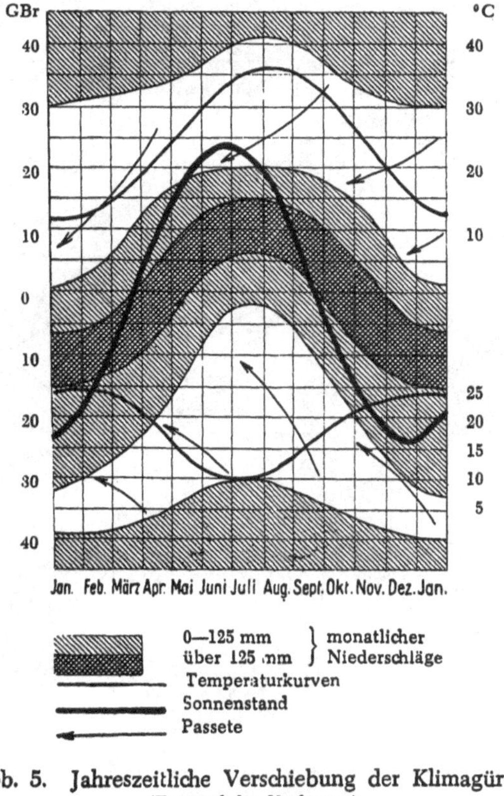

Abb. 5. Jahreszeitliche Verschiebung der Klimagürtel.

(Entwurf des Verfassers)

Obere Temperaturkurve: In Salah, 27° 17′ n. Br., 4° 47′ ö. L. v. Gr., 300 m ü. M.

Untere Temperaturkurve: Kimberley, 28° 43′ s. Br., 24° 46′ ö. L. v. Gr., 1232 m ü. M.

Passaten. In der freien Atmosphäre treten fast reine Ost- und Weströmungen auf (Passat und Antipassat), die meridionalen Komponenten sind schwach. Die aufsteigende Luft des Äquatorialgürtels kühlt sich in der Höhe ab und muß daher ihre Feuchtigkeit niederschlagen. Daher ist der Äquatorial-

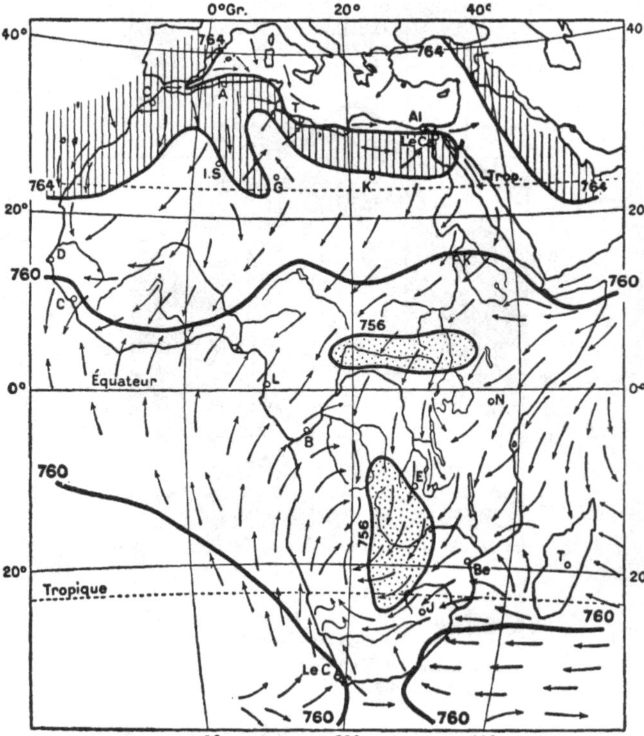

Abb. 6. Luftdruck und Winde im Januar.
(Aus Géographie Universelle, Band 11, Paris 1937)
Maxima schraffiert, Minima punktiert.

gürtel eine regenreiche Zone. Beim Absteigen im Hochdruckgebiet aber erwärmt sich die Luft; dasselbe geschieht in den Passaten, die ja von kühleren nach wärmeren Breiten strömen. Daher findet hier kein Niederschlag statt; diese Klimagürtel sind trocken.

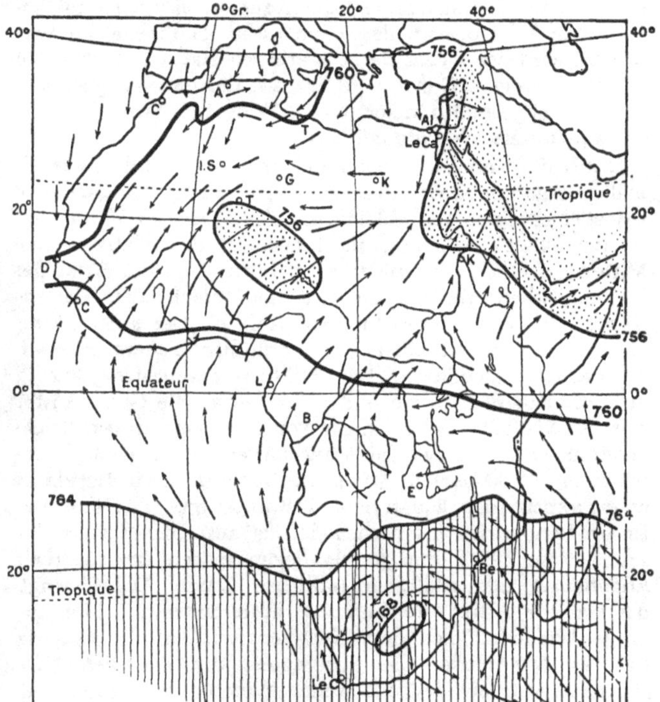

Abb. 7. Luftdruck und Winde im Juli.
(Aus Géographie Universelle, Band 11, Paris 1937)
Maxima schraffiert, Minima punktiert.

Dieses ganze System verschiebt sich jahreszeitlich mit der Sonne nach Nord und Süd, wie Abb. 5 veranschaulicht. Sie läßt auch erkennen, daß der Gürtel der stärksten Erwärmung und des Niederschlages nicht so weit nach Nord und Süd ausschlägt, wie die Sonne und daß er dem Sonnenlauf erst mit einer gewissen Verspätung folgt. Wenn der Gürtel stärkster Erwärmung, der meteorologische Äquator, sich vom mathematischen Äquator nach der sommerlichen Halbkugel hin verschiebt, wird der Passat der winterlichen Halbkugel über den Äquator gezogen. Daher wird er nach der entgegengesetzten Richtung abgelenkt und somit zum Westwind. So erklärt sich der äquatoriale Westwindgürtel.

Durch die Verteilung von Land und Meer wird die regelmäßige Anordnnug der Klimagürtel gestört, da das Land sich schneller erwärmt und abkühlt, als das Meer. Im Winter der Nordhalbkugel, besonders im Januar ist das relativ warme Mittelmeer eine Rinne niedrigeren Luftdrucks, die Bahn der barometrischen Minima, die den nordafrikanischen Küstenländern die Winterregen bringen (Abb. 6). Der subtropische Hochdruckgürtel ist über der nördlichen Sahara ziemlich regelmäßig ausgebildet und der NO-Passat streicht regelmäßig über die Sahara und den Sudan bis fast an die Guineaküste. Auf der Südhalbkugel aber, die von der sommerlichen Sonne erwärmt wird, ist der Hochdruckgürtel auf dem stark erwärmten, afrikanischen Kontinent durch niedern Luftdruck unterbrochen, der äquatoriale Tiefdruck und mit ihm die Regen breiten sich bis nach Südafrika aus. Die Maxima des subtropischen Hochdruckgürtels liegen mitten im südlichen Atlantischen und südlichen Indischen Ozean. Daher saugt das südliche Afrika die Luft von allen Seiten an. Monsunartige Winde strömen dem Kontinent zu. Auf der Ostseite sind es NO-Winde, die Fortsetzung des indischen NO-Monsuns. Auf der Westseite wehen Winde aus südlicher und südwestlicher Richtung.

Im Nordsommer dagegen (Abb. 7) zieht der subtropische Hochdruckgürtel der Südhalbkugel geschlossen über Südafrika, ja er erreicht im Juli über dem oberen Oranjegebiet ein Maximum von mehr als 768 mm. Die Zone der größten

Erwärmung und des niedrigen Druckes verschiebt sich bis in den nördlichen Sudan, dessen Luftdruckrinne im Hochsommer mit dem tiefen vorderasiatischen Minimum zusammenwächst. Daher überströmt ein einheitliches System des Südwestmonsuns das nordtropische Afrika bis nach Indien. Der SO-Passat der Südhalbkugel wird auf die Nordhalbkugel herübergezogen und setzt sich dort im SW-Monsun fort. Das Mittelmeer ist kühler als die es einschließenden Landflächen und hat relativ hohen Druck. Daher weht der NO-Passat über das Mittelmeer und die Sahara und verhindert die Entstehung von Regen.

3. Feuchtigkeit, Bewölkung und Niederschläge

Die Haupttatsachen der räumlichen und jahreszeitlichen Verteilung der Niederschläge ergeben sich aus dem planetarischen Klimagürteln. Wir können sie aus dem Schema Abb. 5 ablesen. Der nördliche Saum des afrikanischen Kontinents, die Atlasländer, die Länder der Syrtenküste und der Nordsaum Ägyptens stehen im Winter unter dem Einfluß der über das Mittelmeer hinziehenden barometrischen Minima und erhalten Winterregen, die nach Süden immer schwächer werden. Im Sommer herrscht der Passat und damit Regenlosigkeit. Weiter südwärts, wo der Passat das ganze Jahr herrscht, folgt der Wüstengürtel der Sahara, der überhaupt keine Regenzeit kennt, sondern nur ausnahmsweise bei abnormen Wetterlagen Regengüsse erhält. Weiter südwärts kommen wir in den Gürtel der Tropenregen im Bereich der höchsten Erwärmung. Sie folgen dem höchsten Sonnenstand und werden daher als tropische Sommerregen bezeichnet. Die Abb. 5 zeigt, daß der Gürtel stärkster Niederschläge sich etwa von 10° N bis 10° S verschiebt, der Außenbereich schwächerer Niederschläge bis gegen 20° N und S. Die Abbildungen 1 und 2 zeigen diese jahreszeitliche Verschiebung des Niederschlagsgürtels in Karten. In Südafrika reichen die sommerlichen Niederschläge dem niederen Luftdruck entsprechend sogar bis zur Südküste. Die Abb. 5 läßt auch die jahreszeitliche Verteilung der Niederschläge er-

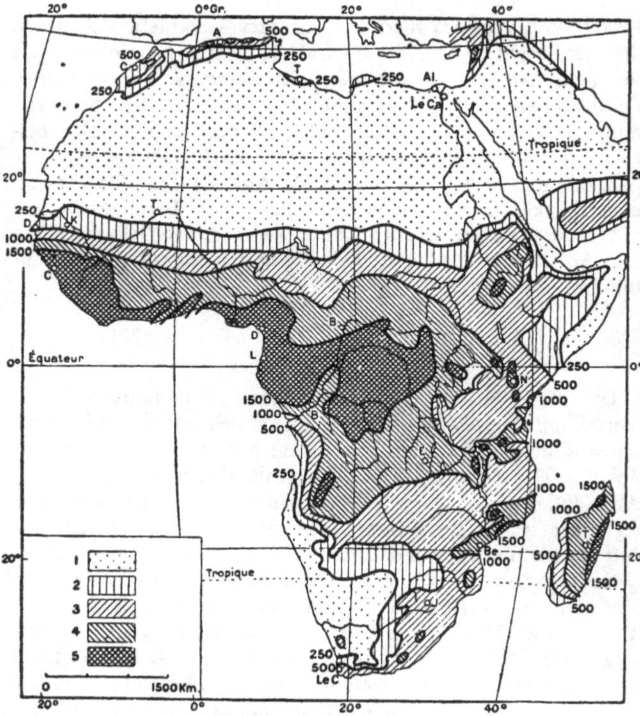

Abb. 8. Mittlere Jahresmenge des Niederschlages.

(Aus Géographie Universelle, Band 11, Paris 1937)

1 = 0 bis 250 mm, 2 = 250 bis 500 mm, 3 = 500 bis 1000 mm, 4 = 1000 bis 1500 mm, 5 = über 1500 mm.

Berichtigung: An der Guineaküste unter 0° Länge hat die schräge Zunge nicht über 1500 mm (Signatur 5), sondern 500 bis 1000 mm (Sig. 3).

kennen. Der Äquator erhält das ganze Jahr hindurch Regen mit zwei ausgesprochenen Maxima, die auf die beiden Höchststände der Sonne zur Zeit der Tag- und Nachtgleichen folgen, und mit zwei regenärmeren Zeiten um die Zeit der Sonnen-

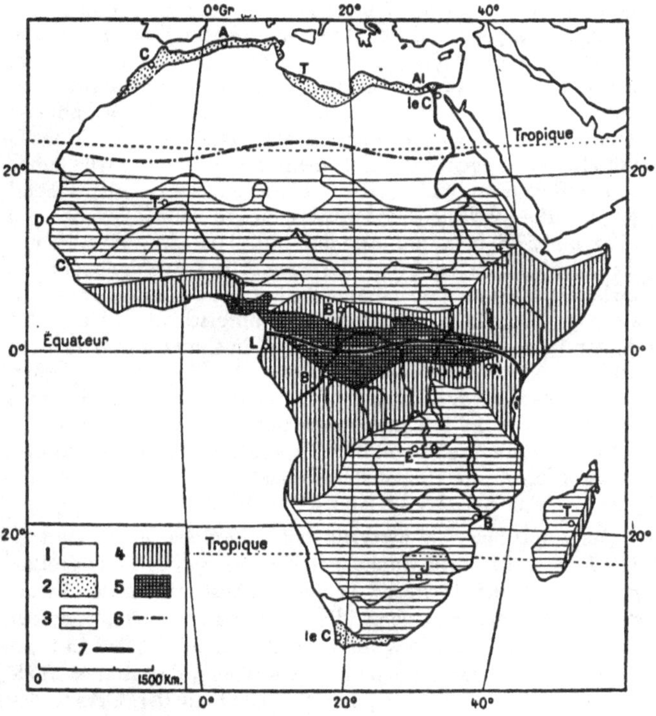

Abb. 9. Die Regenzeiten.
(Aus Géographie Universelle, Band 11, Paris 1937)

1. Keine Regenzeit. 2. Winterregen. 3. Sommerregen, nur eine Regenzeit. 4. Sommerregen, zwei Regenzeiten. 5. Keine Trockenzeit. 6. Grenze der Winter- und Sommerregen in der Sahara. 7. Regenäquator.

B e r i c h t i g u n g: An der Südküste hat der schmale östliche Streifen Regen zu allen Jahreszeiten (Signatur 5).

wenden. Je weiter wir nach N und S gehen, desto mehr schieben sich die beiden Regenzeiten zu einer einzigen zusammen, die in den Sommer der betreffenden Halbkugel fällt, während sich im Winter eine mit der Entfernung vom Äquator länger und stärker werdende Trockenzeit dazwischenschiebt (Abb. 5 und 9). In geringer Entfernung vom Äquator, etwa zwischen 4 und 10° Breite ist die Regenzeit noch durch eine „kleine Trockenzeit" gegabelt. In etwas höherer Breite ist die kleine Trockenzeit wenigstens in den Monatsmitteln des Regenfalls nicht mehr zu erkennen, wir haben eine Regenzeit und eine Trockenzeit. Dem entsprechend nimmt die jährliche Niederschlagsmenge allmählich ab von 1500 bis 2000 mm am Äquator auf 0 in den Wüsten um die Wendekreise (Abb. 8). Die Anzahl der Regenmonate mit mehr als 50 mm Regen nimmt vom Äquator nach N und S ab von 12 auf 0 Monate. Man unterscheidet daher das dauernd feuchte äquatoriale Tropenklima und das periodisch trockene Klima der äußeren Tropen. Südlich des tropischen Sommerregengürtels kommt der südliche Trockengürtel, der in Südafrika allerdings nur längs der Westküste als Vollwüste ausgebildet ist, und dann in einem schmalen Streifen an der Südküste Afrikas der Winterregengürtel der Südhalbkugel.

Die tropischen Sommerregen haben verschiedene Ursachen. Die Regen, die durch Aufsteigen der Luft in der Zone größter Erwärmung und westlicher Winde im Anschluß an den Zenitstand der Sonne entstehen, die Zenitalregen, entladen sich meist in Wärmegewittern. In den Ländern der Guineaküste sind sogenannte Tornados häufig, das sind Wirbelstürme mit Gewitterregen. Sie entstehen an der Grenze des Passats oder des Harmattans, wie er hier genannt wird, gegen den vom Meer her ins Land hineinwehenden SW-Wind, den „Monsun", durch den Kampf beider Luftströmungen. Die Monsunluftschicht schiebt sich unter dem Harmattan vor. Wenn nun, meist nachmittags, erwärmte Luft aus der Monsunschicht in die Harmattanschicht aufsteigt, so bricht schließlich die kühlere Luft der Harmattanschicht mit Wirbelwind und Gewitter nach unten durch, was an einer kurzdauernden Luftdruckzunahme und einer Temperaturabnahme zu erkennen ist. Alle diese Tropengewitter sind mit heftigem Blitz und Donner und meist starken Regengüssen verbunden. Sie sind eindrucksvolle Naturerscheinungen.

Monsun und Passat sind an sich trockene Winde, da sie von kühleren nach wärmeren Gegenden wehen und bei der Erwärmung keine Feuchtigkeit niederschlagen können. Wenn sie aber recht feuchtigkeitsgeschwängert über weite Meeresräume kommen und am Land, besonders an Gebirgen aufsteigen müssen, so verursacht die Abkühlung beim Anstieg Verdichtung der Feuchtigkeit, Wolkenbildung und Regen. Solche Passat- und Monsunregen verlaufen ruhiger, gewöhnlich ohne Gewitterbildung. Oft hüllt nur eine Wolkenkappe die Berge ein, aus der ein stetiger, feiner Nebelregen herabrieselt. Er ist für die Pflanzenwelt viel ausgiebiger, als man nach der gemessenen Wassermenge meinen sollte, weil die dauernd feuchte und durch mangelnde Besonnung kühle Luft wenig Wasser verdunsten läßt.

Die tatsächliche Verteilung der Niederschläge nach Raum und Zeit, die ja von der Luftzirkulation abhängig ist, erleidet verschiedene Abweichungen von den planetarischen Klimagürteln, wenn diese auch in Afrika besonders regelmäßig ausgebildet sind. Die wichtigsten sind folgende (Abb. 8): Der ganzen Guineaküste und den Ländern landeinwärts bringt der Südwestmonsun reiche Niederschläge, zu Beginn und Ende der Regenzeit in Form von Tornados, bei stärkerem Vordringen des Monsuns als ruhigere Regengüsse. Die Ergiebigkeit der Monsunregen hängt davon ab, ob der Monsun mehr oder weniger stark ansteigen muß. Wo er senkrecht auf die Küste stößt und daher schneller landeinwärts ansteigt, sind die Monsunregen stark. Hier wechselt die trockene, kühlere Zeit des Harmattan durch zwei Tornadoübergangszeiten mit der regenreichen Monsunzeit. Daher erhalten die von NW nach SW laufenden Küsten von portugiesisch und französisch Guinea, Sierra Leone und Liberia, das Nigerdelta und Kamerun sehr reiche Niederschläge von 2—4 m im Jahr. Wo der 4000 m hohe Kamerunberg unmittelbar der Küste ansteigt, erreicht die jährliche Regenmenge sogar mehr als 10 m. Es ist eine der regenreichsten Stellen der Erde. Diese Monsunregen bringen das Maximum der

Niederschläge im Juni, wo eigentlich der Kern des Regengürtels weiter nordwärts liegt, weil dann der Monsun am stärksten weht. Wo aber der Monsun etwa parallel zur Küste weht, wie an der Gold- und Togoküste, wird er nicht zum Aufsteigen gezwungen und bringt keine Niederschläge. Diese beschränken sich auf die Tornadozeiten und sind durch zwei Trockenzeiten unterbrochen. Die jährliche Niederschlagsmenge beträgt in Accra nur 682, in Lome 675 mm.

Die auffälligsten Abweichungen von der planetarischen Anordnung der Regengürtel nach der geographischen Breite zeigt die Karte der Jahresniederschläge in Ost- und Südafrika. Das ganze tropische Ostafrika ist bedeutend trockener, als die gleichen Breiten westlich. Woran liegt das? Die Winde, nämlich der SO-Passat — SW-Monsum des Nordsommers und der NO-Passat — NO-Monsum des Südsommers wehen im tropischen Ostafrika mehr parallel zur Küste als auf der Westseite und haben daher weniger Anlaß zum Aufsteigen, wo nicht das örtliche Relief sie dazu zwingt. Auch sind diese an sich niederschlagsfeindlichen Luftströmungen besonders im Nordsommer wegen der starken Druckdifferenz zwischen Südafrika und SW-Asien viel kräftiger und regelmäßiger ausgebildet, als im Westen. Sie verhindern daher die Luftstörungen, die Wärmegewitter und Tornados, die sonst Regen bringen würden. Infolge dieser Regenarmut Ostafrikas durchziehen die Regengürtel das tropische Afrika nicht in parallelen Westoststreifen, deren Regenmenge vom Äquator nach N und S abnimmt, sondern sie schlingen sich etwa in einem Dreiviertelkreise vom Sudan über Ostafrika nach dem südtropischen Afrika, wobei die Regenmenge vom Regengebiet des Kongobeckens und der Nordguineaküste nach außen hin immer mehr abnimmt.

In Südafrika ist, umgekehrt wie in Ostafrika, die Ostseite feucht, die Westseite trocken. Der Ostseite bringt der SO-Passat besonders im Sommer, wo er mehr aus Ost und daher aus wärmeren Gegenden kommt beim schroffen Anstieg aufs Hochland starke Niederschläge. Auf der Westseite aber wehen die SW-Winde von einem durch den Benguellastrom und aufsteigendes Tiefenwasser abgekühlten

Meer in viel wärmeres Land und sind daher durchaus trocken. Die Küste ist Wüste und selbst der Anstieg von 1000—2000 m aufs Binnenhochland reicht in SW-Afrika zur Niederschlagsbildung nicht aus.

Überall sind die Gebirge Regenfänger und heben sich als feuchtere Gebiete auf der Regenkarte heraus. Die den regenbringenden Winden ausgesetzte Luvseite ist feucht, die Leeseite dagegen trocken. Das Atlasgebirge, der Kamerunberg und Abessinien erhalten ihre Niederschläge durch westliche Winde. Im übrigen erhalten die Tropen, besonders Ostafrika, durch östliche Winde ihren Regen. Hier ist die Ostseite, südlich des Äquators die SO-Seite die Regenseite.

Unregelmäßigkeit des Niederschlags in Afrika: Unsere Regenkarte zeigt nach meist vieljährigen Messungen den Durchschnitt der jährlichen Niederschlagsmenge. Es ist aber eine für das organische Leben, für Mensch, Tier, Pflanze und Landwirtschaft sehr wichtige Tatsache, daß die einzelnen Jahrgänge oft beträchtlich vom Durchschnitt abweichen. Besonders auffällig werden diese Unterschiede in den periodisch trockenen Regengürteln. Verschiebungen des normalen Luftdrucks und der Winde lassen einen und denselben Ort in verschiedene Klimagebiete rücken. Omaruru im Weideland von SW-Afrika hat durchschnittlich 283 mm Regen. 1908/09 erhielt der Ort 594 mm, eine für den Ackerbau ausreichende Menge, 1910/11 aber nur 63 mm, so daß kein Weidegras wuchs und der Ort sozusagen aus der Steppe in die Wüste gerückt war. Die Kärtchen Abb. 10a und 10b von Südwestafrika lassen ein ausnahmsweise gutes und ein schlechtes Regenjahr bequem miteinander vergleichen. Sie zeigen auch die Unregelmäßigkeit der Regenverteilung im Einzelnen. Die Schaulinien (Abb. 11) zeigen für verschiedene Stationen die wechselnde Regenmenge im Laufe der Jahre. Bei Sfax in Tunesien beträgt die größte, gemessene Regenmenge das Fünffache der kleinsten. Eine bestimmte Regel, eine Periode oder auch, wie man behauptet hat, eine Abnahme des Niederschlags ist aber aus den Kurven nicht zu erkennen. Derartige Schwankungen des Niederschlags haben besonders in den Grenzgebieten des Ackerbaus gegen die

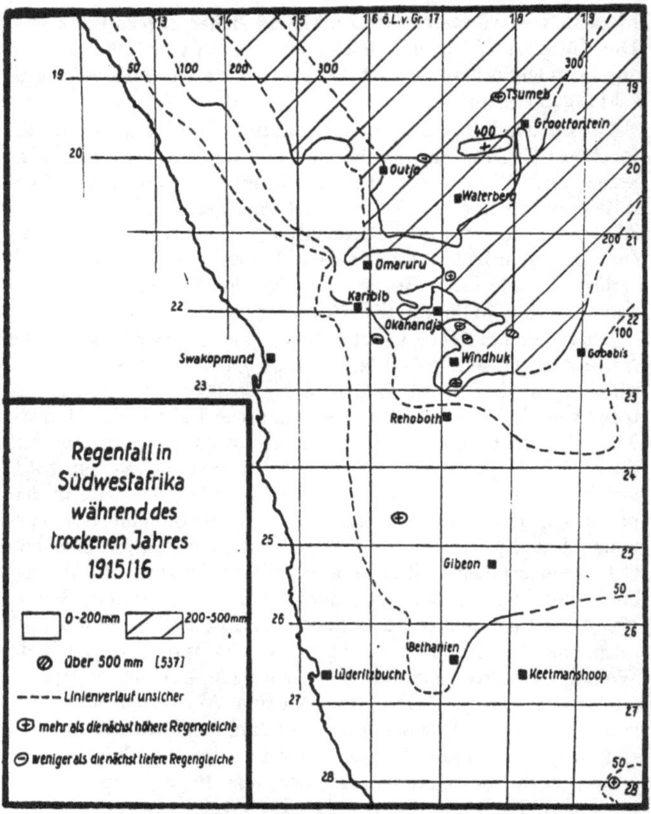

Abb. 10 a.

Trockenzone schlimme Wirkungen, weil sie völlige Mißernten und Hungersnöte verursachen. Der nördliche Sudan, viele Landschaften Ost- und Südafrikas sind solche Landstriche, die immer wieder von Hungersnöten heimgesucht wurden

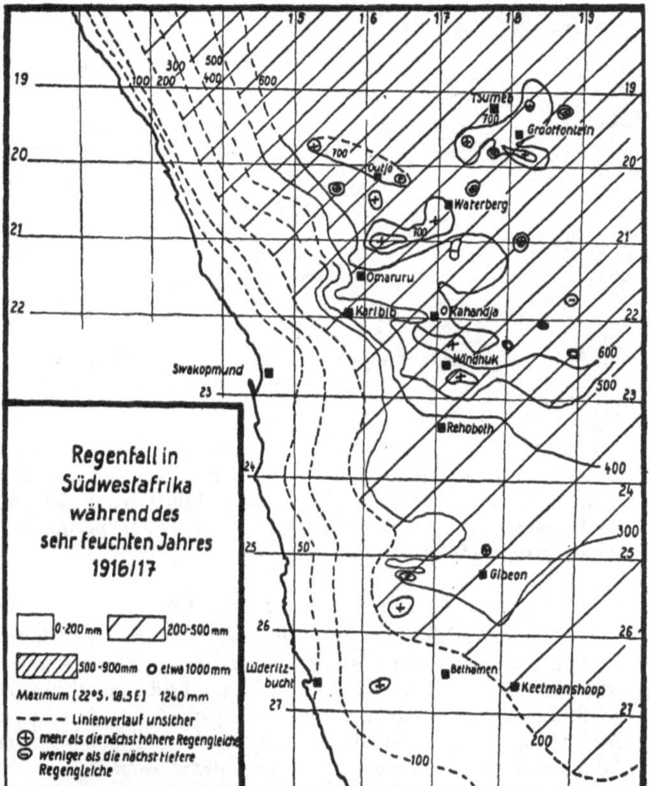

Abb. 10 b.

Nicht allein die zu geringe Jahresmenge des Niederschlags bringt Mißernten, sondern auch bei genügender Jahresmenge kann eine schlechte jahreszeitliche Verteilung des Regens schweren Schaden verursachen, wenn z. B. die zum Reifen

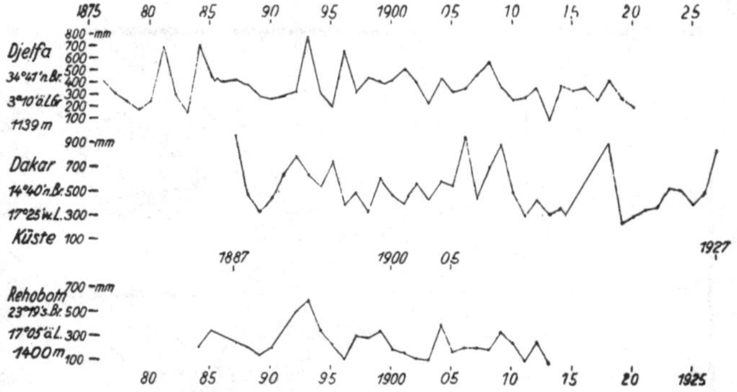

Abb. 11. Schwankungen der Niederschlagsmenge von Jahr zu Jahr.

der Ernte nötigen Regen zu schwach oder zu spät auftreten. In den Atlasländern, deren Winterregen im Landesinnern hauptsächlich im Herbst und Frühjahr fallen, sind dies die Frühjahrsregen. Ihrer harrt der Bauer mit Bangen, ihr Versagen bringt Mißernte.

4. Die Klimagebiete

Nach der Ausbildung der Temperatur und des Niederschlags können wir eine Anzahl verschiedener Klimate unterscheiden, die für die Natur und die Kulturmöglichkeiten Afrikas von grundlegender Bedeutung sind. Da wir es in Afrika überall mit Ländern zu tun haben, in denen zu allen Jahreszeiten die Wärme für das organische Leben ausreicht, so ist in erster Linie die Menge und jahreszeitliche Verteilung des Niederschlags für die Unterschiede des Klimas maßgebend. Vergleiche zum Folgenden Abb. 3, 8 und 12.

1. Das subtropische Winterregengebiet

Die mittelmeerischen Küstenländer und das ganze Atlasgebiet liegen im Grenzgürtel der tropischen und der außertropischen Luftbewegung. Sie erhalten im Winter durch die

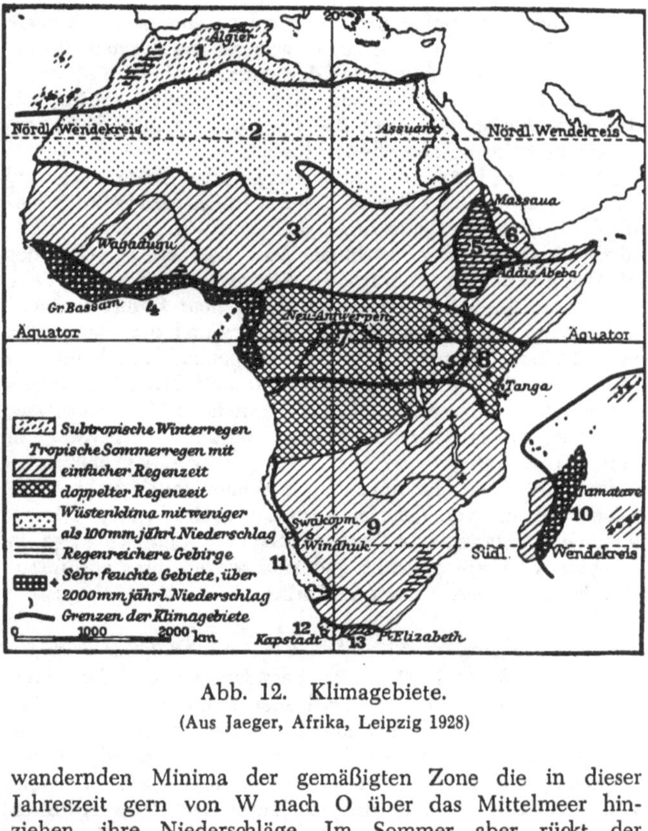

Abb. 12. Klimagebiete.

(Aus Jaeger, Afrika, Leipzig 1928)

wandernden Minima der gemäßigten Zone die in dieser Jahreszeit gern von W nach O über das Mittelmeer hinziehen, ihre Niederschläge. Im Sommer aber rückt der Passatgürtel in diese Breiten; die nördlichen Passatwinde können umsoweniger Regen bringen, als sie vom kühleren Meere in das heiße Land wehen. Der milde, feuchte Winter ist die Wachstumszeit, der heiße trockene Sommer die Ruhezeit der Vegetation. Je weiter nach Süden wir gehen, desto kürzer und unergiebiger wird die winterliche Regenzeit:

Algier hat 765 mm Jahresniederschlag, nur die 3 Monate Juni, Juli und August erhalten weniger als 20 mm Regen. In Laghuat, am Südrande des Atlas haben 8 Monate weniger als 20 mm und der Jahresniederschlag beträgt nur 188 mm. Alexandria erhält 220 mm, Kairo nur noch 32 mm durchschnittlichen Jahresniederschlag.

Die Gebirgsketten des Atlas fangen den Regen auf und sind bewaldet, ihre höheren Kämme tragen den Winter hindurch eine Schneedecke und sind auch im Sommer nicht niederschlagslos. Der mächtige Wall des Hohen und des Mittleren Atlas ist eine scharfe Klimascheide, die NW-Seite feucht, die SO-Seite trocken. Er sperrt dem Binnenhochland der Schotts den Niederschlag ab. Dieses und der Saharaatlas sind trockenes Steppenland. Das Steppenhochland kühlt sich im Winter stark ab, hat häufig Frost und bisweilen starken Schneefall. Darum bildet sich hier ein hoher Luftdruck aus, der die regenbringenden Minima nördlich vorbeiwandern läßt. Die Hauptregen fallen hier im Herbst und Frühjahr.

Im Winter und besonders im Frühjahr treten heiße Südwinde auf, die von den im Norden vorbeiziehenden Minima angesogen werden. Sie werden Samum, Scirocco oder in Ägypten Chamsin genannt und sind wegen ihrer ausdörrenden Wirkung den Saaten gefährlich.

2. Das Wüstenklima der Sahara

Zwischen 20 und 30° n. Br. befinden wir uns das ganze Jahr im Gürtel des Passats. Daher ist die Sahara gewöhnlich regenlos, wenn auch ausnahmsweise Winterregen von N oder Sommerregen von S bis ins Innere der Wüste verschlagen werden. Die Oase Im Salah im Herzen der französischen Sahara hat in den 11 Jahren von 1903—1913 im ganzen nur 8,1 mm Regen erhalten, von denen 3,7 mm im Januar, 4,4 mm im März des Jahres 1910 gefallen sind. Der nicht allzu weit entfernte Ort Adrar in der Tuatoase erhielt am 20. Februar 1909 in einer Stunde von 9—10 Uhr abends einen Wolkenbruch von 93 mm. Diesen seltenen Regengüssen ist größtenteils das Vorhandensein von Wasser und einer spärlichen Pflanzen- und Tierwelt in der Sahara zu danken. Sie wirken entscheidend mit bei der Verwitterung des Bodens und der Ausgestaltung des Reliefs. In den Kulturlandschaften der Oasen wirken sie verheerend. Die Lehmhäuser stürzen ein und begraben manchmal Menschen unter den Trümmern. Das Ackerland, die Gärten, die Bäume, die Häuser werden von den abfließenden Regenströmen hinweggeschwemmt. Im Sommer 1940 wurde die Oasenstadt Mursuk durch einen gewaltigen Regenguß fast völlig zerstört, auch einige Personen kamen ums Leben.

Bei der großen Trockenheit der Luft ist die Bewölkung gering, unbarmherzig brennt die Sonne vom Himmel und erhitzt den Boden bei Tage auf 60, 70 und mehr Grad. Man kann auf Dünensand, der wegen der Vermischung des Sandes mit Luft die Wärme weniger ableitet als der Fels, nicht ruhig gehen, weil der heiße Sand durch die Schuhsohlen brennt. Die Luft flimmert über dem heißen Boden, in flachem Gelände treten Luftspiegelungen auf, die dem Neuling Seen vortäuschen oder auch vielgestaltige Bilder am Horizont, die die Phantasie leicht als Häuser oder Bäume, als Oasen deutet. Man muß den Körper, besonders den Kopf, durch die Kleidung gegen die starke Strahlung schützen. Die trockene Luft entzieht dem Körper viel Wasser und läßt die Haut aufspringen.

Wegen der Meerferne und der starken Strahlung sind die Temperaturschwankungen außerordentlich groß. Im Winter tritt nicht selten Frost von mehreren Graden ein, was nicht hindert, daß die Mittagstemperatur desselben Tages 25° übersteigt. Im ganzen ist die Sahara ein heißes Land. Nur die Wintermonate Dezember, Januar und Februar sind in der nördlichen Sahara kühl. Im Sommer werden nicht selten Temperaturen von 50° beobachtet, vereinzelt über 55°. Doch sind die hohen Temperaturen, wenn sie nicht mit Sandsturm verknüpft sind, in der trockenen Luft leichter zu ertragen als die schwüle Hitze der Tropen.

Fast immer weht bei Tage ein kräftiger Wind, der Staub und Sand aufwirbelt und überall eindringen läßt. Sandstürme sind häufig und von einer gewissen Stärke an sehr gefährlich. Die heißen Sandstürme sind teils föhnartige Fallwinde, teils verursacht die Wärmeabgabe des heißen Sandes an die Luft die besondere Hitze. In Dünenregionen werden die sonst erstarrten Sandhügel zu einem chaotisch bewegten, sandsprühenden Meere. Eine Karawane kann im Sandsturm nichts anderes tun als sich auf den Boden werfen, mit Decken verhüllen und warten, aber man muß sich vorsehen, das man nicht verschüttet wird. Gewöhnlich endet der Sturm nach einigen Stunden oder doch am Abend. Wenn er aber tagelang ohne Unterbrechung rast, so bedeutet das sicheren Tod.

3. Der Sudan

ist der Gürtel des wintertrockenen Sommerregenklimas der äußeren Tropen mit einer Regenzeit, die von der Grenze der Sahara nach Süden an Dauer und Ergiebigkeit zunimmt. (Abb. 8). Durch den ganzen Kontinent hindurch, von der Küste des Atlantischen Ozeans bis an den Fuß des abessinischen Hochlandes ist das Klima in gleicher Art ausgebildet und abgestuft. Das zeigen folgende Beispiele aus dem westlichen und östlichen Sudan.

n.Br.	Westsudan	Regen mm	TM	n.Br.	Ostsudan	Regen mm	TM
17°	Timbuktu	216	9-10	15½°	Khartum	131	10
11°	Gambaga	1103	5	10°	Kodok	699	6
5°	Grand Bassam	1911	2	5°	Mongalla	906	2

TM bedeutet Anzahl der Trockenmonate mit weniger als 30 mm Regen

Der Wechsel von winterlicher Trockenzeit und sommerlicher Regenzeit beruht auf der Verschiebung der planetarischen Windgürtel. Im Winter weht aus dem saharischen Druckmaximum der Nordostpassat mit großer Regelmäßigkeit über das ganze Gebiet. Er wird hier Harmattan genannt, besonders wenn er etwas kräftiger bläst und Staub mitführt. Im W reicht er zur Zeit seiner stärksten Ausbildung im Januar bis an die Guineaküste, im O sogar bis über den Äquator. Der Harmattan ist ein trockener, warmer NO- bis O-Wind, der während der ganzen Trockenzeit fast ausschließlich herrscht. Die Luft pflegt durch Staub getrübt zu sein. Nur in einem schmalen Küstenstrich Senegambiens hat der Passat einen andern Charakter, er ist ein kräftiger Nordwind, der über den Ozean kommt und feucht und kühl ist. In Dakar weht er 8—9 Monate mit großer Regelmäßigkeit. Wenn mit der Sonne auch die Zone der größten Erwärmung und Auflockerung der Luft nordwärts wandert, weicht der Harmattan, der ja von dieser Zone angesogen wird, mehr und mehr nach N zurück, und von S rückt der äquatoriale Westwindgürtel, der aus SW bis W wehende „Monsun" nach. Da er vom warmen, atlantischen Ozean kommt, ist er ein feuchtwarmer Wind. Er weht besonders in den Morgenstunden und wird mittags schwächer. Auch ist er, wie H. Hubert nachgewiesen hat, auf die unteren Schichten des Luftmeers beschränkt, darüber weht auch im Sommer der Harmattan. Der Monsun beginnt an jedem Ort kurz vor dem ersten Zenitstand der Sonne, indem er den Harmattan nach Norden zurückdrängt, und hört kurz nach dem zweiten Zenitstand auf, indem der Harmattan wieder nach S vorrückt. Die Zeit des Harmattan ist regenlos. Die Sommerregen beginnen in der Kampfzeit von Monsun und Harmattan mit Gewitterstürmen, den Tornados, und enden in gleicher Weise. In den nördlichen Teilen des Sudans beschränkt sich die Regenzeit auf diese Gewitter, weiter südlich, wo der Monsun zu voller Herrschaft kommt, hat die Höhe der Regenzeit wenig Gewitter, sie ist aber von Tornadoperioden eingerahmt.

Bei seiner tropischen Lage ist der Sudan das ganze Jahr hindurch warm. Die Jahrestemperatur beträgt an der Senegalküste 23—24°, an der Guineaküste 25—26,6°, im Innern 26—29½°. Die jährliche Temperaturkurve hat 2 Maxima und 2 Minima. Da nicht nur der Sonnenstand die Temperatur bestimmt, sondern Bewölkung und Verdunstung in der Regenzeit sie wesentlich herabdrücken (Diagramm Kusseri Abb. 3

Seite 18). Das eine Minimum tritt im Januar ein nach dem niedrigsten Sonnenstand. Dann steigt die Temperatur und erreicht das Maximum etwa im Mai, z. Z. des höchsten Sonnenstandes. Die Monatstemperaturen betragen dann im Innern 30—35°, und Maxima von über 45° werden nicht selten erreicht. Sobald aber die Regen einsetzen, fällt die Temperatur, um nach der Regenzeit wieder etwas anzusteigen. Im Kayes am Senegal hat der Mai 35,8, der Juni 32,5, der Juli 28,7, der August 27,6°. Juli und August sind die Hauptregenmonate. Der August ist gerade die Zeit des zweiten Zenitstandes der Sonne und dennoch der kühlste Monat. Das zweite Temperaturmaximum fällt meist in den Oktober, ist aber geringer als das erste, weil die Sonne nicht mehr so hoch steht.

Man kann daher im Sudan 3 Jahreszeiten unterscheiden: Die kühle Zeit, die heiße Zeit und die Regenzeit. Die kühle Zeit dauert etwa vom Oktober bis März, wenigstens im Norden, und ist im Dezember und Januar besonders ausgeprägt. Es wird nachts recht kühl, aber Frost kommt nicht vor. Es ist die trockene Zeit des Harmattans. Von März bis Mai und in den Juni hinein währt die ebenfalls noch trockene, heiße Zeit mit Monatsmitteln von 30—35°. Etwa von Juni bis September, im Norden kürzer, im Süden länger, dauert die Regenzeit, und bringt die ersehnte Abkühlung und das ersehnte Naß und neues Leben in die Pflanzen- und Tierwelt.

4. Die Guineaküste

Der Wechsel von trockenem Harmattan, Tornadoübergangszeiten und feuchtem Südwestmonsun bestimmt auch das Klima der Guineaküste. Im Winter der Nordhalbkugel bringt der Harmattan die Trockenzeit. Die Tornadozeiten, die sich an die Zenitstände der Sonne anschließen, sind die eigentlichen, in dieser Breite schon recht ausgiebigen Regenzeiten (Abb. 5, 8, 9). Südlich von etwa 8° n. Breite haben wir daher zwei Regenzeiten, die durch eine regenärmere Zeit im Nordsommer unterbrochen sind, also die äquatoriale Regenverteilung. Der Monsun bringt, je nach Küstenrichtung und Oberflächengestalt, mehr oder weniger Steigungsregen (siehe S. 31).

Wo er reichere Niederschläge bringt, z. B. in Duala, wird das Regenminimum des Nordsommers ausgeglichen, ja zu einer besonders regenreichen Zeit. An der Gold- und Togoküste dagegen ist es scharf ausgeprägt.

Die Temperatur hängt weit mehr vom Regenfall als vom Sonnenstand ab. Das Minimum des Jahres tritt nicht nach dem niedrigsten Sonnenstand im Januar ein, sondern überall im August, oder auch im Juli, bei recht hohem Sonnenstand, weil dann die Wolkendecke und die Verdunstung die Temperatur herabdrückt. Das Maximum fällt ans Ende der Trockenzeit, Februar, März oder April. Als äquatornahes Tropenland ist die Guineaküste recht gleichmäßig warm. Die Jahresschwankung erreicht nirgends 5°. Der kühlste Monat hat im Tiefland überall etwa 24°, der wärmste 27—28°.

Man pflegt 4 Jahreszeiten zu unterscheiden: Vom Dezember bis März die große Trockenzeit, gewitterig aber wenig regenreich, heiß und schwül, die unangenehmste Zeit; April bis Mitte Juni die große Regenzeit, während der sich die Temperatur senkt; Mitte Juli bis Ende September die Monsunzeit, bei spärlicheren Monsunregen auch die kleine Trockenzeit genannt, die kühlste und für den Europäer angenehmste Zeit; im Oktober und November die kleine Regenzeit, in der die Temperatur wieder unangenehm steigt.

5. Im tropischen Gebirgsklima Abessiniens ist die Temperatur durch die Höhenlage bedeutend gemildert. Das Gebirgsland erhält weit reichere Niederschläge als der Sudan in gleicher Breite. Im allgemeinen scheint auch hier, wie im Sudan, der NO-Passat im Winter mit dem Südwest- bis Westmonsun im Sommer abzuwechseln, aber in dem gebirgigen Lande finden viele örtliche Unregelmäßigkeiten statt. Die Niederschläge nehmen nach Süden zu. Keren unter 15¾° n. Br. hat 641 mm, Gondar unter 12½° 1014 mm, Adis Abeba unter 9° 1259 mm jährlichen Niederschlag, in Kaffa dürfte der Niederschlag 2500 mm erreichen.

Im Winter bildet sich über dem südlichen Roten Meere, das dann erheblich wärmer ist als seine Umgebung, ein niedriger Luftdruck aus, der die Luft von der Umgebung ansaugt. Dadurch kommen SO-Winde zustande, die dem Ostrande des abessinischen Hochlandes im Lee des Monsuns Winterregen bringen. Eine schmale Übergangszone erhält sowohl Sommer-, wie Winterregen.

Der Temperaturgang ist derselbe wie im Sudan mit zwei jährlichen Maxima, aber Abessinien und die höheren Teile des Somalilandes sind eine kühlere Insel zwischen den furchtbar heißen Gebieten der Rotmeerküste im Osten und des Sudantieflandes im Westen. Die Temperaturgürtel sind übereinander angeordnet. Man unterscheidet die heiße Kolla, etwa bis zur Jahres-Isotherme von 20°, d. h. bis 1700 oder 2000 m, darüber die warmgemäßigte Woina Dega, etwa bis zur 20° Isotherme des wärmsten Monats, also bis ungefähr 2500 m, das Hauptsiedlungs- und Ackerbauland, darüber die kühlere Dega, das Hauptviehzuchtland. Die höchsten unkultivierten Gebiete werden als Tschoke bezeichnet.

6. Das Danakil-Tiefland

liegt am O-Fuß des abessinischen Hochlandes, in dessen Wind- und Regenschatten. Es ist im Sommer so gut wie regenlos. Im Winter erhält es durch die genannten SO-Winde bescheidene Niederschläge, Massaua 183 mm, Berbera nur 60 mm. Es ist daher ein Wüstenland mit sehr hohen Sommertemperaturen, eine der heißesten Gegenden der Erde. Die Hitze ist um so schwerer zu ertragen, als die Luftfeuchtigkeit stets hoch, die nächtliche Abkühlung gering und der Luftzug an der steilen Küste schwach ist.

7. Das Äquatorialklima des Kongobeckens

ist gleichmäßig warm und regenreich. Die jährliche Regenmenge beträgt überall zwischen 1500 und 2000 mm. Ein Anlaß zu örtlicher Steigerung ist in dem ebenen Lande nicht vorhanden. In Äquatornähe gibt es überhaupt keine Trockenzeit, die Maxima des Regenfalls treten mit Tornados nach den Zenitständen der Sonne im April und im Oktober ein. Entfernen wir uns mehr als 2° vom Äquator, so stellt sich schon eine kurze, winterliche Trockenzeit ein, die beiden Regenmaxima rücken näher zusammen zu einer, durch eine Zeit geringeren Niederschlags gegabelten Regenzeit. Die Jahresschwankung der Temperatur beträgt meist nur ein bis zwei Grad. In Eala z. B., da wo der Kongo das zweite Mal den Äquator überschreitet, hat der wärmste Monat, der März, 25,6°, der kühlste, der August, 24,2°.

8. Im Äquatorialklima Ostafrikas sind die beiden Regenzeiten durch scharfe Trockenzeiten getrennt. Das Klima ist viel regenärmer als am Kongo. Das ist besonders auf der Somalhalbinsel der Fall, die wir mit Ausnahme der höchsten Teile und des N-Abfalls hierher rechnen können: Denn hier strömen sowohl der SW-Monsun des Nordsommers wie der NO-Passat oder -Monsun des Nordwinters in der Richtung der Höhenlinien und werden nicht durch Anstieg zum Niederschlag ihrer Feuchtigkeit gezwungen. Die Höhenlage mildert vielfach die Hitze, so daß manche afrikanische Hochländer für europäische Besiedlung geeignet sind. Über 2000 m kommen Nachtfröste und Reif vor, auf Bergen über 3800 m fällt öfters Schnee, und die zu 5000 bis 6000 m ansteigenden drei höchsten Bergriesen Äquatorialafrikas sind vergletschert. Aufragende Gebirge erhalten reicheren Niederschlag, tragen Regen oder Nebelwald und speisen die Flüsse des sonst ziemlich trockenen Savannenlandes. Auch am N- und W-Ufer des Viktoriasees bringt der hier ansteigende SO-Passat, nachdem er sich über der Seefläche erneut mit Wasserdampf beladen hat, reichen Niederschlag. Andererseits sind die Becken- und Grabensenken besonders trocken, am Rudolfsee beinahe Vollwüste.

9. Den größten Teil Südafrikas, etwa südlich der Linie Kongomündung—Tabora—Rufidjmündung, nimmt das wintertrockene

Sommerregenklima der äußeren Tropen

ein, das Gegenstück des Sudanklimas auf der südlichen Halbkugel. Auch die Westhälfte Madagaskars gehört hierzu. Auch hier ist der SO-Passat des Winters ein trockener Wind, aber weniger staubgeschwängert, weil er nicht über eine Wüste streicht. Im Sommer verdrängen ihn monsunartige Winde, die, vom Tiefdruck über der Kalahari angesogen, im Osten aus NO, im Westen aber aus SW hereinströmen. Sie verhindern den Regen mehr, als sie ihn bringen, außer wo sie durch das Relief zu starkem Anstieg gezwungen werden, denn die NO-Winde wehen über Land, über die Somalhalbinsel, herein, nur nach Moçambique kommen sie vom Ozean her und bringen diesem Land etwas mehr Regen. Die SW-Winde aber wehen vom kühlen Meer des Benguellastroms aufs heiße Land. Die Regen fallen als gewitterreiche Zenitalregen. Im NW in Angola ist die Regenzeit durch eine regenarme Zeit gegabelt, im südlichen Ostafrika merkt man davon, wenigstens in den Monatsmitteln, nichts mehr. Die Regengürtel ordnen sich nicht so regelmäßig nach der geographischen Breite an wie im Sudan. Wohl nimmt im Kongo- und Sambesigebiet die Regenmenge und die Dauer der Regenzeit vom Äquator bis zum Wendekreis ab, aber keine Sahara durchzieht den südafrikanischen Kontinent, sondern die tropischen Sommerregen reichen südwärts bis an die Südküste. Der aus warmem Meer kommende Südostpassat, im Sommer mehr in ein O- bis NO-Wind umgedreht, bringt dem hochansteigenden SO-Rand starke Niederschläge. Auf der W-Seite machen die über das kalte Meer kommenden SW-Winde den Küstenstrich zur Wüste. Daher nimmt südlich des Sambesi die Niederschlagsmenge nicht von N nach S, sondern von O nach W ab.

Wie unsere Isothermenkarte Abb. 1 zeigt, wäre ganz S-Afrika, außer der W- und S-Küste, ein recht heißes Land, wenn nicht die bedeutende Meereshöhe, im Innern meist über 1000 m, die Temperaturen milderte. Auch im N, in Angola, N-Rhodesia und Katanga, geht die Temperatur des tiefsten Monats unter 18° herunter, so daß man das Klima nach Köppen als ein warmgemäßigtes bezeichnen kann. Stark sind hier die täglichen Temperaturschwankungen. In der kühlen Trockenzeit bedecken nachts dichte Nebel alle Täler und Niederungen. Weiter südlich, auf dem südafrikanischen Hochland, treten scharfe Nachtfröste auf. Im Sommer kann es allerdings sehr heiß werden. Besonders die tiefen Schluchten des Sambesi, des Oranje und des Limpopo sind wahre Glutöfen, wo Temperaturen über 50° vorkommen.

10. Die Ostseite und das Nordende der Insel Madagaskar

haben ein dauernd regenreiches Klima und 2—4 m Niederschlag, da der am Steilabfall des Hochlandes aufsteigende Passat, im N im Sommer der nordwestliche Monsun, sie das ganze Jahr befeuchten. Zyklonale Wirbelstürme des südwestlichen Indischen Ozeans erreichen manchmal die Ostküste der Insel und richten großen Schaden an.

11. Die westliche Küstenwüste

Das ganze W-Küstenland leidet unter Trockenheit, weil die südlichen und südwestlichen Winde, die hier das ganze Jahr herrschen, von dem durch den Benguellastrom abgekühlten Meere auf wärmeres Land wehen. An der Küste von Südwestafrika und noch beiderseits darüber hinaus, wo das Meer überdies durch aufsteigendes Tiefenwasser abgekühlt wird, ist der Küstenstrich Vollwüste. Im Winter liegen oft Nebel auf der Küste. Die Temperaturen sind sehr gleichmäßig mild, Swakopmund ist daher ein beliebter Erholungsort (s. Tabelle S. 17). Aber wenig landeinwärts wird es sehr heiß, da die Küstenwüste sich noch wenig übers Meer erhebt.

12. Die Südküste Afrikas gehört wie die Nordküste zum Bereich der

suptropischen Winterregen.

Im Sommer ist das

kapländische Winterregengebiet

unter dem Einfluß des SO-Passats trocken, im Winter bringen wandernde Minima die Regen. Kapstadt erhält 681 mm. Die Minima saugen auch gelegentlich Winde aus dem Hochdruckgebiet des Innern an, die dann als heiße, föhnartige Fallwinde zur Küste kommen. Sie sind rings um S-Afrika bekannt und bringen der südwestafrikanischen Küste mitten im Winter Staubstürme und die höchsten Temperaturen des Jahres, 40° und darüber. Sonst sind die Temperaturen herrlich mild, Kapstadt hat ein Januarmittel von 20,7°, ein Julimittel von 12,2°. Das reine, sommertrockene Winterregengebiet beschränkt sich auf die SW-Ecke des Kontinents.

13. In Südafrika ist der tropische Sommerregengürtel vom subtropischen Winterregengürtel nicht durch einen Wüstengürtel getrennt, sondern die nach S abnehmenden Sommerregen und die nach N abnehmenden Winterregen überdecken sich noch. Das südliche Binnenhochland erhält öfters durch weiter nordwärts verschlagene Minima winterliche Niederschläge, nicht selten Schnee. Aber nur in einem schmalen Landstreifen, zwischen der S-Küste und den kapländischen Bergketten, sind die Sommerregen und die Winterregen so reichlich, daß ein Landstrich mit

Regen zu allen Jahreszeiten

und immergrünen Wäldern entsteht. Zwischen den Küstengebirgen und dem Steilabfall des Binnenhochlands liegt die Große Karru im Regenschatten sowohl der Sommer- wie der Winterregen. Sie erhält nur sehr spärliche Niederschläge, die nur eine Halbwüstenvegetation gedeihen lassen.

5. Klimaschwankungen

Unsere Darstellung des Klimas in Wort und Karte bezieht sich auf den durchschnittlichen Zustand. Wir haben schon die großen Unregelmäßigkeiten von Jahr zu Jahr hervorgehoben (Abb. 10 und 11). Außer diesen unregelmäßigen Schwankungen hat man regelmäßige Perioden von verschiedener Länge festgestellt. Die Spiegel des Albertsees, des Viktoria-, des Tanganjika- und des Njassasees zeigen neben mancherlei Schwankungen, die auf andere Ursachen zurückzuführen sind, ein Steigen und Fallen, das auffällig mit der elfjährigen Kurve der Sonnenfleckenhäufigkeit übereinstimmt. In den sonnenfleckenreichen Jahren steht der Spiegel dieser Seen höher.

Man hat dies so gedeutet, daß vermehrte Sonnenflecken die Sonnenstrahlung und daher die Verdunstung vermindern und den Spiegel ansteigen lassen. Doch haben die Astronomen keine den Fleckenperioden entsprechende Schwankung der Sonnenstrahlung feststellen können. Die Einwirkung ist also offenbar keine so unmittelbare. Über die bekannte 35jährige Brücknersche Periode hat man in Afrika noch keine nähere Untersuchung angestellt. Aus den Nilschwankungen seit 1470 n. Chr. glaubt Omar Tussun eine Periode von 211,3 Jahren gleich sechs Brücknerschen Perioden zu erkennen.

Geologische und morphologische Beobachtungen lehren uns, daß in geologischen Vorzeiten mehrmals ein ganz anderes Klima geherrscht hat als heute. Die ausgedehnten Grundmoränen der Dwykaschichten beweisen, daß am Anfang der Karruformation, also während unseres Oberkarbons, Südafrika von einem Inlandeis bedeckt war. Noch andere Vereisungen sind im geologischen Altertum Südafrikas nachgewiesen. Von Bedeutung auch für den heutigen Zustand des Erdteils ist die Tatsache, daß während unserer quartären Eiszeit auch Afrika ein kühleres und feuchteres Klima gehabt hat, das man als P l u v i a l z e i t zu bezeichnen pflegt. Damals waren die Lebens- und Verbreitungsbedingungen für Pflanzen, Tiere und Menschen ganz andere als heute, z. B. war die Sahara bewohnbar, wie zahlreiche prähistorische Funde zeigen. Die heutige Verbreitung der Pflanzen, Tiere und Menschen, aber auch manche Eigenschaften der Bodendecke und des Reliefs, z. B. Flußtäler in der Vollwüste der Sahara, sind nur aus dem feuchten Klima der Pluvialzeit verständlich, das durch vielerlei Beobachtungen erwiesen wird. Auf den drei noch heute vergletscherten Gipfeln Afrikas war die Vergletscherung bedeutend ausgedehnter. Am Kilimandscharo, wo Hans Meyer sie schon 1898 nachweisen konnte, reichten die Gletscher bis 3600 m herab. Außerdem waren die höchsten Teile des Hohen Atlas, wahrscheinlich auch die Djurdjurakette des Tellatlas, sicher etliche 4000 m überschreitende Hochgipfel Abessiniens, der 4000 m erreichende östliche Grabenrand in der Kenyakolonie, der Elgonvulkan (4315 m) in Uganda vergletschert, wie Nilsson klar nachgewiesen hat. An vielen abflußlosen Seen ist durch alte Uferlinien und Seeablagerungen ein einst bedeutend höherer Stand und in einigen Fällen ein Abfluß über den Rand des Beckens nachgewiesen. Im Ostafrikanischen Graben lag der höchste Stand des Rudolfsees 150 m, der des Nakurusees 235 m über dem heutigen Seespiegel, so daß der Nakuru-, Naivascha- und Elmenteitasee zu e i n e m See vereinigt waren. In der Oase Kharge lag ein See von 40 bis 50 qkm, im Tschadseebecken dehnte sich ein Binnenmeer von 200 000 qkm und 60 bis 100 m Tiefe aus, dessen Verschwinden allerdings nicht nur klimatisch zu erklären ist. Dasselbe gilt von dem großen Binnensee in der westsaharischen Senke des Djuf; dieser See wurde damals vom Niger gespeist.

Ferner beweisen F l u ß t ä l e r in heute flußlosen Gebieten das einst feuchtere Klima. Sie können nicht durch die seltenen Regengüsse entstanden sein, die heute gelegentlich das Wasser eine Strecke weit in dem Tal fließen lassen, sondern nur dadurch, daß der Fluß mindestens periodisch regelmäßig das ganze Tal durchströmt hat. Solche Flüsse strahlten vom Hoggarhochland im Herzen der Sahara nach allen Seiten aus, der Igharghar nach N, mehrere, wie der Dallul Bosso, nach S bis zum Niger, der Tafassasset nach SO gegen den Tschadsee. Heute sind ihre Trockenbetten vielfach von Dünen erfüllt und verstopft. Ähnlich ist es mit den großen Tälern, die vom Südwestafrikanischen Hochland ostwärts nach der Kalahari laufen. Im Sudan wie in der Kalahari bezeichnen oft Pfannen, abflußlose Trockenseen, den Lauf einstiger Flußbetten.

In vielen Tälern des trocknen wie des feuchten Afrika deuten mächtige F l u ß s c h o t t e r t e r r a s s e n auf größeren Schutttransport, also größeren Wasserreichtum.

In trockneren Teilen des Sudans, z. B. in der Senegalkolonie, überziehen eisenschüssige Konglomerate und Schwemmlandlaterite einen Verwitterungsboden, der in feuchterem Tropenklima entstanden sein muß.

F e u e r s t e i n w e r k z e u g e aus verschiedenen Perioden der älteren Steinzeit sind sehr zahlreich in heute völlig unbewohnbaren Teilen der Sahara gefunden worden, besonders längs der Trockenbetten, aber auch im Herzen der Libyschen Wüste. F e l s z e i c h n u n g e n sind schon von Heinrich

Barth und seither von vielen Forschern in Teilen der Sahara entdeckt worden, die heute unbewohnbar sind. Manche davon stellen Tiere dar, die heute nicht mehr in der Sahara leben, Giraffen, Elefanten, Flußpferde, ja sogar ausgestorbene Tiere, den Büffel Bubalus antiquus, von dem auch fossile Reste gefunden wurden. Diese Tiere konnten nur in einem wesentlich feuchteren Klima leben.

An vereinzelten Stellen der Sahara, in einem dauernden Tümpel des Muidirhochlands und in einem des Tassili der Ajjer, leben noch heute Krokodile, Kattfische und Frösche in verkümmerten Formen. Beim heutigen Klima ist es völlig ausgeschlossen, daß sie sich in diese Gegend verbreiten konnten. Sie können nur zu einer Zeit wesentlich feuchteren Klimas dahin gelangt sein und haben sich an den einzigen Stellen, die ihnen noch kümmerliche Lebensmöglichkeiten bieten, als Restformen erhalten.

Das alles beweist, daß in jüngster geologischer Vergangenheit, noch zu Zeiten des Menschen, das Klima viel feuchter gewesen ist. Selbst die Sahara hatte Flüsse und war bewohnbar, viele Seen Afrikas hatten einen weit höheren Stand, die Hochgebirge waren vergletschert.

Wie in Europa und Nordamerika nicht nur eine Eiszeit, sondern mehrere Eiszeiten und Zwischeneiszeiten und viele kleinere Klimaschwankungen besonders in der Nacheiszeit nachweisbar sind, so konnten auch in Afrika Pluvialzeiten und Interpluvialzeiten und viele kleinere Schwankungen unterschieden werden, ganz besonders durch die Forschungen von Nilsson. Es gelang ihm nicht nur zu zeigen, daß die durch Moränen nachweisbaren Gletscherschwankungen der drei afrikanischen Schneeberge mit den aus alten Uferlinien erkennbaren Spiegelschwankungen der Seen des Ostafrikanischen Grabens vorzüglich übereinstimmen, sondern daß auch die vom Fayumsee Ägyptens bekannten Schwankungen dieselben sind wie die ostafrikanischen. Im ganzen stimmen diese Klimaschwankungen auch mit denen der europäischen Eiszeit und Nacheiszeit überein, wenn auch noch nicht völlig geklärt ist, welche afrikanischen Schwankungen den europäischen entsprechen.

Drittes Kapitel: Bau und Bodengestalt Afrikas

1. Grundzüge des geologischen Baus

Der afrikanische Kontinent zeichnet sich, verglichen mit andern Kontinenten, besonders mit Europa und Asien, durch geringe waagrechte und senkrechte Gliederung aus. Weite *einförmige Flächen* verschiedener Höhenlage herrschen bei weitem vor oft durch Steilstufen von vielen hundert, ja 1000 und

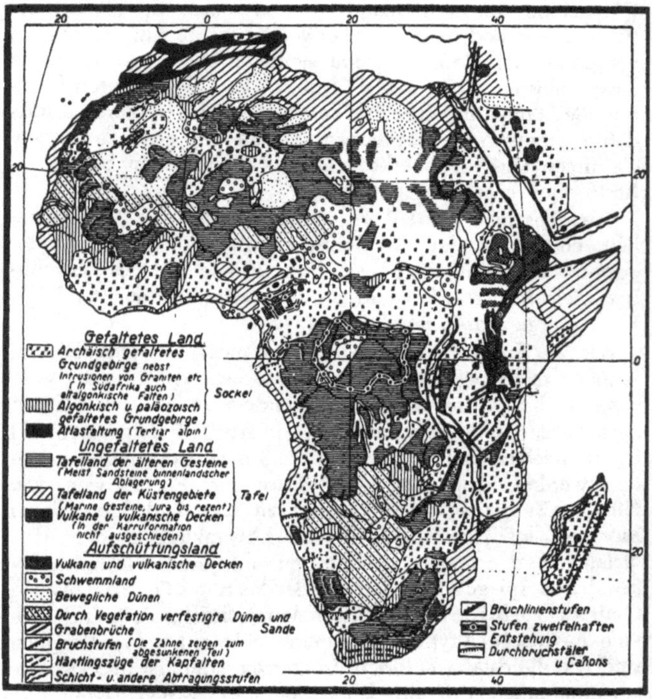

Abb. 13. Tektonisch-morphologische Karte.

(Nach F. Jaeger aus Handbuch der Geographischen Wissenschaft, Band Afrika) mehr km Länge begrenzt. Doch fehlt auch nicht das lebhafte Auf und Ab der Gebirge. Das verhältnismäßig einförmige Relief ist das Ergebnis einer keineswegs einförmigen geologischen Geschichte, die in einem verwickelten Bau ihre Spuren hinterlassen hat. Das flache Relief ist dadurch entstanden, daß die einstigen Gebirge durch Verwitterung und Abtragung eingeebnet worden sind zu Fastebenen oder Rumpfflächen. Afrika gehört *zwei großen tektonischen Erdregionen* an. Das Atlasgebirge ist ein Glied des Gürtels der in der Tertiärzeit gefalteten Hochgebirge, die Südeuropa und Asien durchziehen. Das übrige Afrika, das wir als die afrikanische Platte bezeichnen können, bildet zusammen mit dem außerandinen Südamerika, Arabien, Vorderindien und Australien ein einst zusammenhängendes Gebiet gleichartigen Baus, das keine jüngere Faltung mehr erlitten hat, und von E. Suess als Gondwanaland bezeichnet worden ist. Man vergleiche die tektonisch-morphologische Karte Abb. 13.

Im Bau dieser Platte unterscheiden wir das *Grundgebirge*, dessen Gesteine mehr oder weniger gefaltet und steil aufgerichtet sind, und das jüngere, darüberliegende Tafelland, in dem die Schichten keine oder nur geringe Störungen erlitten haben, so daß ihre waagrechte Lagerung nicht wesentlich verändert ist. An nicht wenigen Stellen sind diese Bauelemente von vulkanischen Gesteinen durchbrochen und überschüttet, auf großen Flächen sind sie von Schwemmland oder von Dünen überdeckt.

Die Faltungen, die das Grundgebirge geschaffen haben, gehören verschiedenen Perioden an. Umfangreiche Faltungen in den ältesten Zeiten der Erdgeschichte, im Archaikum und Algonkium schufen das alte Grundgebirge der Africiden, das in ganz Afrika angetroffen wird, wo es nicht durch aufgelagerte Tafelschichten unserer Beobachtung entzogen ist. Ob die kaledonische Faltung der Silurzeit in Afrika nachweisbar ist, ist noch zweifelhaft. Dagegen ist die als varistisch oder herzynisch bezeichnete Faltung der Carbonzeit, die in unsern Mittelgebirgen so deutliche Spuren hinterlassen hat, auch im Atlasgebirge und der nordwestlichen Sahara nachgewiesen. Am S-Rand des Kontinents schuf eine etwa in die Jurazeit fallende Faltung das Faltengebirge der Kapiden. Von der alpinen Faltung der Tertiärzeit wurde nur der Atlas betroffen. Ein geringfügiger Ausläufer davon ist der „syrische Faltungsbogen", der das Tafelland Ägyptens in NO—SW-Richtung durchzieht.

Sehr verschiedene Gesteine nehmen am Aufbau des Grundgebirges teil. Die Gesteine der Afriziden sind alle mehr oder weniger metamorph. Es sind Gneise, Glimmerschiefer, Phyllite, Quarzite, Marmor, Tonschiefer, Dolomite, Kalke und Intrusivgesteine wie Granit, Diorit und andere. Die jüngeren Faltungsgebiete enthalten auch unveränderte Schichtgesteine. Die vorherrschenden Streichrichtungen sind NO (die Somalrichtung) und NW (die erythräische Richtung, so genannt nach dem Roten Meere), aber auch NS und WO. Diese Richtungen treten schon in der Afrizidenfaltung hervor. Jüngere Störungen haben sie ebenfalls bevorzugt, daher geben sie sich vielfach im Relief kund. Krenkel hat den Bau ganz Afrikas, meines Erachtens viel zu schematisch, als ein Gitter erythräischer und somalischer Richtung auffassen wollen.

Auf große Erstreckungen ist das Grundgebirge der afrikanischen Platte von *Tafelland* bedeckt. Wo nur die Afrizidenfaltung stattgefunden hat, liegen schon die Formationen des geologischen Altertums tafelförmig, wie in Südafrika die Nama-Transvaalformation, die Kapformation und die Karruformation. Nur im Bereich der Kapiden sind sie gefaltet. Sandsteine festländischer Entstehung herrschen in den Tafelformationen bei weitem vor. Die Karruformation, die unserm Oberkarbon, Perm, Trias und untern Jura entspricht und im ganzen südafrikanischen Dreieck sehr verbreitet ist, beginnt mit dem Dwykakonglomerat, einer Grundmoräne mit prächtig gekritzten Geschieben, die beweist, daß damals Südafrika von einem Inlandeis bedeckt gewesen ist; es folgen Tonschiefer, mächtige Schichtfolgen von Sandsteinen, zu oberst Melaphyr- und Diabaslavadecken. Auch der zur Kreideformation gehörende nubische Sandstein N-Afrikas ist eine Kontinentalbildung. Ausgedehnte basaltische Lavadecken treten in Abessinien und Ostafrika, weniger ausgedehnte in der Libyschen Wüste und in Kamerun in tafelförmiger Lagerung auf.

Die Natur der Gesteine beweist, daß der größte Teil des Kontinents seit sehr alten Zeiten nicht mehr vom Meer bedeckt gewesen ist. Nur an den Rändern, in der Sahara auch weiter im Innern, finden wir Meeresablagerungen des geologischen Mittelalters und der Neuzeit, der Jura-, Kreide-, Tertiär- und Quartärformation.

Wenn auch der Afrikanische Kontinent keine jüngeren Faltungen mehr erlitten hat, so ist er doch von bedeutenden *Hebungen und Senkungen,* weitgespannten flachen Aufwölbungen und Einmuldungen betroffen worden, die für seine heutige Höhenlage maßgebend sind. Da die Lagerung der Gesteine dabei nicht wesentlich verändert wurden, sind sie aus dem geologischen Bau nicht erkennbar, sondern nur aus morphologischen Kennzeichen. An den Küsten erweisen vielfach alte Uferlinien und Meeresablagerungen die Hebung. Im Innern besagt die Natur der Fastebenen oder Rumpfflächen in der Regel, daß sie in geringer Meereshöhe gebildet sein müssen. Ihre heutige, oft bedeutende Höhenlage verdanken sie nachträglichen Hebungen.

2. Grundzüge des Reliefs

Höhengliederung. Jede Höhenschichtenkarte, z. B. Abb. 14, läßt erkennen, daß Afrika sich nach der Höhenlage in 3 Teile gliedern läßt: Das Atlasgebiet mit seinen Hochflächen von über 1000, seinen Gebirgsketten von über 2000, im mittleren und hohen Atlas über 3000 m, Niederafrika, das Gebiet der Sahara, des Sudans, der Guineaküste und des Kongobeckens, das außerhalb der daraus aufragenden Schwellen und Gebirge unter 500 m Meereshöhe bleibt, und Hochafrika, das abessinisch-somalische, ostafrikanische und südafrikanische Hochland einbegreifend, das abseits der Küstenstriche meist über 1000 m hoch liegt.

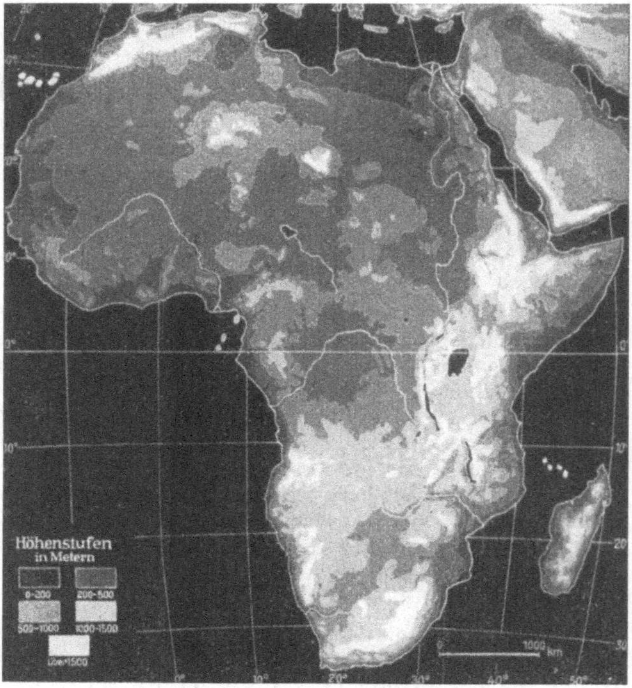

Abb. 14. Höhenstufen Afrikas.
(Aus „Lebensraumfragen europäischer Völker", Band II, Leipzig 1941)

Rumpfflächen. Ob hoch oder tief gelegen, weite Flachländer, seien sie aus Grundgebirge, Tafelland oder Schwemmland aufgebaut, herrschen vor. Im Grundgebirge und Tafelland erkennt man, daß sie durch Abtragung des Gesteins eingeebnet worden sind zu ganz schwach gewellten Rumpfflächen oder Fastebenen. Granite und andere Tiefengesteine, die nur tief unter der Erdoberfläche entstanden sein können, treten in den Flächen zutage; die steil aufgerichteten Gesteine des Grundgebirges, aber auch die nahezu waagrecht liegenden Tafelschichten, an denen das nur auf größere Erstreckung zu erkennen ist, werden von der Oberfläche glatt abgeschnitten; Verwerfungen, die eine Gesteinsscholle um viele Hunderte, ja Tausende von Metern über die benachbarten erhoben hatten, treten im Relief überhaupt nicht mehr hervor, sondern die Oberfläche zieht glatt darüber hinweg. Das alles beweist, daß mächtige Gesteinsmassen, die einst über die heutige Oberfläche aufragten, zerstört und abgetragen sind. Oftmals ragen einzelne, erst sanft, dann schroff ansteigende Inselberge oder ganze Mittelgebirge aus den Fastebenen auf, Überreste der einstigen Gesteinsmassen, die von der Abtragung verschont blieben. Sie bestehen keineswegs immer aus besonders harten Gesteinen, sondern meist aus demselben Gestein, wie ihre flache Umgebung. Oft tragen sie eine ebene Oberfläche, die gleichfalls der Rest einer einst ausgedehnten Einebnungsfläche ist. Es haben also wiederholt Einebnungen stattgefunden. Die älteren Rumpfflächen wurden emporgehoben zum Gebirge, zertalt und wieder abgetragen. So ist ein gewisser Stufenbau der Landschaft entstanden. Dieses gewaltige Werk der Abtragung wird dadurch verständlich, daß den zerstörenden Kräften sehr lange Zeiträume zur Verfügung standen, da der Kontinent schon seit alten geologischen Perioden Festland ist. Es wäre wichtig, das Alter der verschiedenen Flächen zu bestimmen, um das Relief richtig zu verstehen. Das hat die Forschung bisher nur in wenigen Gegenden vermocht.

Die Rumpfflächen mit ihren Restbergen sind nicht mehr überall unverändert erhalten. Sie wurden durch Kräfte des Erdinnern emporgehoben, verbogen oder auch durch Brüche in Schollen zerstückelt; infolgedessen wurden sie zertalt und abgetragen, an tiefen Stellen mit dem Gesteinsschutt der Zerstörung, mit Schwemmland zugedeckt. Tief eingeschnittene Täler, wie das des Oranje und des Sambesi oder der Kongodurchbruch durch die Südguineaschwelle, sind das Ergebnis der Gegenwirkung der Flüsse auf die Hebung. Der Einschnitt des Sambesi reicht flußaufwärts bis zu den Viktoriafällen. Oberhalb dieser fließt er noch flach auf der Hochfläche

Schwellen und Becken

Die weiten Flächen Afrikas sind, wie ebenfalls die Höhenschichtenkarte sowie Abb. 15 zeigt, durch aufragende Schwellen in eine Anzahl Becken verschiedener Höhenlage gegliedert. Am regelmäßigsten sind die drei großen Becken des südafrikanischen Dreiecks ausgebildet, das Kalaharibecken, an dessen Boden in 900 m die Makarrikarripfanne liegt, das

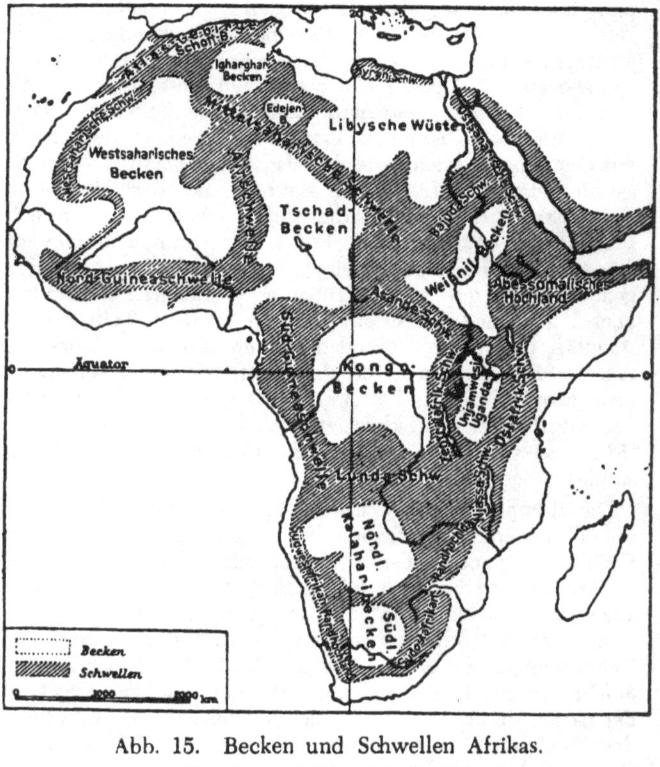

Abb. 15. Becken und Schwellen Afrikas.

(Aus Jaeger, Afrika, Leipzig 1928)

Umjamwesi-Ugandabecken mit dem Viktoriasee in 1134 m, das Kongobecken, dessen tiefster Punkt oberhalb der Kassaimündung etwa 300 m Meereshöhe hat. Die andern Becken gehören dem Sudan und der Sahara an und liegen alle in geringer Meereshöhe: Das Weißnilbecken, das Tschadbecken, das westsaharische Becken, das Becken der Libyschen Wüste und die beiden kleinsten, das Edeyenbecken und das Ighargharbecken. Der tiefste Teil der Libyschen Wüste ist die Kattaradepression, deren Boden auf 134 m unter den Meeresspiegel hinabreicht. Die großen Becken zerfallen meist durch kleinere Schwellen in Teilbecken. In Trockengebieten sind die Becken meist abflußlos und fallen mit den Einzugsgebieten der Flüsse zusammen. In feuchten Ländern durchbrechen die Flüsse die Randschwellen und entwässern das Becken zum Meer, so der Nil, dessen Lauf sogar dreien der genannten Hauptbecken angehört, der Niger, der Kongo, der Oranje, der Sambesi.

Die Schwellen, die die einzelnen Becken umrahmen und trennen, steigen manchmal so sanft an, daß das Auge sie kaum bemerkt und die Quellbäche an der Wasserscheide kaum wissen, wohin sie sich wenden sollen. Oft aber sind ihnen isolierte Restberge und Mittelgebirge schroff aufgesetzt; manchmal erheben sie sich zu Hochgebirgen. Die Randschwelle, die das südafrikanische Becken umgibt, steigt in den Drakensbergen Natals zu etwa 3400 m an, im Planalto des südlichen Angola zu 2620 m. Die südäquatoriale oder Lundaschwelle, die dieses Becken vom Kongobecken trennt, erreicht etwa 1800 m. Das Unjamwesi-Ugandabecken wird im W und O halbmondförmig eingeschlossen von der zentralafrikanischen und der ostafrikanischen Schwelle, die sich im S zur Njassaschwelle zusammenschließen. Sie tragen die drei höchsten Gipfel und einzigen Schneeberge Afrikas, den Kilimandjaro (5970 m), den Kenja (5195 m), beides aufgesetzte Vulkanberge, und den Ruwensori (5125 m), der aus einer emporgepreßten Scholle des Grundgebirges besteht. Am Rudolfsee trennt eine flache Schwelle von nur 700 m Meereshöhe das Becken des

Weißen Nils von der Abdachung zum Indischen Ozean. Sie ist zugleich die Einsenkung, die das ostafrikanische Hochland vom abessinisch-somalischen trennt, und wird als Rudolfsenke bezeichnet. Das abessinisch-somalische Hochland ist eine gewaltige Aufwölbung, die mächtigste Anschwellung des afrikanischen Kontinents, die auf weiten Flächen 2000 m, in etlichen Gipfeln 4000 m überschreitet. Im N entsendet dieses Hochland längs des Roten Meeres einen Ausläufer nach Niederafrika, die Ostsaharische Schwelle. Im Westen bildet die Guineaschwelle, die vom Kuansa, Kongo, Ogowe und Niger durchbrochen wird, einen solchen Ausläufer Hochafrikas. Diese Schwelle erreicht im Hochland von Mittelkamerun gegen 3000 m. Der 4075 m hohe Kamerunberg gehört nicht der Schwelle an, sondern erhebt sich unmittelbar aus dem vorgelagerten Küstentiefland. Von der Guineaschwelle zieht die nordäquatoriale oder Asandeschwelle zum Nordende der zentralafrikanischen Schwelle und grenzt das Kongobecken nördlich ab. Von ihr läuft die durch Abzweiger mannigfach gegliederte, mittelsaharische Schwelle im großen und ganzen nach NW bis ans Atlasgebirge. In den aufgesetzten Vulkanen des Djebel Marra in Darfur, des Emi Kussi und des Tusside im Gebirgsland von Tibesti, des Jlamane im Ahaggarhochland erreicht oder überschreitet sie 3000 m. Die niedrige, vom Nil in S-förmigem Laufe durchbrochene Bajudaschwelle verbindet die mittelsaharische mit der ostsaharischen Schwelle und trennt so das Becken des Weißen Nils von dem der Libyschen Wüste. Dieses wird gegen das Mittelmeer durch die Cyrenaikaschwelle abgeschlossen. Von der mittelsaharischen Schwelle läuft die in den aufgesetzten Vulkanen über 1800 m erreichende Airschwelle nach S zur Guineaschwelle und scheidet das Tschadbecken vom westsaharischen Becken. Dieses wird im W von der flachen westsaharischen oder mauretanischen Schwelle umrahmt, die von der Guineaschwelle nach dem westlichen Atlas zieht und das westsaharische Becken von der Abdachung zum Atlantischen Ozean trennt.

Afrika besitzt also nicht wie Eurasien ein beherrschendes Gebirgszentrum, von dem es sich gegen die Küsten abstuft, wo weite volkreiche Tiefebenen sich ausdehnen, sondern es ist von Schwellen umrandet, die die Binnenländer überragen und vom Meere abschließen. Das ist ein Grund dafür, daß sich hier keine seefahrenden Völker entwickelt haben und daß die Europäer so lange nicht in den Kontinent einzudringen vermochten.

In den Schwellen tritt vorwiegend das Grundgebirge zutage, in den Becken finden wir die darüberliegenden Tafelschichten zum Teil in großer Mächtigkeit, in der Mitte meist junge Schwemmländer (Abb. 13). Die Schwellen werden von den Flüssen zerschnitten, die Becken dagegen zugeschüttet. Oft sind in den Schwellen jüngere, steilere Talformen in ältere, flachere eingeschnitten, in den Becken ältere Ablagerungen von jüngeren bedeckt. Das läßt erkennen, daß die Schwellen nicht nur wiederholt emporgehoben, sondern noch in Hebung begriffen sind, die Becken aber immer weiter einsinken. Kräfte des Erdinnern haben die Rumpfflächen verbogen und so den Becken- und Schwellenbau hervorgebracht. Die Mächtigkeit der Beckenablagerungen, besonders auch der älteren Formationen, die starke Abtragung und die Bloßlegung des Grundgebirges in den Schwellen zeigt, daß der Vorgang schon seit langen, geologischen Zeitaltern im Gange ist. Das läßt auch verstehen, daß die großen Flüsse trotz der Hebung der Schwellen ihren Lauf zum Meere beibehalten konnten, indem sie die sich hebenden Schwellen durchsägten. Im einzelnen ist der Bau der Schwellen oft sehr mannigfach, indem Brüche sie in Schollen wechselnder Höhenlage zerstückeln und vulkanische Ausbrüche neue Gesteinsmassen und neue Züge des Reliefs hinzufügten.

Die südafrikanische Randstufe

Das südafrikanische Hochland hat flachbeckenförmige Gestalt, wie schon der Lauf der Flüsse zeigt, die sämtlich von den Rändern nach dem Innern fließen. Erst nach langem Lauf durchbrechen die großen Flüsse die Randschwellen zur Küste, der Sambesi und der Oranje an der ihren Quellen gegenüberliegenden Seite. Vom wasserscheidenden Beckenrand fällt das Hochland ringsum in einer hohen Steilstufe ab zur sanft meerwärts geneigten Küstenabdachung, die es umgibt (Abb. 13). Aus der Küstenabdachung ragen noch manche stattliche Berge und Gebirgsketten auf. Wie eine geschlossene, viele hundert Meter hohe Mauer, in Bastionen vorspringend, von Türmen gekrönt und nur von wenigen Toren unterbrochen, umgürtet dieser Steilabfall das südafrikanische Binnenhochland im O, S und W vom Tal des Limpopo bis zum Tal des Kuansa. Diese Mauer ist 5000 km lang. Nur im nördlichen SW-Afrika, zwischen dem Swakop und etwa 19° s. Br. liegt die Wasserscheide weiter landeinwärts und trennt kein Steilabfall das Binnenhochland von der Küstenabdachung. Man hatte diesen Steilabfall für einen Abbruch, die Küstenabdachung für ein abgesunkenes Stück des Binnenhochlands gehalten. Aber die südafrikanischen Geologen, vor allen A. W. Rogers, konnten nachweisen, daß nicht die Gesteinsschichten der Hochfläche, sondern die des Fußes der Stufe sich unmittelbar in die Küstenabdachung hinein fortsetzen. Die am Steilrand ausstreichenden Schichtentafeln und somit das Binnenhochland müssen sich demnach weiter über die Küstenabdachung erstreckt haben. Auf der Außenabdachung der Randschwelle haben sich die Küstenflüsse tief eingeschnitten und das Land zur Rumpffläche der Küstenabdachung abgetragen. An der Wasserscheide hörte ihre Erosion auf, da blieb die Randstufe stehen, die durch die Täler der Quellflüsse gegliedert ist. Die südafrikanische Randstufe, die zu Ehren ihres Haupterforschers auch die Rogersstufe (The great Escarpment, Rogers Escarpment) genannt wurde, ist also durch Abtragung der einst über die Küstenabdachung sich fortsetzenden Gesteinsschichten entstanden.

Auch weiter nördlich fällt das Binnenhochland des südafrikanischen Dreiecks meist in einer Stufe zur Küstenabdachung ab. Die der Guineaküste ist bewaldet, daher schwer zu untersuchen und noch nicht näher bekannt. Auf der O-Seite aber ist der Randabfall Süd-Rhodesiens und der Deutsch-Ostafrikas ein Bruch, wie die abgesunkenen Karruschichten beweisen. Diese im Äußern der Rogersstufe ähnlichen Randstufen sind also anderer Entstehung.

Das ostafrikanische Grabensystem

Eine der merkwürdigsten Züge im Relief Afrikas ist das ostafrikanische Grabensystem, eine verzweigte Folge langgestreckter, von parallelen Steilwänden überragter Senken, die sich vom nördlichen Syrien über das Tote und das Rote Meer durch Ostafrika bis über den Sambesi verfolgen lassen (Abb. 13). Daß die Senken wirklich Gräben, das heißt an parallelen Brüchen eingesunkene Schollen der Erdrinde sind, ist heute nicht nur aus der Form geschlossen, sondern an manchen Stellen durch den geologischen Bau einwandfrei nachgewiesen. Die einzelnen Teilgräben sind von sehr verschiedener Länge, Breite, Tiefe und Höhenlage der Sohle und von wechselnder Richtung. Der größte ist der des Roten Meeres, 2200 km lang, 200—350 km breit. Sein Boden erreicht unter 21° n. Br. 2359 m Tiefe, während der Westrand im Gipfel Erba zu 2280 m ansteigt, so daß die Grabentiefe über 4600 m beträgt. In seiner südlichen Fortsetzung bildet das Danakiltiefland die Grabensohle, der Steilabfall des abessinischen Hochlandes mit Gipfeln von über 4000 m den Westrand, der fast ebenso hohe Abfall Arabiens den Ostrand. Hier gabelt sich die Senke in den Graben des Golfs von Aden und den viel schmäleren abessinischen Graben, der in südwestlicher Richtung das Hochland durchsetzt. Die Seen auf seiner Sohle liegen in 500 bis 1900 m Meereshöhe.

Im tropischen Ostafrika ist das Grabensystem stärker zersplittert. Neben dem Südende des abessinischen Grabens beginnt mit dem untern Omotal und dem Rudolfsee der gegen S verlaufende Naiwaschagraben oder ostafrikanische Graben in engerem Sinne. Er ist ebenfalls durch eine Seenreihe gekennzeichnet. Im Süden zweigen der Njarasagraben, der Hohenlohegraben nach SW und der Panganigraben nach SO von ihm ab. Der Ostrand des Naivaschagrabens endet in der Breite des Kilimandjaro, der Westrand läßt sich als die „Ostafrikanische Bruchstufe“ bis etwa 7° s. Br. weiter verfolgen. Weiter östlich verläuft von SW nach NO eine andere große Bruchstufe, der Ostabfall des Binnenhochlands gegen das Küstentiefland.

Im Westen aber verläuft in leichtem Bogen der zentralafrikanische Graben, dessen Sohle der Albert-, der Edward-, der Kivu- und der Tanganjikasee einnehmen. Der 650 km lange Tanganjikasee erreicht eine Tiefe von 1435 m, reicht also 650 m unter dem Meeresspiegel hinab. Die Steilwände des westlichen Grabenrandes erreichen am Nordende des Sees 3300 m Meereshöhe.

In der Mitte des Tanganjikasees zweigt nach West der Lukugagraben ab, durch den der See seinen Abfluß zum Kongo findet, nach SO der Rukwagraben mit dem Rukwasee. Er geht in den Graben des Njassasees über, von dem er durch den aus der Grabensohle aufsteigenden Rungwevulkan (3175 m) getrennt ist. Am Rungwe zweigt der Ruahagraben ab, der nach NO gegen den Ostafrikanischen Graben hinzieht, ohne sich mit diesem völlig zu vereinigen. Der Njassagraben reicht, wenn auch etwas zersplittert und unterbrochen, bis an den Busifluß in 20° s. Br., so daß das gesamte Grabensystem sich über 58 Breitengrade oder 6500 km verfolgen läßt. Auch die in SW-Richtung verlaufenden Senken des zum Sambesi strömenden Loangwaflusses, des Mwerusees und des Upembasees an den Quellströmen des Kongo sind tektonische Abzweiger dieses Grabensystems, wenn auch ihre heutige Form anscheinend der Ausräumung zu verdanken ist.

Eine sehr auffallende Tatsache ist, daß die Gräben gerade in die höchsten Teile der S c h w e l l e n eingesenkt sind und diese der Länge nach derart zerspalten, daß sich beiderseits das Land von der wasserscheidenden Oberkante des Grabenrandes nach außen abdacht. In Arabien, in Abessinien und Somalland, an der Ugandabahn, am Ruwensori, am Tanganjika- und Njassasee, überall liegen die höchsten Höhen hart an der Senke des Grabens (Abb. 14).

Da die Grabensohle zu sehr wechselnder Tiefe eingesunken und überdies an vielen Stellen durch vulkanische Aufschüttung erhöht ist, so entstehen zahlreiche getrennte B e c k e n, auf deren Boden sich meist Seen ausbreiten.

Weithin sind die Gräben mit v u l k a n i s c h e n Gesteinen verknüpft. In Abessinien und im äquatorialen Ostafrika zerschneiden sie ausgedehnte vulkanische Decken. Zahlreiche einzelne Vulkanberge erheben sich aus der Grabensohle oder in der Nachbarschaft, darunter die Bergriesen Kenja 5195 m und Kilimandjaro 5970 m sowie die Riesenkrater 175 km westlich vom Kilimandjaro, deren größter, Ngorongoro, 22 km Durchmesser hat. Die tätigen Vulkane Ostafrikas: der Meru, der Oldoinjo Lengai im nördlichen Tanganjikaland, mehrere Vulkanhügel am Südrand des Rudolfsees, zwei der Virungavulkane nördlich des Kivusees, drei Vulkane des Danakiltieflandes erheben sich alle aus Grabensohlen. Aber der größte Teil des Rotmeergrabens, des zentralafrikanischen und des Njassagrabens sind in die Schwellen des Grundgebirges eingesenkt und frei von Vulkanen.

Die Pendelexpedition von Kohlschütter und Glauning hat nachgewiesen, daß die Gräben Gebiete von Schwerestörungen sind, und zwar mit Ausnahme des Roten Meeres Gebiete zu geringer Schwere.

Die Gräben sind erdbebenreiche Gebiete. Wäre das Land nicht so schwach bewohnt und meist Wildnis, so würden schwere Erdbebenschäden entstehen. 1928 verursachte ein Erdbeben im Naivaschagraben eine 24 km lange Spalte mit einem Verwurf bis zu 3 m. Das zeigt, daß die Grabenbildung noch andauert.

In der Hauptsache sind die Gräben im jüngeren Tertiär angelegt, aber viele der großen Hauptbrüche, besonders des Naivaschagrabens, sind erst mitteldiluvial und haben selbst junge Vulkane wie den Sambu an der Nordgrenze des Tanganjikalandes auseinandergerissen. Dieses geringe Alter erklärt auch, daß die Bruchstufen der Grabenränder so steil und mauergleich das Land durchziehen, nur durch die scharfen Kerben ausmündender Talschluchten ein wenig gegliedert. Daß diese Stufen völlig unbekümmert um den geologischen Bau und die Oberflächengestalt hier ein Gebirge aus steil gestellten Quarziten, da einen Vulkankegel, da ein niedriges Tuffland, dort ein Gneishochland durchsetzen, ist ein morphologischer Beweis ihrer Bruchnatur.

Über die Mechanik der Entstehung der Gräben stehen sich noch entgegengesetzte Ansichten gegenüber. Eduard Sueß der den Zusammenhang des Systems und die Grabennatur zuerst erkannt hat, nahm an, daß die Erdrinde hier durch einen in äquatorialer Richtung wirkenden Zug auseinandergerissen sei und dadurch den vulkanischen Ausbrüchen den Weg geöffnet habe. Die Tatsache, daß die Gräben die Aufwölbungen der Schwellen durchsetzen, hat C. Uhlig und andere Forscher zu der Auffassung geführt, daß im Gegenteil ein Druck die Schwellen aufgestaut und deren Scheitel auseinandergerissen habe. Dafür spricht auch die von Uhlig entdeckte 24 km lange Überschiebung von altem Grundgebirge auf den jungen Vulkan Sambu an der Nordgrenze von Tanganjikaland und andere Stauungserscheinungen. Aber wie kann man dann die große Breite der Gräben, besonders des Roten Meeres, erklären? Modellversuche von Cloos haben gezeigt, daß beim Auseinanderreißen einer Schichtenfolge die Ränder des Risses sich aufwölben. Danach könnte die Sueßsche Zerrungshypothese auch erklären, daß die Gräben in die Schwellen eingesenkt sind. Die zum Teil großartigen Druckerscheinungen — z. B. auch die Emporhebung der Grundgebirgsscholle des Ruwensori zwischen zwei Ästen des Zentralafrikanischen Grabens — müssen wohl als Nebenerscheinungen von mehr örtlicher Ausdehnung aufgefaßt werden. Andrerseits beruft sich auch Wayland, ein Hauptvertreter der Druckhypothese, auf Versuche von Daubre, nach denen ein starrer Körper durch Druck von beiden Seiten derart zerbricht, daß Überschiebungsflächen von 45° Neigung entstehen, zwischen denen das Mittelstück herausgepreßt wird. Die Gräben wären dann an diesen Überschiebungen hinabgepreßt, die Ränder emporgehoben. Schwer ist es für diese Hypothese, die Verknüpfung der Gräben mit Vulkanen zu erklären.

Die Gräben und Vulkane haben Ostafrika das vielgestaltigste Relief des ganzen Kontinents verliehen und haben dadurch große geographische Bedeutung. Die endlosen Steilstufen sind nicht nur Wasserscheiden, sondern auch trennende Verkehrshindernisse, die die Völkerwanderungen in meridionale Richtung lenken. Die hohen Gebirge sind Regenfänger, tragen Nebelwald und speisen die Flüsse, die Beckenlandschaften sammeln sie in Seen und sind im übrigen sehr trockne Landstriche. Der örtliche Wechsel des Wasserreichtums bewirkt einen entsprechenden Wechsel der Besiedelung. So schufen die Gräben die Mannigfaltigkeit der ostafrikanischen Landschaft.

3. Gliederung Afrikas nach dem Relief

(Dazu Abb. 13, 14, 15.)

Das *Atlasgebiet.* Der zu den alpinen Faltengebirgen gehörende Atlas ist kein so geschlossenes Hochgebirge wie die Alpen, sondern besteht aus mehreren getrennten Kettengebirgen, zwischen denen sich ungefaltete Tafelländer einschalten. Den Kern bildet die in 700 bis 1400 m Meereshöhe gelegene Steppenhochfläche der Schotts, die von höheren Kettengebirgen eingerahmt ist. Im Westen ist den Kettengebirgen das marokkanische Atlasvorland vorgelagert, im Osten das tunesische Küstentiefland, das sich untermeerisch in dem flachen Schelfmeer der Kleinen Syrte fortsetzt.

Im Westen, in Marokko, folgt der Mittelmeerküste der bis 2450 m hohe Rifatlas, der sich im Bogen von der Straße von Gibraltar nach dem Kap Tres Forcas zieht und großenteils aus Flyschschiefern und -sandsteinen sowie aus Kalkmassiven aufgebaut ist. Zwischen dem Rif, den NO—SW gerichteten Hochgebirgsketten des Mittleren und des Hohen Atlas und der Ozeanküste dehnt sich das dreieckige Marokkanische Atlasvorland aus. Sein nördlicher Teil, das Gharb, das Schwemmland des Sebuflusses, und ein schmaler Küstenstreifen ist Tiefland, der größte Teil aber ein teilweise von Tafelschichten bedecktes, sonst aus dem varistisch gefalteten Grundgebirge bestehendes Hochland. Im N ist dieses zu einem wenig zugänglichen Gebirge zerschnitten, das die flacheren und stärker bewohnten Landschaften um Marrakesch von dem Gharb und der zweiten Hauptstadt Fes trennt.

Zwischen dem Rif und dem mittleren Atlas verbindet der Durchgang von Tasa in 600 m Meereshöhe dieses Kernland Marokkos mit den östlichen Atlasländern.

Der Hohe und der Mittlere Atlas bilden die höchste und geschlossenste Gebirgsmauer der Atlasländer, die scharfe Klimascheide zwischen dem feuchteren, ozeanisch beeinflußten

Westmarokko und den Trockengebieten des Schotthochlands und der Sahara. Beide Gebirge sind nur mäßig gefaltet, aber hoch emporgehoben und von tiefen Tälern zerschluchtet. Der mittlere Teil des Hohen Atlas, wo alle Kämme über 3000 m, der höchste Gipfel Likumt oder Tubkal zu 4225 m aufragen, ist eine Art Zentralmassiv aus kristallinen Gesteinen des varistisch gefalteten Grundgebirges. Im übrigen herrschen Kalkgesteine vor, daher versinkt das Wasser oberflächlich, um in größeren Quellen zutage zu treten. Die NW-Seite beider Gebirge erhält reichlich Niederschläge, ist bewaldet und trägt in der Höhe monatelang tiefen Schnee, der den Verkehr sperrt. Am Gebirgsfuß ermöglichen die Bäche reiche Bewässerungskulturen. Die höchsten Teile zeigen Spuren eiszeitlicher Vergletscherung, sind aber heute unvergletschert. Die südöstliche Trockenseite ist ziemlich kahl.

Südlich vom Hohen Atlas läuft ihm annähernd parallel die über 2000 m hohe Kette des Antiatlas. Sie gehört tektonisch nicht mehr zum alpin gefalteten Gebiet, dessen Südgrenze von Agadir über Figig, Biskra nach Gabes zieht, sondern ist ein Horstgebirge wie der Thüringer Wald. Zwischen beiden Ketten liegt an der Küste das gut bewässerte und fruchtbare Tafelland des Sus.

Im mittleren Teil des Gebirgssystems, in Algerien, folgen aufeinander der bewaldete, anbaufähige Tellatlas — Tell bedeutet das ackerbaufähige Land —, das Steppenhochland der Schotts und der gleichfalls steppenhafte Saharaatlas, an dessen Südfuß dann die Sahara beginnt. Der Tellatlas ist ein bewaldetes Mittelgebirge, das aus mehreren, durch Längstäler getrennten Ketten besteht. Nur die Kalkkette des Djurdjuragebirges, 2308 m, kann als Hochgebirge bezeichnet werden. Öfters werden die Ketten von den aus den Längstälern kommenden oder aufs Steppenhochland zurückreichenden Flüssen in engen Schluchten durchbrochen. Das Steppenhochland ist ein Tafelland oder mit Schwemmland überdeckt, aus dem vereinzelte Höhenzüge aufragen. Es ist größtenteils ohne Abfluß zum Meere, die Gewässer sammeln sich in den im Sommer austrocknenden Salzseen der Schotts.

Der Saharaatlas ist kein so geschlossenes Gebirge wie der Tellatlas, sondern besteht aus locker gestellten Falten und Höhenzügen, die nicht in der Gesamtrichtung des Gebirges, sondern mehr nach NNO streichen. Nur der höchste Teil, das Aurèsgebirge, ist etwas reicher bewässert und bewaldet.

Im O, in Tunesien, schmiegen sich der Tellatlas und der Saharaatlas aneinander, schließen das Schotthochland ab und laufen in die beiden Landspitzen aus, die den Golf von Tunis einschließen. Durch das Längstal der Medjerda gewinnt das Schotthochland Verbindung mit Tunesien, wie im W durch den Durchgang von Tasa mit Marokko. Das nordöstlich laufende Ostende des Saharaatlas, ein bis 1500 m hohes Gebirge, wird mit Recht als das „Rückgrat" Tunesiens bezeichnet. Ihm ist gegen die Syrte das steppenhafte, aber anbaufähige Küstentiefland vorgelagert.

Das saharisch-sudanische Niederafrika

So überaus verschiedene Klimate und Landschaften wir von der Sahara bis zur Guineaküste antreffen, nach Bau und Bodengestalt dürfen wir das ganze Niederafrika nördlich des Kongobeckens als eine große Einheit ansehen. Riesige Flächen geringer Höhenlage nehmen fast das ganze nordafrikanische Viereck ein. Sie werden umrandet vom Abessinischen Hochland und der Ostsaharischen Schwelle im O, von der Nordguineaschwelle und der Westsaharischen Schwelle im W, gegliedert durch die Mittelsaharische Schwelle. Die Schwellen sind im ganzen nur sanfte domförmige oder wallförmige Aufwölbungen, aber bei größerer Höhe bilden sie zerschnittene Gebirge oder Tafelländer, die in zerfransten Schichtstufen abfallen.

Da die Westsaharische Schwelle sehr flach ist, so ist die ganze W e s t s a h a r a u n d d e r W e s t s u d a n Tiefland, das sich vom Fuß des Atlas im N und der Guineaschwelle im S nach der Mitte abdacht. Hier bilden Rumpfflächen des Grundgebirges, dort ältere und jüngere Sandsteintafeln, die oft in Schichtstufen abfallen, dort Schwemmlandebenen und Dünenmeere die weiten Flächen.

Die Nordguineaschwelle dacht sich, wie die Oberläufe des Senegal und des Niger anzeigen, sanft nordwärts zu diesem Tiefland ab. Nach S fällt sie, wenigstens westlich des Volta, steiler zum breiten Küstentiefland ab. Die Schwelle und das Küstentiefland sind überwiegend ein Rumpfland mit Inselbergen, in dem das Grundgebirge zutage tritt, doch sind auch weite Flächen von Sandsteintafeln überlagert. Der Küste ist meist ein Schwemmlandstreifen angelagert, der von den Bissagos-Inseln bis zur Scherbroinsel reicher gegliedert ist, weiter östlich eine glatte, lagunenreiche Küste bildet. Breiter wird das Schwemmland, wo der Niger in vielverzweigtem Lauf sein Delta aufgeschüttet hat. Westlich vom Volta überschreitet die Schwelle durchweg die Höhe von 500 m und erreicht im W, im Futa Djallonhochland, 1500 m. Im O, im Gebiet des unteren Niger und des Benue, ist sie niedriger nur zwei höhere Gebirge erheben sich daraus, das in nördlicher bis nordöstlicher Richtung lang dahinziehende Togogebirge, das etwa 1000 m Höhe erreicht, und das granitische Bautschihochland östlich des Niger mit fast 2000 m.

Die Mittelsaharische Schwelle trennt im südlichen Teil, wo sie von der Asandeschwelle abzweigt, die von Schwemmland erfüllten Becken des Weißen Nils und des Tschadsees. Hier bildet die Inselbergplatte von Wadai und Darfur eine weiträumige flache Erhebung des Grundgebirges, aus der der vulkanische Djebel Marra zu 2990 m ansteigt. Von da verläuft die Schwelle nach NW bis an den Atlas. Vom zerschluchteten Sandsteintafelland von Ennedi über das Hochgebirge von Tibesti, in dem der aufgesetzte Vulkan Emi Kussi 3415 m erreicht, und über die Tafelländer von Tümmo und Tassili der Adjer bleibt sie fast durchweg über 1000 m hoch. Weiterhin wird der Bau der Mittelsahara vom Hoggar- oder Ahaggarhochland beherrscht. Es bildet den Kern einer riesigen flachen Aufwölbung, von der die Trockentäler nach allen Richtungen laufen. Im Kern ist das kristalline Grundgebirge entblößt und ragt zu 2500 m, die aufgesetzten vulkanischen Gipfel bis zu 3000 m auf. Wie die Aufwölbung des Schwarzwaldes und des Wasgenwaldes von den Stufen der Trias- und Juraschichten umgeben sind, so umgürtet den

Hoggar ein doppelter Schichtstufenkranz, der namentlich auf der Nordseite großartig ausgebildet ist. Paläozoische Sandsteintafeln bilden die inneren Schichtstufen des Tümmo, Tassili der Adjer und Muidir, Schichten der Kreide die äußeren Stufen der Hammada el Homra, Tingert und Tademait. Beide Stufen werden vom Wadi Igharghar durchbrochen, der nordwärts zur Depression des Schott Melghir (— 31 m) geht. In den Niederungen zwischen den Schichtstufen und nördlich davon, wo die Wadis große Schwemmlandmassen zusammengespült haben, breiten sich Dünenmeere aus.

Die Aufwölbungen des Airhochlands (mit aufgesetzten Vulkanen 1800 m) und des Adrar der Ifoghas, in denen gleichfalls das Grundgebirge zutage tritt, bilden zwei südliche Ausläufer des Hoggar.

Die Libysche Wüste östlich dieser Schwelle ist ein riesiges Tafelland, hauptsächlich aus Schichten der Kreide- und Tertiärformation bestehend, die mehrfach in Stufenrändern enden. Darin ist das fruchtbare Tal des Nils teils tektonisch eingesenkt, teils erosiv eingeschnitten. Östlich davon wo das Land zur Ostsaharischen Schwelle ansteigt, treten wieder alte Sandsteintafeln und Grundgebirge auf. Da werden 2200 m, im Sinaigebirge, das physisch besser zu Vorderasien zu rechnen ist, 2600 m erreicht. Auch im Herzen der Libyschen Wüste, in 22° n. Br. 25° ö. L. von Greenwich, tritt im Djebel Auenat (1907 m) der Granit des Grundgebirges zutage. Die tiefen, von Schichtstufen umrahmten Becken der Libyschen Oasen und die Kattara-Senke (— 134 m) sind, wie der Schichtenbau erweist, keine Einbrüche, sondern Stellen leichter verwitterbaren Gesteins, das durch den Wind ausgeblasen ist und einen großen Teil der Dünenmassen geliefert hat. In ihnen ist der artesische Grundwasserhorizont zugänglich, der in der Tiefe die Libysche Wüste durchzieht.

Die Wüstenlandschaft ist nicht ein Sandmeer, wie man früher geglaubt hat, sondern weitaus der größte Teil besteht aus Fels, der, wo ein gewisses Relief vorhanden ist, besonders bei Sonnenauf- und -untergang durch grelles Licht und tiefe Schatten in sehr bunten Farben leuchten kann. In den Gebirgswüsten, seien es nun die granitenen Kerne der höchsten Schwellen oder zerschnittene Tafelränder, bietet der Wechsel von felsigen Bergen und schuttreichen Wadis mit ihren Windungen, Kesseln, Steilwänden, mit bizarren Formen der Felsen dem Auge eine reiche Abwechslung. In der Flachwüste sind gewisse Verschiedenheiten des Bodens so charakteristisch, daß sie von den Wüstenbewohnern besondere Namen erhalten haben. Die mit eckigem, durch die Temperaturschwankungen des Bodens zersprungenem Gesteinsschutt bedeckten Schichtentafeln oder Grundgebirgsflächen heißen bei den Arabern Hammada, in den Berbersprachen Tassili. Serir heißen die aus der Aufbereitung tertiärer oder diluvialer Schotterdecken mit runden Kieseln übersäten Flächen. Ähnlich sind die Reg-Ebenen, die durch örtliche Verwitterung des Felsgesteins oder im Schwemmland mit grobem und feinem Kies und Sand bedeckt sind. Die großen Sanddünenmeere heißen Erg. Hier hat der Wind den aus Flußanschwemmungen, jüngeren, wenig verfestigten Meeresablagerungen oder auch aus örtlicher Verwitterung stammenden Sand in den Niederungen zu großen Massen angehäuft, von denen bei starkem Wind der Sand emporgehoben wird, daß die Dünen „rauchen". Die Unregelmäßigkeit der Formen erinnert an ein sturmgepeitschtes Meer. Vielfach ist aber der Sand in langen parallelen Wällen in der Richtung des herrschenden Passatwindes angeordnet. Die Wälle sind bisweilen etliche hundert Kilometer lang, zwischen ihnen schaut oft der Serir- oder Reg- oder Felsboden hervor.

Das *Kongobecken* ist das regelmäßigste der großen afrikanischen Becken. Von dem Schwemmland der Mitte, das in 300 bis 450 m Meereshöhe liegt, steigen die Rumpfflächen ganz allmählich oder stufenförmig nach den umrandeten Schwellen an, der Südguineaschwelle im W, der Asandeschwelle im N, der Zentralafrikanischen Schwelle im O, der Lundaschwelle im S. In den Schwellen tritt ringsum das altkristalline Grundgebirge zutage, nach innen lagern sich schüsselförmig die alten, im südlichen Katanga gefalteten Sandsteintafeln der Kundelunguschichten und die jüngeren der zur Karruformation gerechneten Lubilaschichten darüber, die im Innern der Schüssel von Schwemmland überdeckt sind. Wo die Flüsse in den randlichen Schwellen härtere Gesteine des Grundgebirges oder der Kundelunguschichten anschneiden oder wo sie über die Randstufe ins Schwemmlandbecken eintreten, bilden sie Wasserfälle, die den Zusammenhang der großartigen Schiffahrtsstraßen unterbrechen. Nachdem der Kongo sie alle aufgenommen hat, durchbricht der Riesenstrom in gewaltiger Schlucht mit zahlreichen Schnellen und Fällen die westliche Randschwelle.

Die Schwellen sind im allgemeinen flache Rumpfflächen. Nur da, wo sie höher emporgewölbt sind oder wo gehobene Schollen sie überragen, und am Steilabfall der Guineaschwelle zur Küstenabdachung sind sie zu Gebirgen zerschnitten. Die Asandeschwelle im N hat nördlich des Ubangiknies nur etwa 500 m, an der Wasserscheide zwischen Kongo und Nil 900 bis 1200 m Meereshöhe. Die Zentralafrikanische Schwelle erreicht am Rand des Zentralafrikanischen Grabens in mehreren Gipfeln über 3000 m. Die Lundaschwelle trägt im Gebiet von Katanga eine Anzahl von 1400 bis 1800 m hohen Hochflächen. Wo sie im W auf die Guineaschwelle trifft, erreicht sie im Hochland von Bihe 2600 m. Das mächtigste und gegliedertste Hochland ist im NW das Hochland von Mittelkamerun, wo vulkanische Massen vielfach das in Schollen zerstückelte Rumpfland bedecken und fast 3000 m erreicht werden. Der 4070 m hohe, noch tätige Vulkan des Kamerunberges wirkt so gewaltig, weil er sich nicht aus der Schwelle, sondern hart am Meer aus dem Küstentiefland erhebt.

Mit dem *Abessinisch-Somalischen Hochland* betreten wir Hochafrika. Das Grundgebirge ist hier nicht nur von Schichtentafeln des geologischen Mittelalters, sondern darüber noch von einer mächtigen Decke basaltischer und trachytischer Laven überlagert. Zusammen mit Jemen, der Südecke Arabiens, ist dieses Hochland eine gewaltige, fast kreisrunde, domförmige Aufwölbung, die durch die drei radialen Grabenbrüche des Roten Meeres mit dem Danakiltiefland, des Golfs von Aden und des Abessinischen Grabens in drei sektorenförmige Hochländer zerspalten ist. Von den höchsten Erhebungen an den Grabenrändern dachen sich die Hochländer nach außen ab. Ältere Vulkane, an denen sich zum Teil noch gewaltige Krater erkennen lassen, überragen das Abessinische Hochland mit Gipfeln von über 4000 m, die Spuren eiszeitlicher Vergletscherung zeigen. Jüngere, zum Teil noch tätige Vulkane erheben sich aus der gesunkenen Scholle des Danakiltieflandes. Die Somalscholle, deren höchste Gipfel am Abessinischen Graben ebenfalls 4000 m überschreiten, senkt sich sanft nach SO zur Küste des Indischen Ozeans. Die Abessinische Scholle senkt sich nach W und NW, endet aber mit einem zerlappten Steilrand, der 1000 bis 1500 m hoch zur Tiefebene des Weißnilbeckens abstürzt. Daher haben die zum Nil gehenden Flüsse gewaltige Talschluchten durch die ganze mächtige Lavadecke bis ins Grundgebirge eingeschnitten und das Hochland in stark voneinander getrennte Tafeln zerlegt. Im Danakiltiefland reichen örtliche Senken bis unter den Meeresspiegel, bis — 174 m hinab.

Vom Zentralafrikanischen Graben zum Indischen Ozean, vom Rudolfsee bis zum Sambesi erstreckt sich *Ostafrika*. Es besteht überwiegend aus Gneisen, Graniten und metamorphen Gesteinen des Grundgebirges, doch sind ihm besonders im Küstentiefland jüngere Tafelschichten aufgelagert, außerdem im Grabengebiet mächtige vulkanische Decken und vulkanische Berge aufgesetzt. Dem Seenhochland ist das Küstentiefland vorgelagert, aus dem Inselberge und isolierte Schollengebirge, wie das Ulugurugebirge, sich erheben. Die vielfach aus Korallenkalken bestehende Küste hat eine Reihe guter Häfen, da durch eine leichte Senkung die Flußmündungen vom Meere überflutet wurden. Im Seenhochland umranden die Zentralafrikanische und die Ostafrikanische Schwelle, die sich südwärts zur Njassaschwelle vereinen, das Unjamwesi-Ugandabecken, dessen Mitte der Viktoriasee einnimmt. Sein Spiegel liegt 1135 m über dem Meere. Durch die Gräben, die gerade die höchsten Teile der Schwellen zerspalten (S. 64), durch die emporgepreßten Schollen und die aufgesetzten Vulkane erhält Ostafrika das mannigfaltigste Relief und das wechselvollste Klima von allen Großlandschaften Afrikas.

Das Binnenland *Südafrikas* ist ein ähnliches Becken wie das Kongobecken, aber in bedeutend größerer Meereshöhe und in trocknem Klima gelegen. Auch hier treten in den umrandenden Schwellen das Grundgebirge oder die alten Tafelschichten der Nama-Transvaal- und der Karruformation zutage, die etwas stärker als die Oberfläche binnenwärts geneigt sind, so daß wir landeinwärts immer jüngere Schichten antreffen. Das Innere des Beckens ist von den jungen Ablagerungen der Kalahari bedeckt, an der Oberfläche überwiegend von feinem Sand. Dieser ist vielfach zu langen parallelen Dünenwällen aufgeweht, wie wir sie in der Libyschen Wüste kennengelernt haben. Aber sie sind hier mit Trockenwald oder -busch bewachsen und festgelegt. Wegen der Durchlässigkeit des Sandes ist das Sandfeld der Kalahari oberflächlich fast wasserlos. In den Randschwellen ringsum tritt das anstehende Gestein zutage, bald in Form weiter Tafelländer mit Schichtstufen und Zeugenbergen, bald in Form von Rumpfflächen des Grundgebirges mit Inselbergen und Inselgebirgen. Das Auasgebirge und das Erongogebirge, aus widerständigen Gesteinen bestehende Inselberge Südwestafrikas, ragen zu fast 2500 m auf, der Südostrand des ganzen Beckens in den von Lavadecken der Karruformation gekrönten Drakensbergen zu mindestens 3200 m. Dem Sambesi, der von der feuchten Lundaschwelle kommt, und dem Oranje, der im Basutohochland in den Drakensbergen entspringt, gelingt es, das Becken des Binnenhochlandes zu durchqueren und in großartigen Schluchten die jenseitige Schwelle zu durchbrechen. Der Okawango aber versiegt im Innern im Sumpfland des durch einen flachen Einbruch gebildeten Okawangobeckens.

Wie wir früher sahen, stürzt das Binnenhochland in gewaltiger Steilstufe, der Rogersstufe, zum Küstentiefland ab, das im ganzen eine sanft küstenwärts geneigte Rumpffläche darstellt. Aus ihr erheben sich aber noch eine Anzahl von Bergen. Viele davon sind Härtlingsberge, die es der Widerständigkeit ihres Gesteins verdanken, daß sie bei der Einebnung der Küstenrumpffläche verschont blieben. Dazu gehört der höchste Berg Südwestafrikas, der granitene Brandberg, 2600 m, ferner die langen Ketten der südlichen Küstenabdachung. Von den steil aufgerichteten Schichten der Kapidenfaltung sind hier nur die harten Schichten des Kapsandsteins und des Wittebergquarzits als hohe Schichtkämme erhalten, die weicheren Gesteine dazwischen sind zu den Senken der Großen und Kleinen Karru ausgeräumt. Auf der Ostseite sind die Lebomboberge ein solcher Härtlingszug, der aus den steil abgebogenen Laven der Karruformation besteht. Auch er wird, wie die Härtlingszüge der Kapfalten, von den Küstenflüssen in engen Schluchten, Poorts genannt, durchbrochen.

Die *Inseln* des Atlantischen Ozeans, die man Afrika zuzuordnen pflegt, sind alle gebirgige Vulkaninseln von geringer Größe, deren Küsten auf allen Seiten von der Brandung benagt werden und in steilen Kliffen abfallen. Die steilen Gebirgshöhen und die Täler, die sie schroff zerschluchten, lassen meist nur beschränkte Flächen, die sanfteren Fußhänge oberhalb des Kliffs, für Siedlungen und Anbau übrig. Die Inseln liegen in ganz verschiedenen Klimagebieten und haben sehr ungleiche Höhe und daher ganz verschiedenen Landschaftscharakter.

Madeira ist ein zu 1847 m ansteigender, westöstlich gestreckter Gebirgsrücken, der durch tief eingeschnittene Erosionsschluchten fiederförmig gegliedert ist. Auf den Kanaren erreicht der noch tätige Vulkan Pico de Teyde 3710 m, auf den Kapverden der ebenfalls noch tätige Vulkan der Insel Fogo 2850 m. Ebenso hoch ist die größte der Guineainseln, Fernando Póo, nicht viel weniger hoch Tristão da Cunha, während Ascension und St. Helena nur 800 bis 900 m erreichen.

Viel mannigfaltiger sind Bau und Gestalt der Inseln des Indischen Ozeans. Die niedrigen ostafrikanischen Küsteninseln Sansibar, Pemba und Mafia gehören der Schwemmland- und Korallenformation dieser Küste an. Sokotra ist sozusagen ein Splitter des Somallandes, hauptsächlich aus Granit mit zackigen Gipfeln von 1506 m und aus einer 500 bis 800 m hohen Kalkfläche aufgebaut. Mauritius und Réunion sind hohe Vulkaninseln; besonders Réunion, dessen Piton de Neiges 3069 m erreicht, ist von großer landschaftlicher Schönheit. Die Komoren sind gebirgige Vulkaninseln, die sich im noch tätigen Vulkan Kartala zu 2450 m erheben. Die Amiranten und das Aldabra-Atoll sind niedrige

Koralleninseln, die Seychellen dagegen sind kleine, gebirgige, steil bis zu 915 m ansteigende Granitinseln.

Die 600 000 qkm große Insel Madagaskar ist ein kleiner Kontinent für sich, ein Stück des Gondwanalandes, und daher dem afrikanischen Kontinent im Bau verwandt. Die Osthälfte ist eine emporgehobene Scholle des Grundgebirges, deren Rumpfoberfläche sich von 1200- bis 2000 m im Osten auf 800 bis 1000 m im Westen neigt und ringsum steil abstürzt. Einige aufgesetzte Vulkane erreichen bis 2880 m. Im W ist diesem Kern ein Tafelland angelagert, dessen sanft nach W geneigte Schichten von den Flüssen zu einem Schichtstufenland mit streifenförmiger Anordnung der Höhen und der Gesteine ausgearbeitet sind. In den weichen Gesteinen durchziehen Niederungen der Länge nach die Insel. Die Steilabfälle der Schichtstufen ragen darüber empor.

Viertes Kapitel: Die Gewässer Afrikas

1. Grundsätzliches

Die Natur der festländischen Gewässer hängt in erster Linie ab vom Klima und vom Boden, sowohl von dessen Relief als auch von seinem Gesteinsaufbau. Klimatisch ist, von vergletscherten Gebieten abgesehen, vor allem entscheidend, ob im Jahresdurschschnitt mehr Niederschlag fällt als verdunstet, oder ob die Verdunstung über den Niederschlag überwiegt. Die Grenzlinie, an der die Verdunstung V dem Niederschlag N die Waage hält, die Penck'sche Trockengrenze, trennt die feuchten oder humiden Gebiete, wo $N>V$ von den trocknen oder ariden Gebieten, wo $N<V$. In feuchten Ländern, wo im Durchschnitt der Niederschlag überwiegt, bildet sich durch einsickernden Niederschlag reichlich Grundwasser, das die Flüsse speist, die daher dauernd fließen. Jede undurchlässige Beckenform des Bodens muß sich mit Wasser füllen, bis sie überfließt und somit einen Süßwassersee mit Abfluß bildet. In Trockengebieten dagegen ist das Grundwasser spärlich, da meistens der Regen zwar den Boden durchfeuchtet, der durch Verdunstung und Verbrauch der Pflanzenwelt bald wieder austrocknet, aber nicht ausreicht,

um durchzusickern und das Grundwasser zu speisen. Die Flüsse, soweit sie nicht als Fremdlingsflüsse aus feuchten Ländern kommen, fließen daher nur periodisch in der Regenzeit oder nur episodisch ganz kurze Zeit nach starken Regengüssen. Die Hohlformen füllen sich nur so weit mit Wasser, bis die Verdunstung der Wasserfläche den Zufluß aufzehrt. Sie gelangen meistens nicht zum Überfließen, sondern enthalten abflußlose Seen. Da diese nur durch Verdunstung ihr Wasser abgeben, wobei die geringen, gelösten Salzmengen zurückbleiben, so reichert sich das Salz allmählich in ihnen an. Abflußlose Salzseen oder Trockenseen, die nur vorübergehend mit Wasser angefüllt sind, trockne Flußbetten, Seltenheit der Quellen, spärliches, oft salzhaltiges Grundwasser, ferner kalkige, kieselige, eisenhaltige oder salzige Krustenbildungen im Boden sind die Kennzeichen der Trockengebiete. Ob ein Land feucht oder trocken ist, hängt nicht nur von der Regenmenge, sondern auch von der Temperatur ab, da bei höherer Temperatur sehr viel mehr Wasser verdunstet als bei niedriger. In den Atlasländern liegt die Penck'sche Trockengrenze, wo N = V, etwa bei einem Jahresniederschlag von 500 mm, in den Tropen bei 1000 bis 1100 mm. Etwa die Hälfte von Afrika einschließlich Madagaskar gehört zu den feuchten, die Hälfte zu den trocknen Gebieten.

Die Anordnung der Gewässer der Oberfläche, der Verlauf des Flußnetzes und der Wasserscheiden, die Lage der Seen ist durch das Relief bestimmt. Da aber die Flüsse bei genügendem Gefälle sich selbst ihre Täler einschneiden, so vermögen sie unter Umständen, sich in eine langsam aufsteigende Schwelle einzusägen und diese zu durchbrechen; sie verlaufen dann unabhängig vom allgemeinen Gefälle. Durch die jungen Hebungen des afrikanischen Kontinents, besonders seiner Schwellen, sind alle Flüsse mehr oder weniger zu Hochlandsflüssen geworden, die ihre Täler noch nicht bis zu dem gleichmäßigen Gefälle vertiefen konnten, sondern Fälle oder Stromschnellen bilden, die die Schiffahrt unterbrechen.

In Beckenformen bilden sich Seen, je nach dem Klima abfließende, abflußlose oder Trockenseen. Gebiete ohne Abfluß zum Meer, binnenentwässerte Gebiete, können nur da sich bilden, wo Beckenformen im Trockenklima liegen. In Afrika gibt es drei große binnenentwässerte Gebiete, das riesige saharisch-sudanische, das vom Nil bis an den Atlantischen Ozean reicht, das ostafrikanische im dortigen Grabengebiet, das südafrikanische im Kalaharibecken. Die viel trocknere Namibwüste Südwestafrikas ist kein binnenentwässertes Gebiet, weil sie keine Beckenform hat, sondern gleichmäßig zum Meere abgedacht ist.

Für die Verteilung des unterirdischen Wassers ist der Gesteinsaufbau maßgebend, die Anordnung der wasserdurchlässigen und der wasserundurchlässigen Gesteine. Durchlässige Gesteine, wie lockerer Sand, Kies und Geröll, klüftige Kalke, Sandsteine, vulkanische Lockermassen und klüftige Laven können Wasserträger sein und pflegen in feuchtem Klima mit Grundwasser erfüllt zu sein. In Trockenländern ist das nur sehr beschränkt der Fall. In Kalken entstehen durch innere Auflösung des Gesteins Hohlräume und besondere Eigentümlichkeiten der Gewässer, die sogenannten Karsterscheinungen. In sehr durchlässigen Gesteinen, wie z. B. im Sande der Kalahari, versackt jegliches Oberflächenwasser, auch in feuchten Klimaten, sie sind daher wasserlos. Schwemmländer sind gewöhnlich stark von Grundwasser erfüllt. Sie enthalten einen freien, mit der Bodenluft in Berührung stehenden, annähernd waagrechten Grundwasserspiegel, oftmals außerdem in tieferen Schichten gespanntes, unter Druck stehendes Wasser, das unter Umständen in artesischen Brunnen ausfließen kann. Heiße und Mineralquellen kommen an vielen Stellen Afrikas vor, besonders in den Graben- und den vulkanischen Gebieten und im Faltengebirge des Atlas, wo die tektonischen Störungen dem Wasser den Weg aus größerer Tiefe an die Oberfläche geöffnet haben.

2. Die hydrographischen Großlandschaften. Atlasländer

In den Atlasländern sind nur die reicher beregneten Waldgebirge humid und speisen dauernde Bäche und Flüsse, wozu ihre winterliche Schneedecke wesentlich beiträgt. Daß der größere Teil des marokkanischen Atlasvorlandes und selbst die Längstäler des Tellatlas arid sind, beweisen die dortigen Trockenseen, die Sebkhas und Schotts. Sie sind nur in der winterlichen Regenzeit mit einer dünnen Wasserschicht bedeckt, im Sommer aber meist hellglänzende Salzkrusten. Auch die größeren Flüsse wie der Sebu und der Chélif trocknen im Sommer zu bescheidenen Flüßchen oder Bächen aus, in der winterlichen Regenzeit und bei der Schneeschmelze können sie gelegentlich gewaltig anschwellen.

Sahara

In den riesigen Trockenräumen der Sahara hat das wenige Wasser, das es dort gibt, als Spender des Lebens die größte Bedeutung. Der einzige Dauerfluß ist der Nil, der Fremdling aus den feuchten Tropen, der von Chartum bis Alexandria 20 Millionen Menschen ernährt. Alle andern Flußbetten sind trocken und kommen nur ausnahmsweise, nach gelegentlichen Regengüssen, zum Fließen, meist nur eine kürzere Strecke weit. In den Gebirgen von Ahaggar, Tibesti, Air und Adrar der Ifoghas geschieht dies etwas häufiger, in der Cyrenaica jeden Winter. In diesen Gebirgen halten sich daher in den tief ausgekolkten Löchern schattiger Schluchten am Fuß von Wasserfällen auch einzelne dauernde Wasserstellen, berberisch Agelman genannt.

Die Flußbetten, die vom Atlas kommen, Wed Draa, Wed Saura und manche kleinere, führen Grundwasser und speisen damit die Oasen am Fuß des Gebirges und weiter längs der „Palmenstraße“ des Wed Saura. Aber auch die seltenen Regengüsse der Sahara speisen Grundwasser. Das Sanddünenmeer des Großen Östlichen Erg hat einen überall anzutreffenden Grundwasserspiegel, dessen Neigung nach N, nach dem Schott Melghir beweist, daß er noch heute im Erg selbst gespeist wird. Die Palmengärten der Oase El Wed leben von diesem Grundwasser. Im Schwemmland des Wed Ghir sind zahlreiche artesische Brunnen erbohrt, darunter Ain Steeg, der in jeder Minute 25 cbm schüttet.

Die bis 31 m unter den Meeresspiegel hinabreichende Senke, am östlichen Südfuß des Atlas wird von großen Trockenseen, den Schotts Djerid, Gharsa und Melghir eingenommen, deren ebener Salztonboden meist trocken und mit Salzkrusten bedeckt, in der winterlichen Regenzeit aber teilweise flach überschwemmt ist. Das Grundwasser, das sich im Schwemmland der Senke sammelt, steigt so hoch an, bis es den Schottboden durchfeuchtet und die Verdunstung dem langsamen Grundwasserzufluß das Gleichgewicht hält. Die vom Grundwasser herbeigeführten Salze scheiden sich bei der Verdunstung aus.

Ein ausgedehntes Vorkommen artesischen Wassers zieht sich im nubischen Sandstein unter der Libyschen Wüste hindurch. Es erstreckt sich von 19° n. Br., wo es in dem kleinen Mergasee in 500 m Meereshöhe zutage tritt, über die libyschen Oasen, die dieses artesische Wasser nutzen, bis in die Kattaradepression, 134 m unterm Meeresspiegel. Hier durchweicht es den Salztonboden der Senke zum Morast. Dieses Wasser wird nicht etwa vom Nil gespeist, sondern gibt im Gegenteil bei Daka (23° n. Br.) Wasser an den Strom ab. Es muß vielmehr in den Sandsteingebirgen von Tibesti, Erdi und Ennedi versickert sein und füllt die durchlässige nordwärts geneigte Schicht des nubischen Sandsteins in ihrem Verlauf unter der Libyschen Wüste.

Zwischen dem Fuß des Atlasgebirges bei Laghuat und der Oase Ghardaia ist die flache Halbwüste der Sahara überstreut mit kleinen Trockenseen, die gelegentlich vom Regen überschwemmt werden. Diese Trockenseen oder Pfannen werden Daia genannt. Sie haben kein Grundwasser und keinen Salzboden, daher können die Nomaden, wenn eine Daia überschwemmt war, im durchfeuchteten Boden Weizen oder Gerste säen und ernten. Gute Erträge erhalten sie allerdings nur, wenn die Saat außer der Bodenfeuchte auch noch Frühjahrsregen erhält.

Sudan

Das Tiefland des Sudans mit seinen Sommerregen betrachten wir hier soweit, als es noch zum Trockengebiet gehört, also den Sahel- und Sudangürtel, mit Ausschluß des Guineagürtels. Die Flüsse sind auch hier Trockenbetten, die nur periodisch oder episodisch fließen. Der nördliche Teil hat durchlässigen Sandboden, großenteils bewachsene und festgelegte Dünen. Er ist übersät mit Pfannen verschiedener Art, sowohl salzfreien Daias als auch salzigen Sebkhas. Aus den südlich angrenzenden feuchten Tropen strömen dem Sudan die großen Dauerflüsse zu, die ihn als Fremdlingsflüsse durchziehen, wenn auch mit jahreszeitlich stark schwankender Wasserführung: Senegal, Niger, Schari, Weißer und Blauer Nil. Sie bilden weite Schwemmländer und Sümpfe, der Niger oberhalb von Timbuktu, der Weiße Nil südlich von 10° n. Br., der Schari am Tschadsee. Der Tschadsee ist ein Schwemmlandsee, je nach Zufluß und Verdunstung breiten sich seine flachen Wassermassen mehr oder weniger weit über das ebene Schwemmland aus. Ein mehrere Kilometer breiter Ufersaum ist von Sumpfvegetation, Schilf, Ambatsch und Papyrus eingenommen, so daß man das offene Wasser vom Ufer aus nicht sieht. Der Tschadsee zeigt die regelmäßige Jahresschwankung des Schari, aber bei der großen Ausdehnung der Seefläche verspätet und abgeschwächt. Außerdem zeigt er größere Schwankungen, die eine bestimmte Periode bisher nicht erkennen lassen. Öfters mußten Städte in der Nähe des nördlichen und westlichen Ufers verlassen und verlegt werden, weil sie überschwemmt wurden, so um 1850 Ngigmi am Nordufer und Ngornu im SW. 1908 war das ganze Nordende bis zur Komadugumündung ausgetrocknet und der See hatte nur 1½ m Durchschnittstiefe. 1914 war er noch weiter ausgetrocknet, 1921 aber hatte er sich weit nach NO ausgedehnt, 1938 stand er wieder bei Ngigmi und hatte meist 4 m Tiefe. Daß der Tschadsee trotz mangelnden Abflusses süßes Wasser hat und daß er am NO-Ufer ein Dünengelände überflutet, beweist, daß er noch nicht lange besteht. Er kann sicher nicht der Eindampfungsrückstand des großen diluvialen Binnenmeeres sein (S. 50). Er nimmt auch nicht die tiefste Stelle des ganzen Beckens ein, die 500 km weiter nordöstlich im Bodele liegt. Manches spricht dafür, daß der Schari einst durch das Trockenbett Bahr el Ghasal nach der Bodele-Senke floß und daß durch eine Verstopfung dieses Bettos die Ebene des Tschadsees überflutet wurde und der Seo entstand.

Die feuchten Tropen West- und Zentralafrikas

Das südlich der Trockengrenze des Sudans liegende feuchte Tropengebiet können wir hier zusammenfassen, obwohl die äquatorialen Teile dauernd feuchtes, die äußeren im N und S periodisch trocknes Klima haben. Es gehören also die südlichen Teile des Sudans, die Guineaküstenländer, das Kongobecken und der größte Teil der Lundaschwelle dazu. Als feuchtes Gebiet hat es dauernde Bäche und Flüsse, wenn auch in den periodisch trocknen Teilen in der Trockenzeit die Wassermenge bedeutend abnimmt. Nur an der Gold- und Togoküste schiebt sich ein kleineres Trockengebiet mit periodischen Flußläufen ein. Seen sind spärlich, weil die starken Flüsse die Becken durch Einschneiden leicht entleeren oder durch Anschwemmung zuschütten. Der Leopold II.-See im tiefsten Teil des Kongobeckens und der Bangweolo- und der Mwerusee am Kongooberlauf sind flache Schwemmlandseen, der Bangweolosee schon völlig versumpft. Im Vulkangebiet Kameruns gibt es einige malerische Kraterseen.

In einigen sehr regenreichen Ebenen saugt die üppige Vegetation, ähnlich wie in unsern Hochmooren, den Niederschlag wie ein Schwamm auf und läßt das klare, von Humusbestandteilen braun gefärbte Wasser ganz allmählich auslaufen. Es findet demnach ein flächenhafter Abfluß statt. Im Quellgebiet des Niger, am Unterlauf des in den Kongo mündenden Sangastromes, vielleicht auch in Kamerun im Quellgebiet des Njong und des Dscha gibt es derartige „Schwammlandschaften".

Der Osten des tropischen Afrika

Viel mannigfaltiger, wie im Relief und Klima, so durch die Natur seiner Gewässer, ist der Osten des tropischen Afrika, vom Nordende Abessiniens bis zum Sambesi und vom

Zentralafrikanischen Graben bis an den Indischen Ozean. Das Abessinische und die höchsten Teile des Somalischen Hochlandes sind ein regenreiches Ursprungsgebiet zahlreicher Flüsse, die das Hochland tief zerschluchten und von hier nach allen Himmelsrichtungen entströmen, um als Fremdlingsflüsse die umgebenden Trockenländer zu bewässern. Die höchsten Teile tragen sogar im Winter eine Schneedecke. Ringsum aber und dazwischen in der abessinischen Grabensenke ist trockenes Savannenland mit abflußlosen Salzseen, in der Dankalia und um den Rudolfsee sogar Wüste. In der Dankalia liegt nahe dem Golf von Tadjura der Assalsee 160 m unter dem Meeresspiegel. Er hat wohl auf der ganzen Erde nicht seinesgleichen. Er wird nämlich vom Meerwasser gespeist, das durch die vulkanischen Tuffe der trennenden Schwelle hindurchsickert und in starken Bächen in den See mündet. Das Wasser verdunstet im See vollständig, das Salz scheidet sich in der Höhe des Seespiegels als kompaktes Salzlager aus.

In Ostafrika erheben sich aus trockenen Savannen feuchte Waldgebirge, ja die drei gletschergekrönten Bergriesen Kilimandjaro, Kenja und Ruwensori. Die Dauerflüsse, welche das Savannenland durchfließen, werden von diesen Waldgebirgen ernährt. Die meisten Flüsse fließen nur in der Regenzeit, in der Trockenzeit kann man in ihren sandigen Betten Grundwasser ergraben, doch in manchem Trockenbett, besonders der trockeneren Grabensenken, gräbt man vergebens. In der Regenzeit aber sind weite Flächen überschwemmt, der Verkehr ist durch Überschwemmungen, aufgeweichten Boden, weggespülte Straßen, von den Fluten zerstörte Eisenbahnen schwer gehemmt.

Das ostafrikanische Seenhochland ist das „Dach Afrikas", von dem die Flüsse sich nach allen Himmelsrichtungen wenden, nach N zum Nil und zum Mittelmeer, nach W zum Kongo und dem Atlantischen Ozean, nach S zum Sambesi und dem Indischen Ozean, nach O geradewegs zum Indischen Ozean. Dazwischen schieben sich noch zwei Gebiete ohne Abfluß zum Meere ein, das große am Ostafrikanischen Graben.

das schon im Danakiltiefland dicht am Roten Meer beginnt, und das kleinere um den Rukwasee.

Durch seine Grabensenken und seine tektonischen oder vulkanisch aufgeschütteten Schwellen ist Ostafrika besonders reich an größeren Beckenformen und daher reich an großen Seen verschiedener Natur. Der Tanganjika- und der Njassasee füllen die Grabenspalten aus und sind daher sehr tief. Im Tanganjikasee wurden 1435 m, im Njassasee 786 m Tiefe gelotet, der Boden beider Seen reicht also mehrere hundert Meter unter den Meeresspiegel hinab. Beide liegen an der Grenze trockner und feuchter Gebiete. Damit hängt zusammen, daß der Abfluß beider sich gelegentlich für längere Zeit verstopfen kann, was zu beträchtlichen Schwankungen des Seespiegels führt und den Abfluß des Njassa, den Schire, jahrzehntelang als Schiffahrtsweg ausgeschaltet hat, bis 1937 der See so hoch gestiegen war, daß die sperrenden Schlamm- und Pflanzenbarren wegerodiert wurden. Bis 1940 hat sich der Hochstand des Sees gehalten. Der Kivu-, Edward- und Albertsee, welche Teilbecken des Zentralafrikanischen Grabens einnehmen, gehörten ursprünglich alle drei dem Nilsystem an, aber durch die im Graben sich auftürmenden Virungavulkane wurde der Kivusee abgetrennt und so weit aufgetaut, daß er südwärts zum Tanganjika-Kongo-System überfließt.

Der Ostafrikanische oder Naiwaschagraben durchzieht überall trockene Landstriche, insbesondere sind die Becken seiner Sohle sehr regenarm. Seine von Bächen der feuchten Gebirge gespeisten Seen füllen daher nicht die Grabenspalte aus, sondern überfluten als seichte Schwemmlandseen nur die ebenen Bodenflächen dieser Becken. Sie schwanken daher sehr stark in ihrem Umfang. Die meisten sind abflußlose Salzseen, ja nur zeitweise überflutete Trockenseen. Der größte, der Rudolfsee, ist so lang und so breit wie die Oberrheinische Tiefebene; seine größte Tiefe wurde zu 73 m gelotet, doch ist er größtenteils sehr seicht und hat in den letzten Jahrzehnten bedeutend an Umfang abgenommen. Der Magad- oder Natronsee an der Nordgrenze des einstigen Deutsch-Ostafrika ist so sehr mit mächtigen Krusten von Soda und Kochsalz überzogen, daß man weit auf seine Fläche hinausgehen kann. Viele heiße und mineralische Quellen sind im Grabengebiet bekannt.

Der 66 500 qkm große Viktoriasee nimmt die Mitte des Unjamwesi-Ugandabeckens zwischen der Ostafrikanischen und der Zentralafrikanischen Schwelle ein. Sein Spiegel liegt in 1132 m Meereshöhe. Er ist ein flaches Becken von nur 70 bis 75 m Tiefe. Der buchtenreiche Umriß beweist, daß der See Skulpturformen des Landes überflutet hat. Dies und die geringe Tiefe deutet darauf, daß das Seebecken durch tektonische Einbiegung der Rumpffläche und Hebung der Schwellen entstanden ist, mit andern Worten, daß er die Mitte des Unjamwesi-Uganda-Beckens überflutet. Er wäre noch größer, wenn nicht eine kleine, vom Nil durchbrochene westöstliche Schwelle ihn im N begrenzte.

Der Aufwölbung der Zentralafrikanischen Schwelle verdankt auch die Mehrzahl der Seen in dem feuchten Gebiet zwischen dem Viktoriasee und dem Zentralafrikanischen Graben ihre Entstehung. In den nach W gehenden Tälern wurde durch diese Aufwölbung ein Gegengefälle erzeugt und die Flüsse zu Seen aufgestaut, die sich in die Nebentäler verzweigen. Am deutlichsten läßt die Form des Kiogasees dies erkennen. Die seichten Seeufer sind weithin versumpft. Auch die weniger aufgestauten Flüsse, deren Gefälle vermindert, aber nicht umgekehrt wurde, winden sich zwischen weiten Sumpfflächen dahin.

Südafrika

Von Südafrika ist nur der Osten — mit Ausnahme des pfannenreichen Gasatieflandes — und ein schmaler Südrand humid und hat Dauerflüsse. Der größte Teil des Binnenhochlandes und die westliche Küstenabdachung sind arid, diese ist sogar Vollwüste. Die Dauerflüsse Kunene, Okawango, Kuando, Sambesi und Nebenflüsse, Limpopo, Oranje entspringen alle auf den feuchten Randschwellen im N und O. Der Sambesi und der Oranje durchbrechen, nachdem sie den Kontinent durchmessen haben, in gewaltigen Schluchten die jenseitigen Schwellen. Das Wasser des Okawango verdunstet im Sumpfland des Okawangobeckens; gelegentlich gelangt es durch den Botletle zur großen Makarrikarripfanne. Die fischreiche Hochflut der Trockenbetten des Ambolandes rührt, soviel bekannt, von kleineren Flüssen zwischen dem Kunene und dem Okawango her. Ob auch Hochwasserüberflüsse des Okawango dazu beitragen, ist sehr zweifelhaft. Sie überflutet zeitweise große Teile der Etoschapfanne.

Die westliche Randschwelle, das südwestafrikanische Hochland, gebiert nur periodische Flüsse, die wohl in der Regenzeit mit mächtiger, schlammtrüber Flut „abkommen", meist aber trocken sind. Doch führen die größeren dauernd Grundwasser zu Tal und bilden selbst in der Namibwüste baumreiche Oasen.

In Südafrika sind die Trockenseen, die Pfannen, wie sie hier nach ihrer Form genannt werden, am mannigfaltigsten ausgebildet und vielfach untersucht worden. Sie sind über alle trockenen Landstriche Südafrikas verstreut. Da gibt es Salztonpfannen, wie die nordafrikanischen Sebkhas und Schotts, in allen Größen bis zu den Riesenpfannen Makarrikarri und Etoscha, deren jenseitiges Ufer wegen der Erdkrümmung stets unsichtbar bleibt. Die salzfreien Lehm- oder Tonpfannen, die dem nordafrikanischen Daias entsprechen, werden hier Vleys genannt. Sie sind in der Regenzeit beliebte Tränkplätze des Viehs; wenn das Wasser verschwunden ist, kann auf manchen Vleys Ackerbau auf Bodenfeuchte getrieben werden. Die Pfannen im Flußsystem des linken Oranjenebenflusses Hartebeest River und ebenso einige des südwestafrikanischen Hererolandes sind keine abflußlosen Endseen, sondern große Flußweitungen der Trockenbetten, die beim Abkommen des Flusses überflutet werden.

Die Wasserarmut des südafrikanischen Binnenbeckens, der Kalahari, beruht nicht auf Regenmangel, denn sie erhält eher mehr Regen als das befarmte Hochland Südwestafrikas, sondern auf der Durchlässigkeit des Sandbodens, der alles Regenwasser verschluckt. Das Sandfeld der Kalahari und gewisse kalkige Randgebiete sind überstreut mit einer besonderen Art von Trockenseen, den Kalkpfannen. In ihnen und ihrer Nachbarschaft findet sich fast immer gutes, trinkbares Grundwasser. Die Kalkpfannen sind, wie ihre Formen und ihr Untergrund anzeigen, Stellen einstiger Flußbetten der Pluvialzeit, in denen sich beim Versiegen der Flüsse noch Kalk absetzende Teiche hielten. Heute führen anscheinend die einstigen Flußläufe noch Grundwasser, das nach sehr guten Regenjahren auch in vielen Kalkpfannen zutage tritt. Es ist nicht unwahrscheinlich, daß in der Kalahari auch tiefere Schichten Grundwasser führen, das stellenweise in artesischen Bohrlöchern angezapft werden könnte, aber darüber ist noch sehr wenig bekannt.

3. Die Flußsysteme

a) Der Nil

Das Einzugsgebiet des Nils erstreckt sich von fast 4° s. Br. bis fast 32° n. Br. über drei ganz verschiedene Klimagebiete hinweg. Die Äquatorialregen der Gegend des Viktoriasees speisen den Weißen Nil, die Sommerregen Abessiniens den Blauen Nil; der vereinigte Strom fließt durch die regenlose Wüste Sahara, wo Verdunstung und Verbrauch zur Bewässerung an seinen Wassermassen zehren.

Aus dem Viktoriasee strömt der Viktorianil mit sehr gleichmäßiger Wasserführung von etwa 600 cbm/sek und stürzt über die Riponfälle. Nachdem er den vielverzweigten Kiogasee durchflossen hat, durchbricht er in engem, kataraktenreichem Tal, das den herrlichen, 122 m hohen Murchisonfall enthält, die Zentralafrikanische Schwelle und mündet in den Albertsee. Aus diesem fließt er als Bahr el Djebel oder Gebirgsnil im Zentralafrikanischen Graben nordwärts und durchbricht dann zwischen Nimule und Gondokoro den Westflügel der Zentralafrikanischen Schwelle. Hier tritt er in das große Schwemmlandbecken ein, in dem er von links den Bahr el Ghasal (Gazellenfluß) mit seinen zahlreichen Nebenflüssen, von rechts aus dem Abessinischen Hochland den Sobat aufnimmt. Hier ist so gut wie kein Gefälle vorhanden. Der Fluß verzweigt sich; bei Hochwasser wird ein Gebiet von fast der doppelten Größe der Schweiz überschwemmt. Papyrus und Ambatsch bilden dicht verflochtene, auf den Wasserflächen schwimmende Rasen, von denen Teile in die Hauptkanäle des Wassers gelangen und sie verstopfen. Es bedurfte vieler schwieriger Expeditionen, um die zugewachsenen Flußläufe auszuräumen und schiffbar zu machen. Der größte Teil des Wassers geht hier durch Verdunstung verloren. Der Bahr el Abiad — d. h. der klare, helle Fluß, der „Weiße Nil" — verdankt sein Wasser wesentlich dem Sobat. An seiner Mündung führt er im April 380, im November 1040 cbm/sek. Der Bahr el Asrak — d. h. der trübe, dunkle Fluß, der „Blaue Nil" — führt von März bis Mai nur 170 bis 190 cbm/sek. Dann aber wird er durch die Sommerregen Abessiniens geschwellt und bringt im September 7580 cbm/sek. Auch der Atbara bringt im September 1950 cbm. Vom November bis zum Juli ist er ganz trocken. Vom Atbara bis zur Mündung erhält der Nil keinen einzigen Nebenfluß mehr, nur Trockentäler münden ein. In gewaltigem S-förmigem Bogen schneidet sein Tal in die nubische Schwelle ein. Auf dieser Strecke bildet der Nil die sechs Katarakte, ausgedehnte Stromschnellen, die aber die Schiffahrt nicht völlig verhindern. Sie liegen meist an den Stellen, wo der Nil aus dem Grundgebirge in die Sandsteintafel tritt oder umgekehrt. In Ägypten fließt der Nil in seiner breiten Fruchtaue zwischen den Felsabstürzen des Wüstenhochlands dahin.

Die charakteristischste Eigenschaft des ägyptischen Nils ist sein regelmäßiges Steigen und Fallen. Von März bis Juni hat er den niedrigsten Stand, dann beginnt er zu steigen, erreicht im September das Maximum und nimmt allmählich wieder ab. In Assuan führt er im April und Mai durchschnittlich 530 cbm, im September 7620 cbm/sek. Der bei Assiut vom linken Ufer abzweigende Arm Bahr Jussuf verläßt 100 km oberhalb von Kairo das Niltal und tritt in den Kessel der Fayumoase ein, wo er in den abflußlosen See Birket Karun, den Mörissee des Altertums, einmündet.

Es sind also die hauptsächlich durch den Blauen Nil herbeigeführten Regen Abessiniens, die den Nil schwellen und ihm den fruchtbaren Schlamm liefern. Der Bahr el Djebel ist für die Wasserführung in Ägypten fast belanglos. In der Niederwasserzeit wird der Nil zwischen Khartum und Wadi Halfa in hohem Maße gespeist durch das Grundwasser, das während des letzten Hochwassers in das Schwemmland eingedrungen war und nun wieder ins Flußbett zurückfließt. Die einzelnen Jahrgänge zeigen Ungleichheiten. Für die Bewohner Ägyptens ist es von höchster Bedeutung, wie hoch der Nil steigt: je mehr Wasser, desto reicher die Ernte. Unterhalb von Kairo zerteilt sich der Nil fächerfömig in die vielen Arme des Deltas; an dessen Rand haben sich große, zum Teil versumpfte Brackwasserlagunen gebildet, die von einer reichen Vogelwelt belebt sind. Die beiden Hauptarme von Rosette und von Damiette münden aber nicht durch diese Lagunen, sondern direkt ins Mittelmeer.

b) Der Niger

Der Niger fließt von dem gegen 1000 m hohen westlichen Teile der Nordguineaschwelle erst nach NO in das westsaharisch-sudanische Becken hinein und wendet sich dann nach SO, um die Nordguineaschwelle zu durchbrechen und den Ozean zu erreichen. Der Oberlauf bis zum Knie und der Unterlauf von da abwärts sind zwei ursprünglich selbständige Stücke, die erst in junger geologischer Zeit durch Anzapfung zu einem Strome von 4200 km Länge verbunden sind.

Der obere Niger oder Djoliba und seine Nebenflüsse, deren längster der östlichste, der Bani ist, folgen der sanften Nordabdachung der Guineaschwelle. Das äußerst niederschlagreiche Quellgebiet (weit über 2000 mm jährlicher Niederschlag) ist in der Regenzeit ein Sumpf, ja eine Schwammlandschaft, der die Flüsse nach N wie nach S zur Guineaküste entströmen. Bis Korussa ist der Fluß Gebirgsfluß, dann weitet sich sein Tal und der Fluß wird schiffbar. Schon bei Sigiri beträgt der Abstand des Hochwasserufers vom Niederwasserufer 600 m, und die Dörfer werden je nach der Jahreszeit ans Hochwasser- oder ans Niederwasserufer verlegt. Bei Bamako beginnt, zunächst auf dem linken Ufer noch von einem Felsabsturz eingeengt, das riesige Schwemmland. Bei dem äußerst geringen Gefälle überzieht ein labyrinthisches Netz von Flußarmen die tischebene Tonfläche, dazwischen liegen Hinterwasser- und ähnliche Seen. In der Hochwasserzeit ist in diesem „Binnendelta" eine Fläche von der Größe der Schweiz überflutet. Ein Grundwasserstrom folgt von Timbuktu aus einem ehemaligen Lauf des Niger nordwärts. Die Brunnen der Oase Aruan, 260 km vom Flusse, zeigen daher, wenn auch verspätet, das Steigen und Fallen des Niger. Von Timbuktu wendet sich der Niger erst nach Osten und dann nach Südosten und schneidet auf dieser Strecke wieder ein Tal ein. Zwischen 15° und 9° n. Br. hat er zahlreiche Katarakte und ist durch Klippen stark zerteilt. Erst von Djebba abwärts ist der Fluß wieder schiffbar, obwohl der Durchbruch durch den höchsten Teil der Guineaschwelle erst unterhalb von Lokodja und der Benuemündung erfolgt. Doch ist hier das Gefälle ausgeglichen. Von der Banimündung bis zur Benuemündung erhält der Niger keinen größeren Nebenfluß. Zwar ist sein Stromgebiet nach Norden weit verzweigt bis ins Ahaggarhochland, aber aus der Sahara kommen nur Trockenbetten. Im Süden ist sein Einzugsgebiet durch den Volta eingeschränkt, der einen oder mehrere seiner Zuflüsse an sich gerissen hat. Der Benue ist ein starker Zufluß, der sein Wasser aus dem Kameruner Hochland bezieht. Unterhalb des Durchbruchs baut der Niger, in zahlreiche Mündungsarme zerfasert, sein Delta ins Meer. Während die westlicheren Küstenflüsse in Lagunen endigen, vermag der wasserreiche Strom seine Mündungen offen zu halten.

Das Quellgebiet und der Unterlauf etwa von Say abwärts empfangen reiche Sommerregen, und zwar, da sie in gleicher Breite liegen, etwa zu derselben Jahreszeit. Die Gegend des Knies ist regenarm. Die sommerliche Hochflut des Oberlaufs erreicht infolge ihrer Ausbreitung über weite Flächen das große Knie erst um Neujahr, den Unterlauf im März bis April, also am Ende der Trockenzeit. Die örtlichen Regen bringen hier im September das Hochwasser hervor. Der Unterlauf des Niger hat daher zweimal Hochwasser, das Hauptmaximum am Ende der Regenzeit im September, ein sekundäres Maximum zu Ende der Trockenzeit im März/April.

Die Wassermenge des westlichen Armes bei Kulikoro oberhalb des Binnendeltas erreicht im September 10 000 cbm/sek, das Niederwasser kann bis auf 20 bis 30 cbm abnehmen. Bei Djebba am östlichen Arm beträgt die Wassermenge bei Niedrigwasser im Juni bis Juli etwa 280 cbm, zur Hochflutzeit im September 8600 cbm/sek. Da der Unterlauf durch sehr regenreiches Gebiet fließt, so ergießt er auch in der Trockenzeit eine sehr bedeutende Wassermenge in das Meer.

c) Der Kongo

Das Einzugsgebiet des Kongo erstreckt sich nicht nur über das orographische Kongobecken, sondern begreift auch die zum Tanganjikasee entwässerten Teile Ostafrikas und die durch die Mitumbaschwelle abgetrennten Beckenlandschaften Katangas und Nordostrhodesiens ein. Von den Randschwellen fließen die Ströme dem innern Becken zu und sammeln sich im Stanley-Pool des Kongo. Von da erfolgt der Durchbruch durch die Niederguineaschwelle zum Meere. Das Stromgebiet ist eine beinahe kreisförmige Fläche von 3,7 Millionen Quadratkilometern. Es erhält fast überall beträchtliche Regenmengen, in weiten Gebieten über 1500 mm jährlich. Nur das Gebiet östlich des Tanganjikasees und die Kongomündung erhalten weniger als 1000 mm Jahresniederschlag und sind als mäßig arid zu bezeichnen. Daher ist der Kongo der bei weitem wasserreichste Strom Afrikas, der nur vom Amazonas an Wassermenge übertroffen wird. Die Ströme des Systems haben, solange sie in den Randschwellen fließen, Engtäler und Schnellen, im Innern des Beckens aber sind sie gewundene und verzweigte Flachlandflüsse mit Hinterwässern.

Die Quellströme Lualaba und Luapula kommen aus den Hochflächen- und Beckenlandschaften Katangas und Nordostrhodesiens, wo der Luapula in seinem langen Laufe den verlandenden Bangweolosee und den Mwerusee durchfließt. Beim Durchbruch durch die Mitumbaschwelle bildet der Lualaba die Nsilofälle, der Luapula die Schnellen bei Kiwele. Nach der Vereinigung dieser beiden Quellströme nimmt der Kongo den Lukuga, den Abfluß des Tanganjikasees auf. Oberhalb Stanleyville hat der Fluß die letzte Kataraktenstrecke, die aus sieben Fällen, den Stanleyfällen, besteht. Von da an ist er Flachlandfluß. Durch Zerfaserung in viele Arme mit zwischenliegenden Inseln erreicht seine Breite an manchen Stellen 14 km. Auch wo keine Inseln sind, ist er mehrere Kilometer breit. Im Stanleypool, einer seeartigen Erweiterung von 450 qkm Fläche und 280 m Meereshöhe, endet der Flachlandlauf. Auf dieser Strecke nimmt der Fluß eine große Anzahl gewaltiger Nebenströme auf. Die wichtigsten sind von links der Lomami und der Kassai mit dem Sankuru und Kuango, von rechts der Ubangi und der Sanga. Der Durchbruch des Kongo ist eine der gewaltigsten Naturerscheinungen. Wie ein ungeheuer wütender Wildbach schäumt der Strom in vielen Katarakten durch seine Schlucht, manchmal auf 400, ja auf 225 m sich verengend bei einer Tiefe von 40 bis 90 m.

Die äquatornahen ostwestfließenden Ströme haben ziemlich gleichmäßige Wasserführung, die äquatorfernen und meridionalfließenden aber schwellen in der sommerlichen Regenzeit gewaltig an. Ubangi und Sanga führen im Nordsommer, der obere Kongo, Lomami und Kassai im Südsommer die größten Wassermassen herbei, so daß der mittlere und untere Kongo zweimal, um die Jahresmitte und um die Jahreswende Hochwasser hat. Da die südlichen Zuflüsse stärker sind, ist das Januarhochwasser das höhere. Immerhin findet ein gewisser Ausgleich statt. Die Spiegelschwankungen betragen in der Flachlandstrecke 4 m, im Durchbruch 9 m. Die Gesamtwassermenge an der Mündung schwankt nur zwischen 23 000 und 75 000 cbm/sek. Im Durchschnitt beträgt sie 40 000 cbm/sek und süßt das Meerwasser weit hinaus aus.

d) Von den kleineren Strömen, die die Niederguineaschwelle durchbrechen, wie der Sanaga und der Njong in Kamerun, der Ogowe und Kuilu weiter südlich, zeichnet sich der Ogowe durch großen Wasserreichtum aus.

e) Der Oranje nebst seinem Nebenfluß Vaal entspringt am Ostrand des südafrikanischen Hochlandes auf den Drakensbergen, durchströmt das ganze südafrikanische Becken und durchbricht in windungsreichem Laufe das westliche Randhochland. Oben Hochlandfluß, schneidet er von Prieska an ein tieferes Tal ein, das unterhalb der 140 m hohen Aughrabies- oder King-Georg-Fälle kurz vor der südwestafrikanischen Grenze zu einer kaum zugänglichen Schlucht wird. Im Unterlauf erhält er nur periodischen Zufluß, nämlich aus dem Kapländischen Hochland den Hartebeest-River, aus der Kalahari den Molopo, der ihn aber nicht mehr erreicht, aus Südwestafrika den Fischfluß. Der Oranje fließt als Fremdling aus dem feuchten Osten auch im Unterlauf dauernd. In der Trockenzeit fließt er schwach, in der Regenzeit schwillt er so gewaltig an, daß er in der Engschlucht 30 m ansteigt und selbst die Wipfel der höchsten Uferbäume überspült. Es kam vor, daß Flußpferde in die Baumkronen geschwemmt wurden, dort hängen blieben und elend umkamen.

f) Der Sambesi und seine westlichen Nachbarn Kuando und Okavango fließen von der Lundaschwelle herab ins Kalaharibecken, aus dem der Sambesi ostwärts zum Indischen Ozean durchbricht. Es sind echte Hochlandflüsse, die bald weite Becken mit ihrem Hochwasser überfluten, bald in flache Schwellen kataraktenreiche Täler eingeschnitten haben. Der Okavango versiegt, ohne den Sambesi zu erreichen, der Kuando mündet, nach Osten umbiegend, in den Sambesi. Bald danach endet der Hochlandlauf des Sambesi. Der Fluß, der eben noch ohne wesentlichen Einschnitt über die Hochfläche floß, stürzt in den Viktoriafällen plötzlich in seiner ganzen Breite von 1½ km donnernd in einen engen Spalt 110 m tief hinab. Wolken von Wasserstaub steigen weithin sichtbar vom Falle empor und beregnen seine Wände, so daß hier inmitten dürrer Steppe ein Stück üppigsten tropischen Regenwaldes gedeiht. In enger, kataraktenreicher Schlucht fließt der Strom von nun an weiter und nimmt auf dieser Strecke von Norden den Kafue und den Loangwa auf. Erst unterhalb Tete wird er schiffbar. Hier strömt ihm noch der Schire zu, der Abfluß des Njassasees. Seiner Breitenlage entsprechend hat der Sambesi Hochwasser im Südsommer, niedriges Wasser im Südwinter.

Fünftes Kapitel. Die Bodendecke Afrikas und ihre Zerstörung. Die Austrocknungsfrage

1. Natur und Verbreitung der Böden Afrikas

Über die Böden Afrikas kann hier nur weniges angedeutet werden, wobei ich mich den Darlegungen P. Vagelers anschließe. Der lockere Erdboden, in dem die Pflanzen wurzeln, der Boden im landwirtschaftlichen Sinne, ist die oberste Verwitterungsschicht der Erdrinde. Er besteht aus physikalisch zerkleinertem und chemisch verändertem Gestein, vermischt mit Wasser, Luft und Resten von Pflanzen und Tieren. Er enthält eigene Lebewesen, Bakterien, Würmer usw. Der Boden entsteht durch Verwitterung des Gesteins unter Einwirkung des organischen Lebens. Seine Beschaffenheit hängt daher ab von der Art des Gesteins, vom Klima, mit dem sich je nach Wärme und Feuchtigkeit die physischen und chemischen Kräfte der Verwitterung ändern, vom Relief, dessen steilere oder flachere Böschungen die Abtragung oder Aufschüttung, die Durchlässigkeit und den Wasserumlauf beeinflussen, von der selbst klimabestimmten Pflanzenwelt, die mit ihren Wurzeln den Boden festhält, aber ihm auch Wasser entzieht, von den Bodenbakterien und andern Kleinlebewesen, welche gewisse chemische und physikalische Vorgänge im Boden vollziehen.

Mit dem Gestein und der Böschung wechselt die Bodenbeschaffenheit rasch von Ort zu Ort, oft auf kleinste Entfernungen, so daß ein überaus buntes Mosaik von Bodenarten entsteht, das oft an der Pflanzenwelt zu erkennen ist. Das Klima ist auf größere Erstreckung gleichartig; man hat daher Bodenzonen unterschieden, die den Klimazonen entsprechen. Sie sind aber mehr theoretisch als praktisch vorhanden, weil mit der Böschung auch das Bodenklima wechselt — Besonnung, Beschattung — und weil oftmals das Gestein den theoretisch zu erwartenden Bodentypus verändert. Eine Karte der klimatischen Bodenzonen Afrikas, wie die von Marbut (New York 1923) ist daher eine theoretische Konstruktion ohne praktischen Wert für den Landwirt. Für jedes nach Klima und Gestein einheitliche Gebiet gibt es eine ganze Folge — Catena, d. h. Kette — von Bodenarten, die gesetzmäßig von der Böschung abhängen.

In dem warmen Klima Afrikas — von den kühlen Höhenlagen sehen wir hier ganz ab — kann man je nach dem trocknen, wechselfeuchten oder feuchten Klima und je nach dem Gestein, das man bodenkundlich in die Gruppen der sauren, intermediären, basischen und Kalkgesteine einteilt, ganz verschiedene Catenas unterscheiden.

In den ausgesprochenen T r o c k e n g e b i e t e n, den Wüsten und Halbwüsten, tritt die chemische Zersetzung zurück gegenüber der physikalischen Zertrümmerung durch die starken Temperaturschwankungen. Die physikalische Verwitterung liefert große Mengen von Gesteinsschutt, dessen feinste Teilchen durch den Wind verweht werden, während gröbere Teile als „Gesteinspflaster" liegen bleiben. Wo nicht Wasser oder Schwerkraft den Schutt entfernen, also im flachen Gelände, bilden sich die „Tanezruft", die trostlosen Grobschuttwüsten der Sahara. Die Aufbereitung zu feinkörnigem Stoff geschieht wesentlich durch die seltenen aber meist heftigen Regengüsse und Wildbäche. Sie füllen die Senken mit deltaartigen Schuttfächern, dem „Reg". An den Beckenrändern bleibt der grobe Schutt liegen, das Feinere wird bis ins Innere der Senken verschwemmt, wo sich Salztone, die Schotts und Sebkhas absetzen. Flugsand nimmt in den Trockengebieten große Flächen ein. In den Vollwüsten sind es mehr oder weniger wandernde Dünen, in den Trockensavannen des nördlichen Sudan und der Kalahari sind die Dünen durch Vegetation festgelegt, wo nicht der Mensch durch Zerstörung der Vegetation sie wieder in Bewegung gebracht hat. Wenn es auch Staubablagerungen gibt, so scheint doch echter Löß und die daraus entstehenden fruchtbaren Böden zu fehlen.

Es sei hervorgehoben, daß die Wüstenböden keineswegs unfruchtbar zu sein brauchen, eher das Gegenteil, denn es fehlt die Auslaugung durch den Regen und Wegführung der gelösten Stoffe durch das Grundwasser. Die Wasserbewegung nach den seltenen Regengüssen ist beim allmählichen Austrocknen des Bodens aufwärts gerichtet, die gelösten Bestandteile scheiden sich in den obern Bodenhorizonten wieder aus, es entstehen Anreicherungsböden. In den Gärten von Swakopmund gedeihen viele Zier- und Nutzpflanzen, wenn man ihnen nur genügend Wasser gibt und sie gegen den heftigen Seewind schützt.

Im feuchten, warmen Klima, das wir besonders in den Äquatorialgegenden und an der Ostseite des südlichen Afrikas und Madagaskars treffen ist die chemische Verwitterung intensiv, die Bewegung des Bodenwassers dauernd oder weit überwiegend abwärts gerichtet. Die aus dem Gestein gelösten Bestandteile werden ins Grundwasser geführt, es bilden sich Auslaugungsböden. Die chemische Verwitterung dringt tief ein und erzeugt sehr mächtige Verwitterungsböden. Bei der hohen Wärme und großen Feuchtigkeit zerfallen die Gesteine, sofern der Abzug des Wassers genügende Durchlüftung ermöglicht, unter fast völligem Verlust der Basen und der Kieselsäure in ihre letzten Bestandteile. Es bleiben im wesentlichen Oxydhydrate von Eisen und Aluminium, eine ferritische oder lateritische Tonsubstanz, oft viele Meter mächtig. Obwohl in diesen Regenwaldgebieten die absterbenden Pflanzen gewaltige Mengen organischer Substanz liefern, kommt es infolge der raschen Zersetzung kaum zur Humusbildung. Immerhin entsteht auch ohne echte Huminsäuren oft eine saure Reaktion des Bodens und daher Ausbleichung (Podsolierung) der oberen Schichten.

Der tropische Regenwald des feuchtwarmen Klimas hat zur Annahme verleitet, daß der Boden, auf dem diese üppigste Vegetationsformation der Erde gedeiht, besonders fruchtbar sein müsse. Aber ebensowenig wie die Pflanzenlosigkeit der Wüste durch Unfruchtbarkeit des Bodens ist der üppige Pflanzenwuchs der feuchten Tropen durch dessen Fruchtbarkeit bedingt. Der tropische Regenwald hat mit seinem Untergrund „so wenig zu tun, wie die Topfpflanze mit dem Balkon, auf dem sie steht". Er ist, kann man sagen, ein biologisches System mit geschlossenem Kreislauf der Stoffe. Er liefert sich seine Nahrungsstoffe selbst durch den Zerfall der abgestorbenen Pflanzen, deren Zersetzungsprodukte alsbald wieder aufgesogen und zur Neubildung von Pflanzen verwandt werden. Das vorhandene Nährstoffkapital wird rasch umgesetzt von den Pflanzen in den Boden und wieder zurück in die Pflanzen. Eben deswegen ermangelt der Boden fast gänzlich einer Humusschicht. Der Regenwald ist unabhängig von der mineralischen Fruchtbarkeit des Bodens, er gedeiht auf sehr unfruchtbarem Boden so gut wie auf fruchtbarem.

Wird aber der Urwald gerodet und durch Anpflanzungen ersetzt, deren Früchte man erntet, so kehren die Nährstoffe größtenteils nicht in den Boden zurück und nun ist die natürliche Fruchtbarkeit des Bodens für den Ertrag der Pflanzung maßgebend. Es zeigt sich, daß der wirtschaftliche Wert der Urwaldböden völlig abhängt vom Grad der Zersetzung ihrer Mineralreserve und der Podsolierung. Wertvolle eluviale (= durch Verwitterung an Ort und Stelle gebildete) Kulturböden finden sich fast nur auf basischen Eruptivgesteinen, wie am Kilimandjaro, am Kenya und am Kamerunberg. Die Böden saurer und neutraler Gesteine (Granite, Gneise, Sandsteine u. a.) sind, wie sich durch die Untersuchungen von Baeyens im Kongogebiet gezeigt hat, so arm, daß sie schon nach wenigen Jahren kaum mehr kulturwürdig sind, nachdem die in Jahrtausenden angesammelten Mengen von Humus verbraucht sind. Auch werden nach dem Kahlschlag die humösen Oberflächenschichten schnell weggespült, wenn man sie nicht sorgfältig bedeckt. Da der Boden nicht mehr den tiefen Schatten des Waldes genießt, wird das Bodenklima zeitweise trocken mit aufsteigender Wasserbewegung. Daher bilden sich an der Oberfläche häufig Krusten von Limonit, ein Eisenpanzer, auf dem höchstens eine ziemlich dürftige Savannenvegetation gedeiht.

Als *wechselfeucht* oder wechseltrocken können wir für unsere bodenkundliche Betrachtung die Winterregenländer und die sommerfeuchten Savannenländer mit einer jährlichen Niederschlagshöhe von 300 bis 900 mm und 10 bis 5 Trockenmonaten ansehen. In der Regenzeit bewegt sich das Bodenwasser vorwiegend abwärts, in der Trockenzeit aufwärts. Auf sauren und intermediären Gesteinen bilden sich auf Flächen und Höhen Grauerden mehr oder weniger sandigen Charakters, doch tritt die Neigung zur Bildung von Rotlehmen durch lateristisch-ferritische Verwitterung um so mehr hervor, je feuchter das Gebiet ist. An den Hängen finden sich gern lateritische Roterden, mit Buschwald bedeckt. Nach den Niederungen hin werden sie durch verwesende Pflanzenreste reduziert und entfärbt. Am Fuß der Hänge treffen wir daher meist graue tonige Sande, inmitten der Niederungen mehr oder weniger dunkle, schwere Tone. Sehr maßgebend ist dafür die regenzeitliche Überschwemmung, an deren Grenze sich oft Bohnerzzonen oder Limonitpanzer finden. Im Gebiet basischer, eisenreicher Gesteine (Basalte, Diabase, Gabros) erzeugt die örtliche Verwitterung ferritische Roterden von großer Fruchtbarkeit. Trotz äußerlich gleichen Aussehens sind sie durch ihre Sorptionsfähigkeit das Gegenteil von Laterit und Ferrit. Ein äußeres Merkmal solcher fruchtbarer Gegenden besteht darin, daß meist auch die schweren Tone der Niederungen rot sind, weil die geringe Produktion organischer Substanz nicht ausreicht, die Ferri- und Manganhydroxyde auszubleichen.

Bei der großen Mannigfaltigkeit der Böden und dem sehr verschiedenen Wert auch äußerlich gleicher Böden sind stets sorgfältige Bodenuntersuchungen erforderlich, um Mißerfolge der Landwirtschaft zu vermeiden.

2. Die Bodenzerstörung. Trocknet Afrika aus?

Der Boden, diese Grundlage alles Lebens, ist in Afrika wie in andern Ländern europäischer Kolonisation, besonders den Vereinigten Staaten von Amerika, einer furchtbaren Zerstörung ausgesetzt, welche diese unwiederbringliche Gabe der Natur weithin vernichtet hat. Erst in den letzten zwei Jahrzehnten ist man auf die hier drohende Gefahr ernsthaft aufmerksam geworden. Sie hängt eng zusammen mit einer andern, schon früher erkannten aber oft mißdeuteten Gefahr, nämlich mit der Schicksalsfrage „Trocknet Afrika aus?“ Austrocknung und Bodenzerstörung sollen daher hier zusammen erörtert werden.

Sehen wir uns erst die Tatsachen an.

Seitdem Europäer in Afrika sich betätigen liegen aus allen periodisch trocknen Ländern des Erdteils, aus Süd- und Ostafrika, aus dem Sudan und den Atlasländern zahllose Beobachtungen vor, welche auf eine Abnahme des Wassers hinweisen. Quellen, die seit Menschengedenken Wasser spendeten, trocknen aus. Die Brunnen versiegen und müssen fast alljährlich vertieft werden, um das sinkende Grundwasser noch zu erreichen. In den Kalkpfannen der Kalahari, die man als offene Teiche kannte, ist das Wasser derart gesunken, daß es nicht mehr zu Tage tritt, sondern in Brunnen ergraben werden muß. Früher dauernde Flüsse wie der Limpopo fließen nur noch periodisch, periodische, wie der Bunun, ein Zufluß des Senegal, sind ganz versiegt. Im Bezirk Waterberg in Nordtransvaal floß noch um 1840 in jeder Runse ein dauernder Bach klaren Wassers. Davon erhielt der Bezirk seinen Namen, der jetzt wie ein Hohn klingt, da auch größere Flüsse trocken sind. Den Ngamisee fand Livingstone 1849, als er ihn entdeckte, etwa 6 m tief; an Fläche war er so groß wie der Bodensee. 1895 war er ausgetrocknet. Im westlichen Sudan mußten seßhafte Bewohner nach Süden auswandern, weil der Ackerbau nicht mehr möglich war und Sanddünen die Dörfer verschütteten.

Somit hat sich der Wasserhaushalt der Natur in allen diesen Gegenden bedeutend verschlechtert. Wenn es so weiter geht, werden die periodisch trocknen Länder Afrikas zur Wüste austrocknen. In den afrikanischen Mittelmeerländern finden sich zahlreiche römische und andere Ruinen von Landhäusern und großartigen Städten im Gegenden, die wegen Wassermangels heute nur dürftig bewohnt oder ganz unbewohnbar sind. Diese Beobachtungen wurden in den letzten Jahrzehnten ergänzt durch zahlreiche Funde von Felsgravuren, Felsmalereien und steinzeitlichen Werkzeugen in allen Teilen der Sahara, auch in extrem wüstenhaften Landstrichen. Wir finden sie z. B. im Oued Djaret des Tassili der Asdjer und am Djebel Owenat der Lybischen Wüste. Bei diesen Felszeichnungen weist nicht nur die Tatsache einstiger Bewohntheit, sondern auch die dargestellten Gegenstände — Giraffen, Nashörner, Elefanten, Nilpferde, ja der ausgestorbene Büffel Bubalus antiquus — auf ein einstmals viel feuchteres Klima hin. Allerdings handelt es sich hier um viel ältere, prähistorische Zeiten, wie die vielen Fundstätten paläolithischer und neolithischer Werkzeuge und die Darstellung des Bubalus antiquus beweisen.

Aus allen diesen Beobachtungen hat man geschlossen, daß nicht nur in der jungen geologischen Vergangenheit, in der Pluvialperiode (S. 49, 50), sondern im römischen Altertum, ja im Zeitalter der Entdeckungen Afrika wasserreicher, sein Klima feuchter gewesen sein müsse und seither ausgetrocknet sei und weiter austrockne.

Aber diesen Beobachtungen stehen andere, allerdings weit weniger zahlreiche gegenüber, die unsere Frage in anderm Lichte erscheinen lassen. Nach den guten Regenjahren 1917 und 1918, in denen der Swakop in Südwestafrika öfters und stark bis ins Meer floß, hatte sich nicht nur der Grundwasserstand in allen Flüssen Südwestafrikas gehoben, es waren auch Quellen wieder zum Fließen gekommen, die seit 20 Jahren nicht mehr geflossen waren. Noch stärker wirkte das Regenjahr 1934. Versiegte Quellen traten wieder aus, die Brunnen wurden voll, einzelne liefen sogar über, wurden also zu Quellen. Zahlreiche Kalkpfannen des östlichen Hererolandes wurden durch den Anstieg des Grundwassers wieder zu offenen Teichen. Was in Jahrzehnten verloren gegangen war, wurde in einigen Wochen der reichsten Regen wiedergewonnen. Ausnahmsweise gute Regenjahre, wie sie vielleicht in einem oder zwei Jahrzehnten einmal vorkommen, machen also in kurzer Zeit die vorher beobachtete Wasserabnahme wieder gut. In verschiedenen Teilen von Südwestafrika hat man bei Brunnenvertiefungen feststellen können, daß die Brunnen früher schon tiefer gewesen waren, daß also das Grundwasser schon einst bis zu solcher Tiefe gesunken war. Aus diesen Beobachtungen folgt: Das Wasser nimmt nicht ununterbrochen ab, sondern langsame Abnahme wechselt mit kurzer Zunahme, die die langsame Abnahme wohl ausgleichen kann. Ob wirklich ein völliger Ausgleich stattfindet, ob nicht auf lange Dauer doch auch die Maximalstände abnehmen, ist damit allerdings noch nicht erwiesen.

Wenn seit dem Altertum das Klima wesentlich trockner geworden wäre, so müßte das an der Landschaft und an der Wirtschaft zu erkennen sein. Die Nachrichten über die Wasserführung der Flüsse, z. B. des Nils und in den Atlasländern zeigen aber, daß Klima und Zustand der Gewässer seit dem Altertum keine wesentlichen Änderungen erlitten haben. Aber die römischen Ruinen in unbewohnbaren Gegenden? Sie sind nicht durch eine Änderung des Klimas, sondern durch eine Änderung der Kultur verursacht. Der Einbruch der Araber hat nicht nur die Städte, sondern auch ihre Lebensgrundlagen, wie die Wassersammelbecken und Wasserleitungen zerstört. Oftmals trat nomadisierende Weidewirtschaft an Stelle ansässigen Ackerbaus. Die französische Regierung hat das Steppenland Südtunesiens wieder mit Ölbäumen bepflanzen können; das faschistische Italien hat das Hochland der Cyrenaica, die tripolitanische Djefara und den Djebel wieder zu besiedeln vermocht. Was im Altertum an Landwirtschaft möglich war, ist es also auch noch heute.

Man hat die vermeintliche oder für gewisse Gegenden und Zeitperioden tatsächliche Austrocknung auf Abnahme des Niederschlags, auf eine Klimaverschlechterung zurückführen wollen. Allein die Regenbeobachtungen in Südafrika, der Guineaküste, dem Senegal und Algerien, die nicht nur viele Jahrzehnte, sondern teilweise, wenn auch mit Unterbrechungen über ein Jahrhundert zurückreichen, zeigen davon keine Spur, sondern nur einen recht unregelmäßigen Wechsel feuchter und trockner Jahre. Daraufhin hat S. Passarge schon 1904 die Ansicht vertreten, daß zwar das Klima sich nicht ändere, aber das im Boden vorhandene Wasser abnehme, indem die noch aus der Pluvialzeit vorhandenen Grundwasservorräte, die unter heutigen Bedingungen sich nicht mehr ausreichend erneuerten, aufgebraucht würden. Seitdem gelang es nachzuweisen, daß selbst im Dünenmeer des östlichen Großen Erg der Sahara, also in der Vollwüste, ein Grundwasserspiegel mit einem Gefälle von 134 m auf 117 km vorhanden ist. Aus diesem Gefälle muß man schließen, daß der Grundwasserspiegel noch heute durch einsickerndes Wasser der seltenen Regengüsse gespeist wird. Andernfalls müßte er sich seit der Pluvialzeit längst waagerecht eingestellt haben. In weniger wüstenhaften Gegenden wird also das Grundwasser erst recht durch den Regen gespeist werden.

Andere Forscher sind der Ansicht, daß infolge der Höhenlage Afrikas die sich einschneidenden Flüsse immer mehr Flüsse und Grundwassererträge des Innern anschneiden und abzapfen und dadurch Afrika mehr und mehr seiner Grundwasservorräte berauben. Dadurch trockne der Erdteil auch ohne Klimaänderung immer mehr aus. Es lassen sich auch eine Anzahl Beispiele anführen, daß Flüsse, die einst von den Randschwellen des Kontinents nach dem Innern hinabflossen, von den gefällereicheren Küstenflüssen angezapft und zum Meere abgelenkt worden sind, so daß ihre Wassermengen dem Binnenlande entzogen worden sind. So floß der Kunene einst in die Etoschapfanne.

Aber man darf die räumlichen und zeitlichen Wirkungen solcher Ereignisse nicht überschätzen. Eine Anzapfung kann sich immer nur in dem betroffenen Flußgebiet als Wasserabnahme geltend machen, nicht darüber hinaus. Die Anzapfung des Kunene entleerte die Etoschapfane, kann aber eine Wasserabnahme im Innern Südafrikas, das andern Flußgebieten angehört, nicht erklären. Die Rückwärtsserosion der Täler an den Wasserscheiden geht nur mit geologischem Zeitmaß vor sich und kann nicht für die fast überall beobachtete Wasserabnahme der letzten Jahrzehnte verantwortlich gemacht werden.

Dagegen haben E i n g r i f f e d e s M e n s c h e n in den Wasserhaushalt der Natur diesen erheblich gestört. Für die Wasserversorgung von Farmen, besonders aber von Städten und Bergwerken wurden Grundwasservorräte stärker angezapft, als die Natur sie erneuert, so daß sie sich erschöpften. Viel einschneidender als solche oft beobachteten Fälle ist aber die Z e r s t ö r u n g d e r n a t ü r l i c h e n V e g e t a t i o n durch den Menschen und durch sein Vieh. Sowie der Boden nicht mehr durch eine Pflanzendecke geschützt ist, reißt das abfließende Wasser der heftigen tropischen Regengüsse ihn weg. Auf ebenem Boden fließt das Wasser flächenhaft, als Schichtflut oder Flächenspülung ab und nimmt viel Feinboden mit, wie seine Trübung zeigt. Ist das Gefälle etwas größer, so gräbt es Rinnen und Runsen ein, die sich bei jedem neuen Regen vertiefen, erweitern und verzweigen. Ein Labyrinth solcher Runsen überzieht bald die Hänge. Die Rippen des Erdbodens zwischen den Rinnen werden immer mehr beseitigt und schließlich aller Lockerboden, vor allem seine oberen, für die Vegetation brauchbaren Schichten vollständig weggerissen. Oft bleibt nur nackter Fels übrig, in dem weder die natürliche Vegetation noch die Kulturpflanzen gedeihen können. Die Grundlage des Lebens der Menschen, sei es Weideland, sei es Ackerland, die natürliche Fruchtbarkeit des Bodens wird so vernichtet. Diese Vernichtung schreitet auch in Afrika in beängstigendem Maße fort. Es kann nicht nachdrücklich genug auf diese Gefahr hingewiesen werden.

Die Zerstörung der Vegetation hat aber außer der Abschwemmung des Bodens noch weiter schlimme Folgen für den Wasserhaushalt des Landes. Auf dem kahlen Boden kann das Wasser sehr rasch abfließen, da es nicht durch die Pflanzen aufgehalten wird. Es hat keine Gelegenheit, tiefer einzusickern, weil es zu kurze Zeit mit dem Boden in Berührung ist und weil die Bodendecke selbst zerstört wird. Aus diesem Grunde werden die Grundwasservorräte immer weniger gespeist und versiegen die Quellen, die erhalten bleiben würden, wenn die Vegetation noch den Boden schützte. Da das Regenwasser so schnell oberflächlich abfließt, schwellen die Bäche und Flüsse gewaltig an, die Hochwässer werden immer heftiger, wie man z. B. am Swakop in Südwestafrika beobachten konnte, das Wasser, das als Grundwasser im Lande bleiben sollte, fließt nutzlos ins Meer. Die Hochwässer richten, auch wo das Land noch dünn bevölkert und wenig kultiviert ist, immer schwerere Schäden an, indem sie Nutzland wegreißen, andrerseits beträchtliche Flächen mit Kies und Sand überschütten, der als Ackerland nicht brauchbar ist.

Es ist also nicht eine Klimaänderung, sondern die Zerstörung der Vegetation, welche die Veränderung der Wasservorräte, die in den letzten Jahrzehnten beobachtete Austrocknung verursacht hat. Die Austrocknung ist nicht eine unentrinnbare Naturerscheinung, sondern sie ist durch den Menschen selbst hervorgerufen. Darauf hat schon 1890 Hans Schinz in seinem noch heute lesenswerten Buche über Deutsch-Südwestafrika hingewiesen. Eine sehr umfassende und sorgfältige amtliche Untersuchung der Frage in Südafrika sieht ebenfalls in der Vegetationsstörung die Ursache für die Austrocknung von Wasserstellen und Flüssen. Auch wenn die Pflanzendecke nicht völlig zerstört, sondern nur verdorben, d. h. in eine ärmlichere Vegetation umgewandelt wird, so sind die Wirkungen ähnlich. Die Wirkung der Vegetationszerstörung wird um so schlimmer sein, je steiler die Böschungen sind, weil dadurch die Kraft des abfließenden Wassers gesteigert wird.

Die Zerstörung der Vegetation mit ihren verheerenden Wirkungen erfolgt in Afrika durch Eingeborene und Europäer fast überall und auf mannigfache Weise. Verhältnismäßig gering scheinen die schädlichen Wirkungen der Abholzung zur Gewinnung von Brennholz für Eisenbahnen und Grubenholz für Bergwerke zu sein, weil hierbei die Stubben stehen bleiben und die Bäume sich durch Stockausschlag wieder erneuern. Wo Autostraßen angelegt werden, die ja gewöhnlich keine fest gebauten Straßen, sondern nur kahl geschlagene Naturwege sind, erhält der Regen Gelegenheit, den Boden abzuspülen. Von den Radfurchen und Straßengräben aus schneiden sich die Runsen ein und zerstören nicht nur die Straße selbst, sondern auch einen mehr oder weniger breiten Streifen des Boden beiderseits.

Die Grasbrände, welche die eingeborenen Viehzüchter, einerlei ob seßhaft oder nomadisierend, in der Trockenzeit anzulegen pflegen, damit das neue Gras besser emporsprießen kann und zugleich mancherlei Ungeziefer vernichtet wird, schädigen die Holzpflanzen und unterdrücken den Holznachwuchs. Die Grasvegetation nimmt zu auf Kosten des den Boden besser schützenden Holzwuchses. Auch wo Wälder als Ziegenweide dienen, kann der Holznachwuchs schwer aufkommen.

Nicht selten wird mehr Vieh auf einer Weide gehalten, als sie auf die Dauer vertragen kann; die Weide ist dann überstockt. Dann wird mehr Gras abgefressen und zertreten, als nachwachsen kann, die Pflanzendecke wird lückenhaft und der Boden der Abspülung ausgesetzt. Auch ohne eigentliche Überstockung wird in Südafrika viel Vegetation zerstört als Folge des üblichen Weidebetriebs. Das Vieh wird zum Schutz gegen Schakale und aus andern Gründen nachts in Dorneinzäunungen, sogenannten Kraalen gehalten, herdenweise nach den Kraalen getrieben und an wenigen Wasserstellen zusammengedrängt. Dadurch wird die Vegetation in der Umgebung der Wasserstellen und Kraale bis zur Vernichtung zertrampelt. Auf den Viehpfaden rinnt der Regen ab und erodiert den Boden. Der ursprüngliche Nomadenbetrieb der Eingeborenen, der mehr die Wasserstellen wechseln konnte, als die Farmer, dürfte weniger schädlich gewesen sein als das jetzige System. Namentlich aber hat der Viehbestand in den letzten Jahrzehnten gewaltig zugenommen, sowohl bei den weißen Farmern Südafrikas, wo es sich statistisch belegen läßt, als auch bei den Eingeborenen Ostafrikas und des Sudans, die sich des durch die Europäer geschaffenen Friedens erfreuten. So ist die für den Boden und den Wasserhaushalt so schädliche Überstockung weit verbreitet.

Der Ackerbau der Neger kennt im allgemeinen keine Düngung der Felder. Die neugerodeten Felder tragen daher nur eine Anzahl von Jahren, meist etwa zwei bis fünf, ihre Feldfrüchte, dann sind sie erschöpft und müssen verlassen werden. Neues Land muß gerodet werden, dessen Äcker nach einiger Zeit wieder verlassen und durch neugerodete ersetzt werden müssen. Die sekundäre Vegetation, mit der sich die verlassenen Felder allmählich wieder bedecken, ist fast immer geringwertiger als die frühere. Wenn vollends der Boden knapp wird und dasselbe Landstück anstatt nach Jahrzehnten schon nach einer kürzeren Reihe von Jahren wieder bebaut wird, bevor es sich genügend erholt hat, so wird die Vegetation darauf immer dürftiger und der Boden vermehrter Abspülung ausgesetzt. Gerade in Kolonien, wo die koloniale Ausfuhrwirtschaft blüht und viel Land beansprucht, wie in der Goldküste und in der Senegalkolonie, oder wo die Bevölkerung und ihr Vieh sich vermehrt, wie im Binnenhochland Ostafrikas haben diese Schäden sich erschreckend gezeigt.

Im nördlichen Sudan sind die Wirkungen der Vegetationszerstörung deswegen besonders schlimm, weil in manchen Landstrichen bewachsene und durch die Vegetation festgelegte Sanddünen beim Verlust ihres Pflanzenkleides wieder zu wandern beginnen und Dörfer verschütten.

Um die Länder Afrikas gegen die Bodenzerstörung und Austrocknung zu schützen, muß vor allem die Zerstörung der Vegetation verhindert werden. Es müssen Waldschongebiete, Bannwälder — auch wenn es sich in Trockenländern nur um Dornbursch handelt — eingerichtet und vor Brand und Beweidung durch Ziegen geschützt werden. Die zur landwirtschaftlichen Nutzung erforderliche Rodung tropischen Regenwaldes muß vorsichtig geschehen, immer wieder müssen Waldstücke zwischen dem Kulturland stehen bleiben, besonders in Gebirgen. An vielen Stellen empfiehlt sich Wiederaufforstung. Die Weidewirtschaft muß in mancher Hinsicht verbessert, vor allem die Überstockung und die Grasbrände vermieden werden. Um eine durch Beweidung verdorbene Vegetation zu erneuern, wurde empfohlen, größere Flächen mit Dornbusch zu umgeben, so daß dort einige Jahre kein Vieh hinkommt. Jede Form der Weideverbesserung erlaubt, daß mehr Vieh auf einer bestimmten Fläche weiden kann, und hilft, die Überstockung zu vermeiden. Dazu gehört Grasansaat, Kleeansaat und schließlich Futteranbau. Für Südafrika empfiehlt der amtliche Bericht der Untersuchungskommission, an Stelle des Kraalsystems eingezäunte Farmen mit etlichen getrennten, abwechselnd beweideten Koppeln treten zu lassen.

Die wachsende Bevölkerung macht das früher angemessene Anbausystem mit Wanderäckern zu einer großen Gefahr. Wie in feuchteren und trockneren Teilen Indiens muß man zu voller Seßhaftigkeit mit Daueräckern übergehen. Das setzt voraus, daß die verbrauchten Nährstoffe des Bodens ersetzt werden. Die Hauptschwierigkeit besteht in der mangelnden Düngung, denn in vielen Teilen Afrikas ist Viehzucht unmöglich, vor allem wegen der durch die Tsetsefliege übertragenen Rinderkrankheit. An manchen Orten, wo Dung verfügbar ist, haben auch die Neger den Wanderhackbau durch Anbau auf Daueräckern ersetzt, so in der Umgebung von Kano in Nigerien, wo städtische Abfälle als Dung verwendet werden, oder auf der überaus dicht bevölkerten Insel Ukara des Viktoriasees, wo man zum Futteranbau und zur Stallfütterung übergegangen ist. Die Pflanzreihen oder, wo gepflügt wird, die Pflugfurchen müssen auf geneigten Flächen waagerecht gezogen werden, damit das Wasser darin einsickert und nicht als Bach hinabfließt und den Boden wegreißt. Auch kleine mit Gras oder Windschutzhecken bepflanzte Dämme zwischen den Äckern haben sich in Uluguru und auf der Versuchsstation Shinjanga (Ostafrika) bewährt.

Außerdem können wasserbauliche Gegenmittel das weitere Fortschreiten der Zerstörung und der Austrocknung hemmen:

1. Wasserversorgung durch kleine und große Staudämme und durch Grundwassersperren, d. h. undurchlässige Querschwellen im Sande der Trockenbetten, welche den Grundwasserstrom aufstauen. Bohrlöcher zapfen Grundwasservorräte der Erde an, von denen meistens unbekannt ist, ob sie genügend gespeist werden. Staudämme und Grundwassersperren dagegen dienen dazu, weniger Wasser nutzlos abfließen zu lassen. Sie wirken auch dahin, daß Wasser versickert und so das in den Talauen sich aufspeichernde Grundwasser speist.

2. Verbauung der gebirgigen Bach- und Trockenbetten durch Stufen, wie es bei alpinen Wildbächen gemacht wird Sie verhindern zu starke Erosion und damit Zerstörung nutzbaren Bodens und begünstigen ebenfalls das Einsickern des Wassers und die Speisung des Bodenwassers.

3. In ähnlicher Weise sollten auch die neu sich bildenden Regenrunsen, durch die sich vor allem die Bodenabspülung vollzieht, verbaut werden. Im Basutoland und an andern Stellen Südafrikas geschah dies erfolgreich durch kleine, in gewissen Abständen eingebaute Erdquerdämme. An jeden dieser Dämme schließt sich nach beiden Seiten ein etwa in der Höhengleiche verlaufender, mit dem Pflug ausgehobener

Graben (contour furrow) an, in dem das Regenwasser langsam über das Gelände geführt und zum Einsickern gebracht wird, anstatt daß es erodierend in der Runse hinabstürzt.

Auf andere Weise wollte der südafrikanische Geologe E. H. L. Schwarz die Trockenheit überwinden. Sein Plan erregte seinerzeit großes Aufsehen in Südafrika. Schwarz wollte vom Kunene, Kwando und Sambesi aus durch Stauwerke größere Flächen des Kalaharibeckens überfluten. Dadurch gedachte er das Trockenklima Südafrikas in ein feuchtes umzuwandeln. Der Plan muß jedoch als völlig verfehlt bezeichnet werden, er könnte nie das erstrebte Ziel erreichen. Dasselbe gilt von den Plänen, das Klima der Sahara durch Zuleitung von Wasser aus feuchten Ländern oder von Meerwasser zu verbessern.

Wenn auch große Seen als Wasserverdunster angelegt würden, was möglich wäre, so ist nach allen geographischen Erfahrungen nicht zu erwarten, daß sie weiter als in einem sehr beschränkten Bezirk etwas reichere Niederschläge bringen würden. Denn die Bildung von Niederschlägen hängt von der allgemeinen Luftzirkulation ab. Diese ist in Südafrika durch den Passat und die kalte Meeresströmung der Westseite sehr ungünstig für die Niederschlagsbildung.

Sechstes Kapitel. Die Pflanzen- und Tierwelt Afrikas

1. Florenreiche

Der Mitteleuropäer, der Afrika außerhalb der Mittelmeerländer betritt, sieht sich einer ganz fremdartigen Pflanzenwelt gegenüber. Während er in dem durch den Ozean von seiner Heimat getrennten Nordamerika zwar nicht die einheimischen Arten der Bäume, aber doch deren nahe Verwandte findet, die er als Eichen, Ahorn usw. erkennt, ist ihm dies in Afrika nicht möglich. Auch in solchen Gebieten, wo die Vegetation mit der heimischen viel Übereinstimmendes hat, z. B. in den im Winter das Laub abwerfenden Trockenwäldern, die in kahlem Zustande so sehr an unsere winterlichen Wälder erinnern, findet er keine einzige Pflanze aus der nahen Verwandtschaft der heimischen. Aus ganz anderen systematischen

Gruppen setzt sich die afrikanische Pflanzenwelt zusammen. Sie ist aber in sich nicht einheitlich, sondern gehört drei großen Florenreichen an.

Die afrikanischen Mittelmeerländer gehören, wie Europa, das außertropische Asien und das außertropische Nordamerika, zum holarktischen Florenreich, das sich etwa nördlich des Wendekreises des Krebses um die ganze Erde herumschlingt, und zwar zu seiner mittelmeerischen Abteilung. Der Ölbaum, dauerblättrige Eichen, in den Gebirgen verschiedene Nadelbäume, an Wasserläufen Pappeln und Platanen, sind hier wichtige Charakterpflanzen. Dagegen fehlt die im ganzen übrigen Afrika in so mannigfachen Arten verbreitete Acacia. Südwärts von diesem Gebiet beginnt mit dem Auftreten der Akazien das paläotropische Florenreich, dessen indoafrikanischem Gebiet der größte Teil von Afrika angehört (vgl. Sammlung Göschen Nr. 389: Diels, Pflanzengeographie). Das paläotropische Reich unterscheidet sich vom holarktischen z. B. durch das Auftreten zahlreicher Palmenarten, von denen nur vereinzelte, wie die durch die Kultur bis an die europäischen Mittelmeerküsten verbreitete Dattelpalme in das mediterrane Gebiet hineinreichen. Innerhalb dieses großen Gebietes finden wir die größten Gegensätze des Klimas und daher der Vegetation, von der sterilen Wüste bis zum üppigsten tropischen Regenwald. Daher ist es begreiflich, daß in diesen Gebieten so verschiedener Lebensbedingungen auch die Flora eine andere ist. Die drei großen Hauptgebiete des Regenfalls, das dauernd regenlose der Sahara, das periodisch beregnete des Sudans, Ost- und Südafrikas und das dauernd feuchte des Kongobeckens und der Guineaküste bilden nicht nur nach der ökologischen Ausbildung der Pflanzenwelt, sondern auch nach ihrer floristischen Zusammensetzung verschiedenartige Gebiete. In den Oasen der Wüste herrscht die Dattelpalme, in den Savannenländern die beiden Fächerpalmen Borassus und Hypahene, im Regenwaldgebiet, aber über dessen Grenze etwas hinausreichend, die Ölpalme. Die Grenze zwischen dem nordafrikanisch-indischen Wüstengebiet und dem afrikanischen Steppen- und Savannengebiet zieht Engler da, wo die charakteristischen Savannenbäume, der plumpe Affenbrotbaum (Adansonia digitata), die Tamarinde und die Borassuspalme auftreten, also etwa unter 16° nördl. Breite. Die Grenze zwischen dem Savannengebiet und dem westafrikanischen Florengebiet, das das Kongogebiet vom zentralafrikanischen Graben an und die Länder der Nordguineaküste umfaßt und manche Verwandtschaft mit dem tropischen Amerika zeigt, fällt mit der Verbreitungsgrenze der Ölpalme etwa zusammen. Eine vierte Provinz des afrikanisch-indischen Gebietes bildet die Insel Madagaskar, deren Flora sich durch starken Endemismus, d. h. durch nur dort vorkommende Arten auszeichnet.

Wieder eine ganz andersartige Flora finden wir im Südwesten Afrikas im westlichen Kapland. Dieses Gebiet bildet trotz seiner Kleinheit ein besonderes Florenreich, das k a p - l ä n d i s c h e , dessen charakteristische Bestandteile zahlreiche Gattungen und Arten aus den Familien der Erikazeen und Proteazeen sind. Die Kapflora ist der australischen näher verwandt als die übrigen afrikanischen. Es scheint, daß die Kapflora ein Überrest einer alten, einst weiter verbreiteten Flora ist, die durch spätere Einwanderung der indoafrikanischen Flora in den Südwesten Afrikas zurückgedrängt wurde. In der Namibwüste Südwestafrikas kommt an manchen Stellen eine äußerst merkwürdige Pflanze vor, die hauptsächlich aus einem kegelförmigen, mit der Spitze im Boden steckenden Stamm und zwei riesigen Blättern besteht, welche am Anfang der oberen Kreisfläche des Kegels entspringen Es ist die Welwitschia mirabilis, die den Eindruck eines Überbleibsels aus der Vorwelt macht. Vielleicht ist sie der letzte Rest einer noch älteren Flora.

Sehr verschieden von der Flora der tieferen Regionen ist die Hochgebirgsflora. Auf den Hochgipfeln Afrikas, in Abessinien, auf den drei äquatorialen Schneebergen und anderen hohen Bergen Ostafrikas, auf den Drakensbergen und sogar auf dem Kamerunberg finden wir eine Flora, die mit denen der tieferen Umgebung wenig Verwandtschaft hat. In der Kühle dieser Hochgebirge herrschen Lebensbedingungen, die denen höherer Breiten ähneln. Daher konnten sich Pflanzen höherer Breiten auf diesen Berggipfeln ansiedeln. Wir finden da einerseits Vertreter der Mittelmeerflora, namentlich zahlreiche Kompositen, wie die schönen Strohblumen (Helichrysum) und Vergißmeinnicht, andererseits solche aus der Kapflora, wie die Baumerika- und Proteaarten. Wenn auch heute die einzelnen Vorkommen dieser Hochgebirgsflora weit voneinander liegen und durch heiße Gebiete getrennt sind, in denen die Pflanzen ihre Lebensbedingungen nicht finden, so dürfen wir nicht vergessen, daß in der Pluvialzeit die Höhengürtel tiefer herabgedrückt waren, was namentlich durch die größere Ausdehnung der Gletscher bewiesen wird. Die Herabdrückung der Höhengrenzen hat aber zur Folge, daß die Hochgebirgsflora ein erheblich größeres Areal bedeckte als heute und daß die getrennten Vorkommen viel weniger weit auseinanderlagen. Daher konnten sich die holarktischen und kapländischen Pflanzen damals leichter als heute über die Hochgipfel Afrikas verbreiten.

2. Die Vegetationsgebiete und ihre Tierwelt

Maßgebender als die systematische Zugehörigkeit der Pflanzen ist für das Aussehen der Landschaft ihre Wuchsform — ob Baum, Strauch, Kraut, Gras — und die Vereinigung von Pflanzen bestimmter Wuchsformen zu Vegetationsformationen wie Wald, Busch, Grasflur. Die Wuchsformen und Vegetationsformationen stellen eine Anpassung der Pflanzenwelt an die Lebensbedingungen der Örtlichkeit dar. Sie sind ein sichtbarer Ausdruck der Faktoren des Klimas und des Bodens. Daher treten in einem bestimmten Klimagebiet ganz bestimmte Vegetationsformationen auf, je nach der örtlichen Beschaffenheit des Bodens diese oder jene. Sie bilden zusammen ein Vegetationsgebiet, das mit dem Klimagebiet ungefähr zusammenfällt.

Die Lebensbedingungen der Tierwelt werden fast noch mehr durch die Pflanzenwelt als unmittelbar durch Klima und Boden bestimmt. Daher treffen wir in jedem Vegetationsgebiet, ja in jeder Vegetationsformation ihre besondere, für sie charakteristische und an sie angepaßte Tierwelt, die mit den Pflanzen eine Lebensgemeinschaft bildet. Mit der Untersuchung der Pflanzen und Tiere, nicht nach der systematischen Zugehörigkeit, sondern nach ihrer Anpassung an die Lebensbedingungen des Standorts beschäftigt sich die Ökologie (Lehre vom Haushalt). Sie zeigt besonders deutlich das Zusammenspiel der Naturfaktoren in einer geographischen Landschaft.

Wie in allen dauernd warmen Gebieten ist in Afrika nicht die Temperatur, sondern der Regenfall maßgebend für die räumliche Verteilung und das zeitliche Wachstum der Vegetation. Mit Ausnahme der höchsten Gebirgsgipfel reicht die Wärme überall und zu jeder Jahreszeit aus, um das Pflanzenleben gedeihen zu lassen. Nirgends erleidet daher die Vegetationszeit eine Unterbrechung durch winterliche Kälte. Fällt das ganze Jahr über genügend Regen, wie in den westafrikanischen Äquatorialgebieten, so blüht und grünt die Natur ununterbrochen in üppigster Fülle. Wird aber der Regenfall durch eine längere Trockenzeit unterbrochen, so tritt in dieser die Vegetationsruhe ein. Die Vegetationsgebiete Afrikas sind daher ein getreues Abbild der Regenverteilung. In den Gegenden mit Winterregen ist der Winter die Vegetationszeit, der trockne Sommer die Zeit der Ruhe, im Bereich der Sommerregen umgekehrt. Je nach der Regenmenge und der Dauer der Unterbrechung des pflanzlichen Lebens durch die Trockenzeit finden wir eine ganz verschiedene Pflanzenwelt. Wie die Regenzonen allmählich ineinander übergehen, von über 2000 bis so gut wie 0 mm Jahresniederschlag, von keinem bis zu 12 Trockenmonaten im Jahr, so auch die Vegetationsgürtel. Sie fallen mit den Regengürteln zusammen. Den Kern bildet das äquatoriale Regenwaldgebiet der Guineaküste und des nördlichen Kongobeckens. Um diesen Kern herum legt sich in konzentrischen, nicht ganz geschlossenen Ringen der Vegetationsgürtel der von Bäumen und Gehölzen durchsetzten Grasländer oder Savannen. Die Savannen sind an die periodische Trockenheit angepaßt. Je nach der kürzeren oder längeren Dauer der Trockenzeit und der größeren oder geringeren Regenmenge sind sie mehr oder weniger üppig entwickelt, so

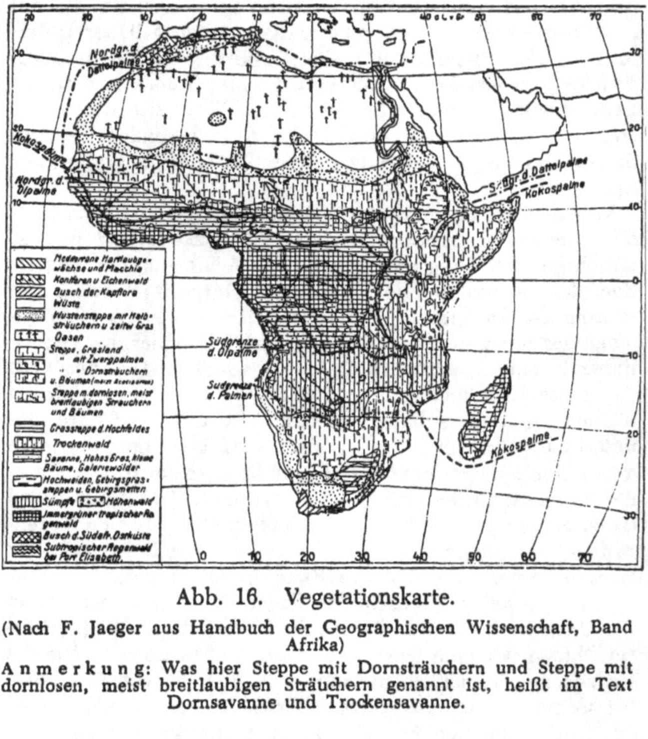

Abb. 16. Vegetationskarte.

(Nach F. Jaeger aus Handbuch der Geographischen Wissenschaft, Band Afrika)

Anmerkung: Was hier Steppe mit Dornsträuchern und Steppe mit dornlosen, meist breitlaubigen Sträuchern genannt ist, heißt im Text Dornsavanne und Trockensavanne.

daß man mehrere Unterzonen unterscheiden kann. Außerhalb des Savannengürtels folgt das Gebiet der Wüstensteppen und Wüsten, das keinen geschlossenen Ring mehr bildet. So gut wie vegetationslose Vollwüsten finden wir nur in der Sahara und in der Namib Südwestafrikas. Zu den Wüstensteppen oder Halbwüsten gehören außer den Randlandschaften jener: in Ostafrika das Afargebiet, das östliche Somalland, Teile des abflußlosen Gebiets, besonders um den Rudolfsee, in Südafrika die große Karru, die obere Karru, das Großbuschmannland und das südliche Namaland. Die Winterregengebiete im Norden und im Süden sind die Zone subtropischer Hartlaubgehölze.

1. Das Gebiet der subtropischen, immergrünen Hartlaubgehölze ist auf die feuchteren Teile des Winterregengebietes beschränkt, die höchstens 5 Trockenmonate unter 30 mm Niederschlag haben und im Jahr über 500 mm erreichen. Nur bei starker Luftfeuchtigkeit, wie an der atlantischen Küste Marokkos, kann die Niederschlagsmenge auch etwas geringer sein. Es bedeckt also die Mittelmeer- und westmarokkanische Küste der Atlasländer, die nördlichen und westlichen Atlasketten und einen schmalen Küstenstreifen der Cyrenaika. Weder die Kühle des Winters — die Mitteltemperatur des Januar der algerischen Küstenstationen ist ungefähr dieselbe wie die des Mai in Norddeutschland — noch die Trockenheit des Sommers veranlaßt hier einen völligen Stillstand der Vegetation. Das Laub ist daher immer grün, muß aber durch Vorrichtungen, die die Verdunstung einschränken, an die Trockenheit angepaßt sein: Die Blätter sind ziemlich klein, ledrig mit dicker Oberhaut, versteifenden mechanischen Zellen und spärlichen Spaltöffnungen, meist von grau- oder blaugrüner Farbe. In den Atlasländern unterscheidet man nach dem Vegetations- und Kulturcharakter den Tell, das Gebiet der Bäume und Kulturen, die Steppen, das Gebiet der Gräser und des Hirtenlebens, und die Sahara, die nur in Oasen kultivierbar ist. Nur die Tellandschaften gehören zu unserm Vegetationsgebiet.

Der Tellatlas, das Rif und die atlantische Seite des Mittleren und des Hohen Atlas sind von Natur Waldgebirge. Je nach der Feuchtigkeit und Bodenbeschaffenheit bedecken immergrüne Wälder von Korkeichen (Quercus suber), von Steineichen (Quercus ilex), dichter Busch (Macchia) von Ölbäumen und Pistazien, Kiefernwald (Pinus halepensis), in den trockensten Gebieten sehr lichter Wacholderwald die Hänge. Im ozeanischen Klima Westmarokkos gedeiht der Arganbaum (Argania sideroxylon), dessen ölreiche Samen von den Eingeborenen genutzt werden. Der Wald ist vielfach zu kümmerlichem Busch verdorben. Auf Grasmatten entfalten im feuchten Winter die Blumen, besonders Asphodeloslilien und andere Zwiebelgewächse, ihre Blütenpracht.

In höheren Lagen, wo der winterliche Frost und Schnee die Hartlaubvegetation ausschließt und der Sommer weniger regenarm ist, folgen sommergrüne Wälder, besonders von Quercus lusitanica und Quercus Afares, in größeren, schneereichen Höhen prächtige Zedernwälder.

Niedriger Dornbusch aus dem laubwerfenden Christusdorn, Zizyphus lotus, bildet mit südwärts abnehmender Regenmenge vielfach den Übergang zur baumfreien Steppe, die die Hochflächen des inneren Atlas und den nördlichen Rand der Sahara bedeckt. Das büschelige Halfagras, Stipa tenacissima, das der Papierfabrikation dient, und die aromatischen Wermutsträucher Artemisia herba alba und Artemisia campestris sind ihre Charaktergewächse.

Infolge der Nachbarschaft der Steppen dringen manche Vertreter der Steppentierwelt auch in die Tellgebiete ein. Im Altertum lebte im Atlasgebirge noch der Elefant, den das Heer Hannibals über die Alpen führte. Bei Beginn der französischen Eroberung streifte der Löwe noch vor den Toren der Stadt Algier umher; jetzt dürfte er ausgerottet sein.

2. Die Wüste Sahara ist infolge ihrer dauernden Trockenheit ein überaus lebensfeindliches Gebiet. Wenn nicht nach langen Jahren doch einmal ein heftiger Regen dem Boden Feuchtigkeit zuführte, wäre ein Pflanzenleben überhaupt unmöglich. Auch so sind ausgedehnte Flächen völlig vegetationslos: die steinigen Hamada- und Serirebenen, viele Dünengebiete, besonders in der Libyschen Wüste, auch Schwemmlandebenen, in denen kein Grundwasser von den Pflanzenwurzeln erreicht werden kann. Ausdauernde Pflanzen können überhaupt nur an Stellen wachsen, wo Wasser im Boden vorhanden ist, wenn auch äußerst spärlich. Wenn man solche Pflanzen als Grundwasserpflanzen bezeichnet hat, so soll damit nicht gesagt sein, daß ein zusammenhängender Grundwasserspiegel vorhanden sei. Diese Pflanzen müssen sehr hohe Temperaturen und sehr starke Temperaturschwankungen, heftigen, ausdörrenden Sandwind und größten Wasser-

mangel ertragen können und sind deshalb ganz besonders organisiert und durch mannigfache Schutzeinrichtungen an äußerste Trockenheit angepaßt. Sie haben außerordentlich lange, tiefgehende oder weitverzweigte Wurzeln, die jede Spur von Wasser aus dem Boden aufsaugen. 20 m tief reichende Wurzeln hat man beobachtet. Um die Verdunstung möglichst einzuschränken, haben sie kleine oder gar keine Blätter, oftmals statt ihrer Dornen. Nur Citrullus Colocynthis, eine Gurkenart, entbehrt des Trockenheitsschutzes ihrer weichen Stengel und Blätter, da ihre riesenlangen Wurzeln sie hinlänglich mit Wasser versorgen. Im allgemeinen sind die „Grundwasserpflanzen" auf die Wadis, die Trockenbetten beschränkt. In diesen wachsen in großen Abständen niedrige Büsche, aber auch Sträucher und Bäume, besonders Tamarisken und Akazien. Außerhalb der Wadis finden sich nur ganz vereinzelte Pflanzen, so der ginsterartige Retamstrauch und der dornige Agol.

Eine reiche Vegetation kann sich nur entfalten, wo ein Grundwasserspiegel nahe an die Oberfläche kommt. Da wachsen Schilf und Rohrkolben an den Flußbetten. Die inselartig über das weite Gebiet verstreuten Stellen mit reichlichen Grundwasser sind O a s e n , in denen eine reiche Kulturvegetation von Dattelpalmen, Getreide, Gemüse und anderm gedeiht, ein grünes Paradies in der todesstarren Wüste.

Wenn es aber einmal in einem beschränkten Strich tüchtig regnet, dann bedeckt nach wenigen Tagen ein zarter Teppich von Gräsern und Kräutern den Boden. Die Samen, die seit vielen Jahren im Boden lagen und des Wassers harrten, keimen und wachsen rasch. In wenigen Wochen, ehe die letzte Feuchtigkeit schwindet, vollzieht diese R e g e n v e g e t a t i o n ihren Lebensprozeß, blüht und trägt Frucht. Der saftigen Weide folgen nicht nur Gazellen und Antilopen, sondern auch der Wüstenbewohner mit seinen Herden. Aber bald sterben die zierlicheren Pflanzen ab, die Zwischenräume werden größer. Grasbüschel mit steifen harten Halmen oder kleine Dornbüsche mit salzigem Saft bilden noch viele Monate eine Weide für Kamele. Endlich vertrocknen auch sie und es bleiben nur die „Grundwasserpflanzen" übrig.

In den nördlichen, südlichen und westlichen Grenzgebieten und in den Gebirgen der Sahara, wo noch alljährlich spärliche Regen fallen, geht die Wüste in Wüstensteppe über. Die dauernden Büsche werden hier zahlreicher, der Boden ist von ihnen mit dunklen Punkten übersät, die Regenvegetation kann sich beinahe in jedem Jahr wenigstens strichweise entfalten.

3. Die weiten Flächen der periodisch trocknen Sommerregengebiete werden von dem Vegetationsgürtel der Grasländer mit mehr oder weniger xerophilen (an die Trockenheit angepaßten) Gehölzen eingenommen, der sich vom Sudan in großem Bogen durch das äquatoriale Ostafrika nach dem südlichen Afrika hinzieht. Diese Vegetation übertrifft an Flächenausdehnung alle übrigen Vegetationsgebiete Afrikas und kann daher mit einem gewissen Recht als die eigentlich afrikanische bezeichnet werden. Sie beherbergt auch die Tierwelt, die uns für Afrika besonders charakteristisch gilt, die großen Herden von Antilopen und Gazellen der verschiedensten Arten mit ihrem Gefolge von Raubtieren, wie Löwen, Leoparden, Hyänen, Schakale, auch die großen Dickhäuter, Elefant und Nashorn, wenngleich diese auch in das Regenwaldgebiet hineinreichen.

Die Pflanzenwelt dieses Gürtels muß wenigstens periodisch gegen die Trockenheit und die Gefahr des Austrocknens geschützt sein. Sie zeigt daher mehr oder weniger Trockenstruktur. Der Baumwuchs kann sich nicht in der Üppigkeit des tropischen Regenwaldes entfalten. Selten erreichen die Bäume mehr als 10 bis 20 m Höhe, Sträucher sind sehr verbreitet. Die Kronen sind oft schirmförmig ausgebreitet, besonders bei den Akazienarten. Die Blätter sind meist klein, bei den Akazien sehr zierlich doppelt gefiedert mit winzigen Blättchen, die sich bei vielen Arten noch zusammenklappen können, um die Verdunstung der Oberfläche zu verkleinern. Dornbildung ist häufig und gewährt zugleich einen Schutz gegen die Tiere. Nicht selten sind sukkulente Gewächse, die in ihren unförmig angeschwollenen Organen einen Saftvorrat für die Trockenzeit aufspeichern. Der plumpe Affenbrotbaum erhebt seine Krone hoch über die anderen Gewächse empor und bildet namentlich im Dornbuschgelände oft die Landmarken, nach denen man sich zurechtfinden kann. Die wie Kakteen aussehenden Euphorbien strecken ihre blattlosen, grünen, mit giftigem Milchsaft erfüllten Äste wie Armleuchter in die Luft, und man möchte kaum glauben, daß diese bizarren, stacheligen Bäume Gattungsverwandte unserer zarten Wolfsmilch sind. Wie ein Bündel spitziger Schwerter starren die fleischigen, mit scharfer Spitze bewehrten Blätter der Sansevieren aus dem Boden.

Die Bäume stehen licht und Graswuchs bedeckt den Boden. Vom geschlossenen, wenn auch ziemlich lichten Walde führen mannigfache Übergangsformationen, mehr oder weniger lichte Baum- und Buschsavanne, zur reinen Grasflur hinüber. Infolge der Periodizität des Regenfalls wechselt das Aussehen des Pflanzenkleides mit der Jahreszeit. In der Trockenzeit haben Bäume und Sträucher ihr Laub abgeworfen und stehen kahl wie bei uns im Winter. Das Gras ist vertrocknet und strohgelb, wenn nicht ein Grasbrand die ganze Landschaft in düsteres Schwarz gehüllt hat. Dann ist auch das Tierleben wie ausgestorben, eine bedrückende Öde und Todesstarre lastet auf den weiten Flächen. Mit dem ersten Regen, ja oft schon vorher, entsproßt zartes Grün den schwarzen Flächen, und das Wild kommt herbei, von der frischen Weide zu äsen. Bäume und Büsche blühen und grünen, die Luft ist mit süßem Honigduft geschwängert, zahllose Insekten und Vögel verkünden mit lautem Gezirp und Gezwitscher das neu erwachte Leben. Bald steht das ganze Land in üppigem Grün, solange die Regenzeit dauert, dann tritt die Vegetation von neuem ihren Trockenschlaf an. (Dazu Nachtrag auf S. 174.)

Die Savannenländer haben ihre eigene, an die besondern Lebensbedingungen angepaßte T i e r w e l t. Ihr Grasreichtum bietet besonders den Wiederkäuern reiche Nahrung. In den offenen Flächen bedürfen die Tiere der raschen Fortbewegung, sowohl um ihren Feinden zu entgehen, als auch um weit zu wandern nach Plätzen, wo gerade ein Regenfall frisches Futter wachsen ließ. Daher sind die Savannen die Gebiete der Huftiere, die schnell laufen können. Selbst unter den Vögeln finden wir Lauftiere, wie den Strauß und das Perlhuhn. Ungeheure Herden von Antilopen der verschiedensten Arten und

Größen, von Gnus, Zebras, Giraffen, Straußen, ja von den gewaltigen Elefanten, sowie zahlreiche Nashörner bevölkerten einst die Savannenländer. Es ist ein wunderbarer Anblick für den Naturfreund, wenn er auf weiter Grasfläche die muntern Tiere zu vielen Hunderten, ja zu Tausenden sich tummeln sieht, ein Anblick, den man auch heute noch in manchen Wildreservaten genießen kann. Die gewandten Springböcke wandern bisweilen in Herden, die nach Zehntausenden zählen. In geschlossener Masse bedecken sie die Fläche, und andere Tiere, selbst Löwen, die dazwischen geraten sind, können nicht aus der sich fortwälzenden Flut der Springböcke heraus. Soweit das Auge die Ebene überschaut sieht er nichts als Springböcke und immer wieder Springböcke.

Den Herdentieren folgen die großen und kleinen Raubtiere, die Löwen, Leoparden, Geparde, Hyänen, Schakale und Wildhunde. Manches blutige Drama spielt sich an den Wasserstellen ab, wo sie in der Nacht den tränkenden Tieren auflauern.

Aber auch die Klettertiere, die Affen fehlen den Savannen nicht. Die Paviane bevorzugen felsige Berge oder Talschluchten, wo sie mit andern Felstieren, den Klippschliefern und mit ihrem grimmigen Feinde, dem Leoparden zusammen vorkommen, die Meerkatzen dagegen die baumreichen Savannen.

Dazu kommen die Höhlentiere, die besonders in den trokkensten Savannen und in subtropischen Steppen und Halbwüsten, soweit lockerer Boden vorhanden ist, sich eingraben und an Knollengewächsen und Insekten Nahrung finden: Hasen, Mäuse, Erdeichhörnchen, Stachelschwein, Gürteltier, Erdferkel. Viele von ihnen sind Nachttiere, die während der Tageshitze sich in ihren Höhlen aufhalten.

Von den Insekten sind namentlich die Termiten zu nennen, deren bis 7 m hohe, steinharte Lehmhaufen oder Türme der Landschaft oft ein eigenartiges Aussehen geben. Nicht selten wachsen gerade auf den bewohnten oder verfallenen Termitenhaufen, deren Erdreich durch die Termiten selbst gedüngt ist, Bäume und Baumgruppen, die sich aus weiten Grasflächen erheben (Termitensavannen). Es unterliegt keinem Zweifel, daß alle diese Tiere durch das Zertrampeln und Durchwühlen des Bodens eine nicht unwichtige Rolle im Haushalte der Natur spielen, ja sogar formbildend wirken. Der gelockerte Boden kann vom Winde transportiert oder vom Regen verschwemmt und dadurch das Land erniedrigt und abgetragen werden.

Durch Pulver und Blei der eingeborenen und weißen Jäger ist der Wildstand Afrikas ungemein zusammengeschmolzen. Viele Tiere sind fast ausgerottet und nur wenige Gegenden sind wirklich wildreich. Die Wildschutzgesetze der Kolonialvölker und namentlich die Einrichtung von Wildreservaten suchen wenigstens stellenweise den Wildreichtum zu erhalten. Mit der Ugandabahn fährt man durch das Wildreservat der Athi-Ebenen und kann vom Zuge aus die Fülle des Tierlebens beobachten. Auch der Elefant droht nicht mehr auszusterben. Im Budongowald in Uganda und in den Sumpfgebieten des obern Weißen Nils gibt es noch große Elefantenherden. Der Löwe ist bisweilen, z. B. zu Anfang der 1920er Jahre auf dem Marunguhochland westlich des südlichen Tanganjikasees eine furchtbare Landplage geworden. Täglich wurden in verschiedenen Dörfern Eingeborene von Löwen gefressen.

In ihrer Gesamtheit bilden die Grasländer den Übergang von den dauernd trocknen Wüsten zu den dauernd feuchten Regenwaldgebieten. Entsprechend den Unterschieden in der Regenmenge und der Dauer der Trockenzeit ist auch die Vegetation des periodisch trocknen Sommerregengebiets abgestuft. Die klare Erfassung dieser Unterschiede ist erschwert durch den sehr verschiedenen Gebrauch der Wörter Savanne und Steppe. Ursprünglich versteht man darunter Vegetationsformationen, nämlich unter Savanne eine mehr oder weniger dicht mit Bäumen bestandene, unter Steppe eine reine Grasflur mit Anpassungen an zeitweilige Trockenheit. Vielfach, besonders auch in geographischen Schriften, werden aber darunter nicht Formationen, sondern Vegetationsgebiete verstanden, und zwar bezeichnet man als Savannen die regenreicheren Gebiete, deren Vegetation nur an kürzere Trockenheit angepaßt ist, als Steppen die regenärmeren mit stärker xerophiler Vegetation. Von botanischer Seite wird empfohlen, den Ausdruck Steppe auf die außertropischen trocknen Grasländer zu beschränken, deren Baumlosigkeit klimatisch bedingt ist. Die baumbestandenen tropischen Grasfluren, die nur bei bestimmter Bodenbeschaffenheit, also ephadisch bedingt, baumfrei sind, sollen Savannen heißen. Wir wollen diese Ausdrucksweise annehmen.

Innerhalb des periodisch trocknen Klimagebiets finden wir jeweils an Wasserläufen eine ganz andere Baumvegetation, die ihr Dasein dem Wasser des Bodens verdankt. Uferwälder oder wenigstens Baumreihen machen die Flußbetten von ferne kenntlich.

Obwohl im Savannengürtel die verschiedenen Vegetationsformationen wie die Klimagürtel in einander übergehen, empfiehlt es sich, drei Stufen zu unterscheiden, die durch wichtige geographische Grenzen voneinander geschieden sind.

a) In den trocknen äußern Teilen der Grasländer mit einem Regenfall von 250 bis 500 mm und 7 bis 9 Monaten Trockenzeit ist der Graswuchs niedrig und lückenhaft, etwa kniehoch; die Bäume sind Dornsträucher. Wir bezeichnen diesen Gürtel als D o r n s a v a n n e. Er entspricht der zone sahelienne der französischen Botaniker und Geographen. Er durchzieht die nördlichen Breiten des Sudan von Senegambien bis zum Roten Meer, Somalland und die Massaisteppe Ostafrikas, die südliche Kalahari und den Großteil von Südwestafrika. Die Dornsavanne ist gutes Weideland, nicht gefährdet durch Tsetsefliege und kaum durch andere Viehkrankheiten. Aber sie ist ohne künstliche Bewässerung nicht anbaufähig. Die Fläche ist mit licht stehenden, sehr reichhalmigen Grasbüscheln, mannigfachen Kräutern und ausdauernden Kleinsträuchern bestanden. Alle diese Wuchsformen sind stark an die Trockenheit angepaßt. Geringe Höhe von 30 bis 50 cm, seltener bis 1 m, setzt sie weniger dem ausdörrenden Winde aus. Die Kleinsträucher haben sehr kleines, meist hartes Laub, das oft mit einem Filz weißer Haare überzogen ist. Meist bilden die dichtgedrängten Zweige geradezu polsterartige Halbkugeln, alles Vorrichtungen, um die Verdunstung einzuschränken. Die Bäume und Sträucher sind fast durchweg Dornbäume, oft von krüppeligem, oft von schirmartigem Wuchs mit äußerst fein gefiedertem Laub. Sie verdichten sich nicht selten zu unübersichtlichem, ja manchmal, besonders auf felsigem Boden, zu undurchdringlichem Dornbusch. Zu den

Charakterpflanzen gehören außer den verschiedenen Akazien auch die bizarren Formen mancher Sukkulenten: Sansevieren, Aloe -und Euphorbienarten, die klotzigen Stämme von Adenia globosa, die in der Trockenzeit wie unförmige Steinblöcke aussehen, in der Regenzeit aber lange Sprosse treiben.

b) In den Landstrichen mit etwa 500 bis 1000 oder 1100 mm jährlichem Regenfall und 4- bis 6-monatlicher Trockenheit ist die Anpassung an die Trockenheit schon weniger extrem. Es sind noch Trockensavannen ohne landeigene Dauerflüsse, aber in der Regenzeit kann Ackerbau getrieben und eine Ernte im Jahr gewonnen werden. Wir haben also, von der Wüste kommend, die Trockengrenze des Ackerbaus überschritten. Es ist die Sudanzone der Franzosen. Außer durch den Sudan zieht sie sich durch Ostafrika und über die ganze Lundaschwelle hin. Von Dornbäumen treten nur noch die oft 12 bis 16 m hohen schirmförmig gewachsenen Akazien auf, untermischt mit dornlosen Bäumen mit größeren Blättern, die in der Trockenzeit abgeworfen werden. Das Gras sprießt in der Regenzeit über mannshoch empor und verdorrt in der Trockenzeit. Man kann also diese Vegetation als tropophil, wechselliebend, bezeichnen. Die vorherrschende Vegetationsformation bei über 800 mm jährlichem Regenfall ist der Trockenwald, in Ostafrika Miombowald genannt. Seine lichten Baumbestände lassen genug Licht auf den Boden fallen, daß dieser eine Grasdecke tragen kann. Die Bäume sind 10 bis 20 m hoch, meist gerade gewachsen, so daß der Trockenwald in vieler Hinsicht an unsere heimischen Laubwälder erinnert. Mancherlei Leguminosenbäume setzen ihn zusammen, besonders Brachystegia- und Berliniaarten. In trockneren Landstrichen herrschen Combretum- und Terminaliaarten vor, untermischt mit Dornbäumen. In vielen Gebieten aber stehen die Bäume so licht, daß man nicht mehr von einem Walde, sondern nur von Baumsavanne sprechen kann. Schirmakazien, besonders Acacia spirocarpa, die Fächerpalmen der Gattungen Borassus und Hyphaene, der Affenbrotbaum gehören zu den Charakterpflanzen dieser Formation. Der Trockenwald bedeckt zusammenhängend fast das ganze südliche Afrika zwischen dem 10. und 20. Grad südlicher Breite und zieht sich von da nach dem südlichen Ostafrika hinein. Im Sudan tritt er dagegen nur fleckenweise auf, wahrscheinlich wegen künstlicher Zurückdrängung des Waldes.

c) Wo 1000 bis 1600 mm Niederschlag im Jahre fallen und nur 2 bis 4 Monate trocken sind, d. h. weniger als 30 mm erhalten, befinden wir uns im feuchten Klimagebiet mit dauernden Bächen und Flüssen; wir haben also die Penck'sche Trockengrenze überschritten. Dieser Gürtel der feuchten Savanne, die zone guinéenne der Franzosen, ist durch den Wechsel von Waldstücken und Grasflächen oft als Parklandschaft ausgebildet. Die lange Regenzeit ermöglicht hier oft zwei Ernten im Jahr, aber die Viehzucht wird durch Krankheiten sehr beeinträchtigt oder unmöglich. Meist ist die Grasflur mehr oder weniger dicht mit einzelnen Bäumen übersät, doch kommen auch reine Grasfluren vor. Das Gras wird 2 bis 3 m, ja in Niederungen 5 bis 6 m hoch und ist von viel gröberer Beschaffenheit als in den trockneren Gegenden. Die Bäume der Feuchtsavanne, mit Ausnahme der Palmen, sind meist nur 8 bis 12 m hoch und haben oft einen krummen, etwas verkrüppelten Wuchs, was von den häufigen Grasbränden herrührt. Die starke, großblättrige Belaubung der Bäume hat hygrophilen Charakter, wird aber in der Trockenzeit abgeworfen. Zu den Charakterpflanzen dieses Gebietes gehören der Schibutterbaum, Butyrospermum Parkii, und die Ölpalme, Elaeis guineensis.

Die dunklen, immergrünen Galeriewälder, welche längs den Flüssen das Grasland durchziehen, setzen sich aus Bäumen des Regenwaldes zusammen, sind aber nicht einfach Ausläufer des Regenwaldgürtels, denn sie fehlen weiten Schwemmlandebenen. Wohl aber tragen die steilwandigen Taleinschnitte Galeriewälder, deren Bäume aber nicht durch den Hauptbach, sondern durch hier aus dem Boden austretende Quellen mit Wasser versorgt werden. Diese Feuchtsavannen und Parklandschaften bedecken den ganzen südlichen Sudan und das Kongobecken etwa zwischen 4 und 10° nördlicher und südlicher Breite sowie die Küstenlandschaften von Ostafrika südlich von etwa 4° s. Br.

4. Der **immergrüne tropische Regenwald** nimmt die äquatornahen feuchttropischen Gebiete ein mit hoher gleichmäßiger Wärme und mehr als 1600 mm jährlichem Regenfall und höchstens zwei Trockenmonaten. Er bedeckt die Nordguineaküstenländer mit einer Unterbrechung an der trockneren Togoküste, ferner Südkamerun, Gabun und das ganze Kongobecken zwischen 4° nördl. und 4° südl. Breite. Ferner tritt er inselartig in Ostafrika auf, am Nordwestufer des Viktoriasees, im Usambara- und Ulugurugebirge sowie an der Ostküste Madagaskars. Die dauernde Feuchtigkeit gestattet im Tropenurwald ununterbrochen üppigste Entfaltung der Vegetation. Die Bäume werden 50 bis 60 m hoch, über ihren schlanken Stämmen, die unten oft durch strebepfeilerartige „Bretterwurzeln" gestützt sind, entfalten sich oben die dichten Laubkronen. Dazwischen stehen niedrigere Bäume und Strauchwerk. Holzige Schlingpflanzen, Lianen, ziehen sich von Baum zu Baum, darunter die kletternde Rotanpalme. Epiphyten sind nicht so häufig, wie oft angenommen wird. Nur die Würgerfeigen, die auf einem Baum zu wachsen beginnen, dann aber mit ihren lang herabhängenden Wurzeln im Boden Fuß fassen, den Wirtsbaum völlig umwachsen und ersticken, sind sehr verbreitet. Sie kommen übrigens bis in die Dornbuschgebiete von Südwestafrika vor. So ist der Raum von unten bis oben mit Pflanzenmassen ausgefüllt. Ungeheuer ist die Zahl der Pflanzenarten — es gibt wohl über 1000 Baumarten im afrikanischen Regenwald — verwirrend die Fülle der Formen. Reine Bestände eines Baumes, wie sie in unsern Wäldern vorherrschen, sind selten. Von unten sind die Baumriesen wegen der großen Höhe der Laubkrone meist gar nicht zu erkennen. Die Holzfäller in Kamerun suchen sich die gewünschten Bäume aus, indem sie sie mit der Axt anschlagen und dann am Geruch erkennen. Durch das Laubdach dringt kaum ein Sonnenstrahl auf den Boden. Das Tierleben von Affen und Vögeln spielt sich in den höchsten Kronen ab, unten scheint der Urwald unbelebt. Der Mensch, der sich auf schmalem Pfade zwischen den Urwaldriesen durchwindet, ohne Ausblick, ohne Übersicht, ohne ein Stück Himmel zu sehen, fühlt sich von der düsteren Schwüle des Waldes bedrückt.

Man hat zu unterscheiden zwischen Urwald und Sekundärwald, der an Stellen, die schon gerodet waren, wieder emporwächst. Im Sekundärwald sprießt das Unterholz so reichlich empor, daß er völlig undurchdringlich ist. Die wertvolle Ölpalme tritt besonders im Sekundärwald auf.

Der Tierwelt bietet der Regenwald gänzlich andere Lebensbedingungen dar, als die Grasländer. Vegetabilische Nahrung ist reichlich vorhanden, aber die horizontale Fortbewegung im Walde ist gehemmt. Zahlreich sind die Vögel, die sich von Waldfrüchten und Insekten nähren. Von Säugern finden wir vornehmlich solche, die ans Baumleben angepaßt sind, die Affen, denen ihre vorzüglichen Kletterorgane, die langen Arme und die Greifhände die Fortbewegung über die Baumkronen ermöglichen. Auch die menschenähnlichen Affen, der Gorilla und der Schimpanse, kommen im Regenwaldgebiet vor. Die grasfressenden Herdentiere, die für schnelle horizontale Bewegung gebaut sind, finden hier keine Stätte. Unter den am Boden lebenden Tieren treffen wir die plumpen Dickhäuter an, die mit der Wucht ihres Körpers das Gehölz durchdringen und deren Haut unempfindlich ist: Elefant, Nashorn und Schwein. Überaus mannigfaltig ist die Kleintierwelt, von der Stechmücken, Ameisen, Wespen, Blutegel u. a. dem Menschen sehr lästig, ja gefährlich werden können. Farbenprächtige Schmetterlinge flattern hoch oben im Sonnenschein zwischen den Blüten der Bäume.

5. Wie die Niederschlagsmengen sind in Südafrika südlich des Trockenwaldgürtels auch die Vegetationsgebiete nicht nach der geographischen Breite angeordnet, sondern folgen von Ost nach West aufeinander. Die feuchtwarme Ostküste trägt Feuchtsavannen, in denen noch Palmen, besonders Phoenix reclinata vorkommen. Dann ist die regelmäßige Aufeinanderfolge der Graslandformationen durch die Höhenlage des Landes unterbrochen, welches am Ostabfall des Binnenhochlandes mit Nebelwald, auf der angrenzenden Hochfläche mit Höhengrasland bedeckt ist. Gegen die Kalahari hin geht dieses Grasland in Dornsavanne über, die auch den größten Teil von Südwestafrika einnimmt. Nach Westen nimmt mit abnehmender Regenmenge auch der Graswuchs

immer mehr ab, wir kommen in die mit fußhohen Kleinsträuchern lückenhaft bedeckte Halbwüste und schließlich längs der Westküste in die Wüste Namib. Die Halbwüste mit ihren Kleinsträuchern, zwischen denen nach stärkeren Regenfällen eine sehr vorübergehende Gras- und Staudenvegetation aufsprießt, ist südlich des Oranje auf den Hochflächen der Karru am breitesten entwickelt. Echte Wüste mit weiten pflanzenlosen Flächen, die aber auch nach Regengüssen ein sehr vergängliches grünes Kleid anziehen können, ist nur der etwa 100 km breite Küstenstrich der Namib.

6. Entsprechend der geringen Ausdehnung der Winterregen in Südafrika ist auch die Macchienvegetation aus immergrünen Hartlaubgehölzen fast ganz auf das südwestlichste Kapland und einen schmalen Streifen an der Südküste beschränkt. Floristisch steht sie, wie erwähnt, dem ganzen übrigen Afrika fremd gegenüber, sie ist hauptsächlich aus Erikazeen und Proteazeen zusammengesetzt, die im Frühwinter einen herrlichen Blütenflor zeigen. Ein Teil des südlichen Küstengebietes zwischen Mosselbai und Port Elizabeth, der das ganze Jahr über ziemlich reiche Niederschläge erhält, trägt immergrünen subtropischen Regenwald, dessen stattliche Podocarpusbäume — eine Conifere, deren Blätter kaum mehr als Nadeln gelten können — dem waldarmen Südafrika wertvolles Nutzholz liefern.

7. Die Insel Madagaskar ist ein tropisches Afrika im Kleinen, insofern als sie alle Übergänge vom üppigen Regenwald der Ost- und Nordseite durch Grasland der verschiedenen Abstufungen bis zu dürftiger Dornsavanne zeigt, die wir im regenarmen Südwesten antreffen.

8. Die regelmäßige Anordnung der Vegetationsgebiete erleidet örtliche Unterbrechung durch Gebiete und Hochländer, die in kühlere und regenreichere Höhen hinaufreichen. Die Vegetation erinnert hier mehr an die gemäßigte Zone. Der tropische Regenwald geht in größerer Höhe — um 1000 m — in den tropischen Gebirgsregenwald über, der noch ungefähr denselben Vegetationscharakter hat, in dem aber andere Bäume auftreten, darunter Nadelhölzer wie die der Eibe verwandte Gattung Podocarpus und der Riesenwachol-

der Juniperus procera. Über dem Gebirgsregenwald folgt der ebenfalls immergrüne Nebel- oder Höhenwald, der in der Höhe, wo fast dauernd eine Wolkenschicht an den Bergen hängt, etwa in 2000 bis 3000 m, die Berge umgürtet. Auch im Savannengürtel bekleidet in dieser Höhe Nebelwald die Gebirge, z. B. den Kilimandjaro und den Kenya. In den trockneren Gebieten ist der Nebelwald oft nur auf der Regenseite vorhanden. Größere Ausdehnung gewinnt er im abessinischen Hochland, in den Hochländern der Kenyakolonie beiderseits des ostafrikanischen Grabens und in den Drakensbergen Südafrikas.

Obwohl die Regenmengen im Nebelwald nicht so groß sind, wie man dachte, ist der Wald fast dauernd triefend naß Die Bäume erreichen nicht mehr die gewaltige Höhe wie im Tiefland; dichter Unterwuchs von Sträuchern und Hochstauden, wie Brombeeren und Malvenarten, bedeckt namentlich in Lichtungen den Boden. Baumfarne und sehr zahlreiche Epiphyten treten auf. Oft sind Baumstämme und Äste geradezu überzogen von einem in Moos und Flechten gebetteten Blumengarten. In Ostafrika ist der Höhenwald oft von einer bis 17 m hohen Bambusart, Arundinaria alpina, dicht durchsetzt und dann völlig undurchdringlich.

9. Die Hochgebirgsvegetation über dem Walde ist je nach der Feuchtigkeit recht verschieden ausgebildet. Hier ist es Krummholz, besonders von Erica arborea, dort sind es saftgrüne Matten, stellenweise die bizarren Gestalten von Riesensenecien und Schaftlobelien, vielfach auch trocknere Grasfluren. Weißfilzige Strohblumen (Helichrysumarten) pflegen zahlreich dazwischen zu stehen. Höher oben bilden diese und andere Stauden halbkugelige blühende Polster, die immer lückenhafter den Boden bedecken, bis in etwa 4500 m der Pflanzenwuchs ganz aufhört und höchstens noch kleine Flecken bunter Flechtenkrusten an den Felsen haften.

Wesentlich ausgedehnter als der Nebelwald ist eine trocknere Form der Hochgebirgsvegetation, Höhengrasland, das meist als Hochweideland bezeichnet wird. Das 2 bis 3 Fuß hohe Gras, dem viele Kräuter und Stauden eingestreut sind, ist nahezu das ganz Jahr grün, da die Trockenzeit sehr eingeschränkt ist. Das Futa-Djallonhochland im Französisch-Guinea, das Gebirgsland des südlichen Adamaua in Kamerun, die Hochflächen Abessiniens, die Hochländer der zentralafrikanischen, der ostafrikanischen und der Njassaschwelle und manche Hochländer in Katanga werden von solchen Hochweiden eingenommen. Auch das Hochfeld der Oranjekolonie und des südlichen Transvaals dürfen wir dazu rechnen, wenn es auch schon etwas xerophilen Charakter hat. Natürlich gibt es mannigfache Übergänge zwischen dem Grasland der tieferen Gebiete und diesen Hochweiden.

10. Aber nicht nur das Klima, sondern auch durch den Boden wird der Vegetationscharakter bestimmt, und manche Besonderheiten des Standorts bringen eine von der sonst in der Gegend herrschenden völlig abweichende Vegetation hervor, die dann auch ihre besondere Tierwelt hat.

a) Der Uferwälder wurde bereits gedacht. An den Ufern stehender Gewässer oder in Überschwemmungsgebieten mit sehr geringer Strömung gedeiht eine Sumpfvegetation von Schilf, Papyrus und Ambatschbäumen, durch welche seichte Seen mehr und mehr verlanden. Der Tschadsee, der Bangweolosee und besonders das Gebiet am obern Weißen Nil und dem Bahr el Chasal sind die größten derartigen Sumpfgebiete. Die Seen und Sümpfe sind der Schauplatz reichsten Tierlebens. Manche Seefläche ist mit Millionen von Wasservögeln besetzt. Hier finden wir den Marabu, den Kronenkranich und mannigfache Enten und Taucher. Die Flamingos kommen nur in den Salzseen vor. Flußpferde und Krokodile bewohnen innerhalb der Tropenzone Afrikas und an manchen Stellen darüber hinaus alle dauernden genügend tiefen und nicht salzigen Flüsse und Seen. Im Dickicht der Sümpfe birgt sich der mächtige Büffel, ein echtes Sumpftier, ferner manche Antilopenarten, wie der Wasserbock, die durch breite Hufe den Sumpf zu durchwaten befähigt sind. Als Brutstätten der das Malariafieber übertragenden Moskitos und der Schlafkrankheitsfliegen sind die versumpften Ufer dem Menschen gefährlich.

b) Wo der Boden stärker salzhaltig ist, wie namentlich in der Umgegend abflußloser Seen, vermögen nur wenige Pflanzenarten zu existieren. Es sind Sträucher mit kleinen fleischigen Blättern und salzigem Saft, meist den Gattungen Suaeda und Salsola angehörig, die über den kahlen Boden zerstreut die Salzvegetation bilden.

c) Schließlich müssen wir noch der Mangrovengehölze gedenken, die an tropischen Meeresküsten mit feinkörnigem Boden dicht belaubte, immergrüne Dickichte von 5 bis 15 m Höhe bilden. Sie bestehen hauptsächlich aus Bäumen der Gattungen Rhizophora und Avicennia. Zur Flutzeit stehen sie im Wasser, zur Ebbezeit auf dem trocknen Strande. Durch ein manchmal undurchdringliches Gewirr und Stelzwurzeln sind sie im Boden verankert. Viele Mangrovenarten treiben aus dem Boden senkrechte Wurzelenden in die Höhe, die zur Ebbezeit der Atmung dienen.

3. Die Veränderung der Vegetation durch den Menschen

Wir haben im vorigen Kapitel gesehen, welche verheerenden Folgen für die Fruchtbarkeit und den Wasserhaushalt Afrikas diese menschlichen Eingriffe in die natürliche Vegetation haben, wenn sie diese so sehr schwächen oder zerstören, daß der Boden abgespült wird.

Siebentes Kapitel. Afrikas Eignung als Lebensraum

Nachdem wir die verschiedenen Naturerscheinungen kennen gelernt haben, die zusammen die afrikanische Landschaft bilden — Klima, Relief und Boden, Gewässer, Pflanzen- und Tierwelt — fragen wir uns, wie sich Afrika als Lebensraum eignet, inwiefern der Erdteil das menschliche Leben fördert oder hemmt. Die Grunderfordernisse menschlichen Daseins sind, daß der Mensch das Klima vertragen kann, daß er seine Nahrung und die Naturrohstoffe für den sonstigen Lebensbedarf findet oder sich beschaffen kann, daß er sich schützen kann gegen Feinde. Es dient der Entfaltung der Kultur, wenn Verkehr mit andern Menschen oder Völkern das Dasein bereichert und Anregungen bringt. Je nachdem der Lebensraum mehr oder weniger bewohnbar, zugänglich und wegsam, fruchtbar ist, je nachdem er Sicherheit, Naturgaben und Anregungen bietet oder durch zerstörende Kräfte Leben und Besitz des Menschen schädigt, kann das menschliche Leben sich mehr oder weniger reich entfalten.

1. Bewohnbarkeit

Bei der Frage der Bewohnbarkeit handelt es sich um zweierlei: 1. Kann der Mensch das Klima aushalten? 2. Findet er seine Nahrung, seinen Lebensunterhalt? In keinem Teil Afrikas, vielleicht von den höchsten Berggipfeln abgesehen, schließt das Klima als solches menschliche Besiedelung aus. Die Bewohner der Oasen, z. B. Ägyptens, deren Klima dasselbe ist, wie das der angrenzenden Vollwüsten, beweisen, daß das Wüstenklima nicht nur zu ertragen, sondern im ganzen gesund ist. Daß die Vollwüsten unbewohnbar sind, die Steppen ohne Ackerbaumöglichkeit nur eine sehr spärliche Bevölkerung von weniger als 1 Einwohner/qkm tragen können, liegt an der Unmöglichkeit der Nahrungsgewinnung; es ist eine Frage der natürlichen Produktivität, die wir später erörtern werden. Die an das Tropenklima angepaßte Negerrasse kann auch im feuchten Tropenklima dauernd leben und arbeiten. Der Weiße kann das nicht, der Mittel- und Nordeuropäer noch weniger, wie der Südeuropäer, der auch in seiner Heimat im Sommer tropische Temperaturen erlebt. Die Frage der Bewohnbarkeit Afrikas stellt sich daher vor allem für die europäischen Kolonisatoren. Die Erfahrung, daß die Weißen in vielen Tropengegenden in kurzer Zeit dahinsterben, ließ von einem „mörderischen Tropenklima" sprechen. Wir wissen heute, daß die Krankheiten, denen sie erlagen, wie Malaria, gelbes Fieber, Schlafkrankheit, Dysenterie und andere, nicht unmittelbare Klimawirkungen, sondern Infektionskrankheiten sind. Die moderne Medizin hat ihre Natur, ihre Erreger und Überträger und ihre Bekämpfung kennen gelernt. Man ist heute der Überzeugung, die z. B. bei den Erörterungen der kolonialen Sektion des internationalen Geographenkongresses zu Amsterdam 1938 immer wieder ausgesprochen wurde, daß nicht nur die Krankheit bei frühzeitiger Behandlung geheilt werden kann, sondern daß wir im Stande sein werden und es nur eine Frage der Kosten und der Zeit ist, immer größere Landstriche zu sanieren, d. h. die Krankheiten zum Aussterben zu bringen. Es bleiben die „reinen Klimawirkungen" auf den Organismus des Weißen. Da hat sich gezeigt, daß die Tropenanämie, der Mangel an roten Blutkörperchen und die blasse Hautfarbe der Europäer in Tropenländern eine Folge überstandener Malaria ist, also keine direkte Klimawirkung. Sehr optimistische Ärzte sind soweit gegangen, zu behaupten, reine Klimawirkungen gäbe es nicht, alle Schäden der Gesundheit seien Folgen überstandener Infektionskrankheiten, also vermeidbar. Sie erwarten, daß mit völliger Bekämpfung der Infektionskrankheiten und Sanierung der Tropenländer auch der Europäer dort nach einiger Anpassung leben und arbeiten können wird, wie in der Heimat.

Demgegenüber muß man doch wohl sagen: selbst wenn ohne Infektionen keine krankhaften Veränderungen des Körpers stattfinden, so ist doch das Tropenklima für den Europäer schwer zu ertragen, seine Arbeitsfähigkeit in den Tropen ist vermindert. Bei großer Hitze und feuchter Luft vermag der Körper die nötige Abkühlung schwer zu erlangen. Man schwitzt stark, aber in der feuchten Luft verdunstet der Schweiß so wenig, daß sich die Haut kaum abkühlt und die Gefahr der Wärmestauung und des Hitzschlags eintritt. Starke körperliche Arbeit vermehrt die Erhitzung und die Gefahr. Der Europäer muß sich schonen. Wohl kann ein gesunder Europäer bei gesunder, luftiger Wohnung, Vermeiden von Anstrengung in den heißen Tagesstunden, angemessener Ernährung, kurz bei vorsichtiger Lebensweise heute längere Zeit, in leidlich sanierten Orten vielleicht dauernd in den Tropen leben ohne wesentlichen Schaden. Aber das alles setzt einen hohen Lebensstandard des einzelnen und fortgeschrittenen Kultivierung des Wohnorts voraus. Der Europäer ist eine Treibhauspflanze in den Tropen. Eine Massenansiedlung von Weißen in den Tropen Afrikas kommt neben sozialen und wirtschaftlichen Gründen auch klimatisch nicht in Frage. Das tropische Afrika ist kein Einwanderungsland für Europäer.

Infolge der großen klimatischen Verschiedenheiten ist Afrika in sehr ungleichem Grade für Weiße bewohnbar. Mit fortschreitender Sanierung mögen sich diese Unterschiede etwas abschwächen, verschwinden werden sie aber nie.

Die Subtropen Nord- und Südafrikas mit ihrer kühlen Jahreszeit sind für den Südeuropäer fast das gleiche Klima, wie das seiner Heimat, für den Mitteleuropäer ein Klima, das ihm Arbeit im Freien und daher Dauerbesiedelung erlaubt, wenn auch der heiße Sommer in Küstennähe bei feuchter Luft oft unangenehm ist. Nur im subtropischen Nord- und Südafrika sind auch schon bisher Europäer in großer Zahl und zwar auch als Bauern ansässig. Dennoch sind sowohl Nord- wie Südafrika Mischkolonien geblieben, in denen die Zahl der Eingeborenen die der Europäer um ein Mehrfaches übertrifft. Sie sind nicht ein Land europäischer Bevölkerung geworden, wie Nordamerika und Australien.

Das Wüstenklima ist auch für den Europäer gut zu ertragen. Die großen Temperaturschwankungen regen den Körper an, die hohen Sommertemperaturen sind bei der trockenen Luft viel besser zu ertragen, als weit niedrigere bei feuchter Luft, weil die Verdunstung des Schweißes die Haut abkühlt. Man wird nie naß durch den Schweiß, da er sofort verdunstet. Auf der Haut bleibt eine Salzkruste zurück. Gegen die starke Strahlung, auch gegen Kälte kann man sich leicht durch die Kleidung schützen. Auch ist das Trockenklima geradezu ein Heilmittel gegen Tuberkulose. Nur wo das Wüstenklima mit großer Luftfeuchtigkeit verbunden ist, wie in den Küstenstrichen des Roten Meeres und des Golfes von Aden, da ist es wegen der hohen Temperaturen noch schwerer zu ertragen, als das feucht tropische Klima, wo das Thermometer nicht so hoch steigt. In dem hinsichtlich der Temperatur milden Küstenstrich von Südwestafrika ist Swakopmund ein beliebter Erholungsaufenthalt für ganz Südwestafrika.

Was die afrikanischen Tropen anbetrifft, so muß betont werden, daß sie in sehr ungleichem Maße für Weiße bewohnbar sind. Schwer zu ertragen sind ja die hohen Temperaturen bei feuchter Luft, also in der Regenzeit. Auch die Infektionen mit Tropenkrankheiten, namentlich mit Malaria, treten besonders in und kurz nach der Regenzeit auf.

Im allgemeinen ist daher das dauernd feuchte Tropenklima des Tieflandes das ungesundeste. Hierzu gehört der äquatoriale Gürtel des Kongobeckens und der Guineaküste.

Je längere Trockenzeiten sich einschalten, desto geringer wird die Gefahr der Infektion mit Malaria, desto erträglicher auch die Temperatur, zumal in der Trockenzeit auch stärkere Abkühlung eintritt. Im periodisch trocknen Klima der äußeren Tropen, also im Sudan, Angola, dem südlichen Belgischen Kongo, Nordrhodesien und im Innern Ostafrikas kann der Weiße länger sich aufhalten ohne Schädigung seiner Gesundheit. Die kühle Zeit ist angenehm, die heiße Zeit vor dem Regen durch ihre besonders hohen Temperaturen sehr unangenehm, die Regenzeit bringt eine gewisse Entspannung und Erleichterung, aber vermehrte Infektionsgefahr.

In größerer Meereshöhe ist die Temperatur niedriger — durchschnittlich um ½ Grad auf 100 m Anstieg — und daher erträglicher. Die Hochländer Ostafrikas, der Lundaschwelle und kleinere Flächen der Guineaschwelle, die meist über 1000 m hoch liegen, sind für den Europäer weit günstiger, als das Sudantiefland und das Kongobecken. Doch erst in größerer Höhe, vielleicht 1500 bis 2500 m ist das Klima angenehm, kann der Weiße auch im Freien körperlich angestrengt arbeiten und als Bauer leben. Höhen über 1500 m sind auch meistens fieberfrei. Man kann aber weder eine bestimmte Höhe noch eine bestimmte Mitteltemperatur angeben, wo die gesundheitlichen Schäden aufhören. Für das Auftreten der Malaria ist namentlich das Vorhandensein von Tümpeln entscheidend, die den Überträgern des Fiebers, den Anophelesmücken als Brutstätten dienen.

Da mit zunehmender Meereshöhe der Luftdruck und die Dichte der Luft abnehmen, so muß man in der Höhe dauernd ein größeres Luftvolumen einatmen. Das erfordert vermehrte Herztätigkeit und darauf ergeben sich Herzbeschwerden, die z. B. in Südwestafrika häufig sind.

Das über die verschiedenen Tropenklimate Gesagte gilt nur im allgemeinen und in großen Zügen. Je nach der Örtlichkeit sind im einzelnen die Lagen sehr verschieden. Wo stehende Tümpel oder sumpfige Stellen vorhanden sind, da ist auch in der Trockenzeit und in größerer Meereshöhe noch Malariainfektion zu befürchten. Luftige Lagen, z. B. auf einem Hügel, verringern die Infektionsgefahr und mildern die Hitze.

2. Zugänglichkeit und natürliche Wegsamkeit

Wir haben schon Seite 9 bis 11 erörtert, inwiefern Afrikas Weltlage zu andern Kontinenten, das Hereinkommen von Menschen fördert. Über die Meer- und Landengen von Gibraltar, Sizilien, Sues, Bab-el-Mandeb haben sich schon in der Vorzeit Völkerwanderungen vollzogen; durch das Mittelmeer und das Rote Meer, mit Hilfe des jahreszeitlich wechselnden Monsuns auch über den Indischen Ozean, ging der Fernverkehr schon im Altertum. Die atlantischen Küsten Afrikas und die südlichen Teile der Ostküste wurden erst durch die europäische Ozeanschiffahrt seit dem Zeitalter der Entdeckungen zugänglich.

Die Zugänglichkeit des Kontinents von außen hängt weiter ab von der Küstenbeschaffenheit. Die heftige Brandung, die „Kalema", macht an der ganzen atlantischen Küste das Landen schwierig. Manches Landungsboot ist dabei untergegangen. Es war eine der ersten Aufgaben der modernen europäischen Kolonisation an der Guineaküste, überall Landungsbrücken ins Meer hinaus zu bauen, damit die Leichter nicht durch die Brandung mußten, sondern an der Brücke anlegen und ausladen konnten.

Auch die Hafenarmut Afrikas, die Hafenlosigkeit sehr langer Küstenstriche erschwert die Landung, desgleichen an Stellen mit kaltem Auftriebwasser wie der marokkanischen und der südwestafrikanischen Küste der häufige Nebel.

Mehr als diese Schwierigkeiten des Landens hat wohl die abschreckende Natur der Küstenstriche die Europäer noch so lange nach dem Zeitalter der Entdeckungen davon abgehalten, in Afrika Fuß zu fassen. Riesige Küstenstriche Afrikas im Westen der Sahara, in Südwestafrika, am Roten Meer sind Wüsten. Andere an der Guineaküste und in Ostafrika sind ungesund, teilweise versumpfte tropische Tiefländer, wo die landenden Weißen gar bald den Tropenkrankheiten erlagen. Und schließlich sperrten feindliche Eingeborene den Weg nach dem Innern, in Nordafrika die christenfeindlichen Mohammedaner, in Kamerun und an andern Stellen der Guineaküste Neger, die den Handel mit dem Innern selbst in der Hand behalten wollten.

Die Wegsamkeit oder anders ausgedrückt, der Widerstand, den die Natur dem Verkehr des Menschen entgegensetzt, ist verschieden je nach den Verkehrsmitteln. Der afrikanische Kontinent ist überwiegend Flachland; das ist günstig ebenso sehr für den Trägerverkehr wie für den Bau von Eisenbahnen, Autostraßen und Flugplätzen. Verkehrshemmende Gebirgslandschaften, die aus den Flächen aufragen, sind oft von geringerer Ausdehnung und können umgangen werden, so z. B. der höchste Berg Afrikas, der Kilimandscharo, dessen größter Durchmesser 90 km beträgt. Ausgedehntere Gebirgslandschaften beeinflussen den Verkehr je nach ihrer Steilheit. Das Atlasgebirge, namentlich der Saharaatlas ist ziemlich durchgängig, das abessinische Hochland ist durch sehr tiefe und steile, schwer überschreitbare Täler in einzelne Hochflächen zerteilt.

Die lang hinziehenden, gebirgig zerschnittenen Steilstufen, sei es die des ostafrikanischen Grabensystems oder die Randstufe, die das südafrikanische Binnenhochland umrahmt, sind beträchtliche Hindernisse, die z. B. in Ostafrika dazu beitragen, die Völkerwanderungen in die meridionale Richtung zu lenken. Wohl können Eisenbahnen, wie die Ugandabahn und die von den Häfen Südafrikas ins Binnenland führenden Bahnen sie überschreiten und wegsam machen, aber nicht nur die Anlage, sondern auch der Betrieb der Bahn wird dadurch kostspielig. Mit die größten Hindernisse des Reliefs sind die tiefen, steilwandigen Schluchten, wie die des Sambesi, des Oranje oder die Durchbruchsschlucht des Kongo.

Afrika hat gewaltige schiffbare Ströme, den Niger, den Nil, den Sambesi, den Kongo, der mit seinen Nebenflüssen ein Netz von 15 000 km, ja einschließlich der Schiffahrt auf kleinen Booten 28 000 km Wasserstraßen bildet. Und doch ist der Wert dieser Wasserstraßen für die Erschließung des Kontinents beschränkt, denn es sind Hochlandflüsse, die, bevor sie das Meer erreichen, die Randschwellen des Kontinents durchbrechen und dabei Stromschnellen und Wasserfälle bilden, die Schiffahrt unterbrechen. Auch kleinere schiffbare Flüsse pflegen immer wieder durch Stromschnellen unterbrochen zu sein, so daß sie nur dem örtlichen Verkehr dienen können. Im Gegensatz zu den großen Strömen Südamerikas bieten die afrikanischen daher keinen Schiffahrtsweg von der Küste nach dem Innern. Das ist einer der Gründe für die späte Entschleierung Afrikas. Erst im Jahre 1876 konnte Stanley das äquatoriale Afrika durchqueren, indem er den Kongo hinunterfuhr. Die entsprechende Entdeckertat in Südamerika hat Francesco de Orellana schon im Jahre 1541 ausgeführt, indem er von Peru aus den Amazonenstrom hinabfuhr bis zur Mündung.

Die großen ostafrikanischen Seen, ganz besonders der Viktoriasee, auf dem zehn Dampfer verkehren, haben als Dampferwege eine gewisse regionale Bedeutung, aber auch ihnen fehlt der schiffbare Wasserweg, der sie mit dem Meere verbindet. Sie mußten erst durch Eisenbahnen dem Weltverkehr angeschlossen werden, dem sie nun als Zubringer dienen. Die meisten der großen, gewöhnlichen äußerst flachen Salzseen Ostafrikas kommen als Schiffahrtswege überhaupt nicht in Frage, da sie selten auch nur für ein Boot genügend Tiefe haben und oft völlig austrocknen. Ob überflutet oder zu Salzwüsten ausgetrocknet, sie sind nur Verkehrshindernisse.

Fast noch mehr als das Relief bestimmt die Bodenbeschaffenheit und die Vegetationsdecke die natürliche Wegsamkeit. Dünensand, der ja nicht auf die Wüsten und sehr schmale Küstenstriche beschränkt ist, sondern mit einem Pflanzenkleid überzogen im nördlichen Sudan und in der

Kalaharisteppe Südafrikas große Flächen bedeckt, behindert sehr die Fahrt, sei es der Ochsenwagen, sei es der Autos. Bahngeleise, die durch kahle Dünen führen, wie auf kurzer Strecke die Eisenbahn von Lüderitzbucht nach dem Innern Südwestafrikas, sind der Verschüttung mit Flugsand ausgesetzt und müssen dagegen geschützt werden. Die Autopfade der Sahara meiden die großen Dünengebiete; um Sandflächen geringer Ausdehnung zu überqueren, hat man besondere Wüstenautos konstruiert, mit Raupenantrieb der Räder.

Der tropische Regenwald behindert den Verkehr außerordentlich, selbst den einfachsten Fußverkehr. Der Wald ist in der Regel so dicht, daß man ohne Buschmesser ihn nicht durchdringen kann, dazu vielfach noch sumpfig. Die selbst auf kürzeste Entfernung mangelnde Sicht erschwert das Zurechtfinden; man kann sich leicht verirren und ist dann verloren. Darum sind die Flüsse und Bäche die Verkehrswege in Urwaldländern, auf denen aber Krokodile und Flußpferde die Fahrt mit Einbäumen und kleinen Booten gefährden. Die riesigen Waldflächen des äquatorialen Afrika sind daher natürliche Sperrgebiete, die von den Völkerwanderungen umgangen wurden.

Auch die Wüsten, wo keine Vegetation den Fuß und die Sicht behindert, hemmen den Verkehr schwer durch Wasser- und Nahrungsmangel. Von Oase zu Oase mußten sich die Karawanen hindurchtasten. Nur das Kamel mit seiner Fähigkeit, viele Tage zu dursten, vermochte die langen Strecken zwischen den Oasen zu überbrücken. Nicht das Mittelmeer, sondern der 2000 km breite, den ganzen Kontinent durchquerende Sperrgürtel der Sahara hat Europa vom tropischen Afrika, die Weißen von den Negern getrennt. Es ist aber zu beachten, daß in der Frühzeit des Menschengeschlechts das Klima feuchter, die Sahara bewohnt und für Menschen, Pflanzen- und Tierwelt durchgängig war.

Der Graslandgürtel, die vielfältig abgestufte Savanne des periodisch trocknen Tropenklimas, ist von Natur durchgängig, umso mehr als das Gras zeitweise abgebrannt zu werden pflegt. Zwar sind diese tropischen Grasländer nur auf beschränkten Flächen reine Grasfelder; sie sind mit

Bäumen und Gehölzen, sei es Trockenwald oder Dornbusch durchsetzt. Diese Gehölze sind aber meist licht, am Boden mit Gras bewachsen und gut gangbar. Flächen dichten Dornbuschs sind sehr hinderlich, aber meist von geringer Ausdehnung. In den Savannen und Trockenwäldern verhindert das Vorkommen der Tsetsefliege, die die Nagana-Krankheit des Viehs überträgt, die Benutzung von Reit-, Saum- und Zugtieren. Aus diesem Grunde ist im tropischen Afrika die Trägerkarawane das wichtigste Mittel des Güterverkehrs gewesen. In den Steppen spielt der Lastesel eine Rolle, im Sudan als Reittier das Pferd. In Südafrika haben die Buren in dem mit 6 bis 10 Paar Ochsen bespannten Lastwagen ein Verkehrsmittel gefunden, das auch unter schwierigen Verhältnissen durchkommt.

Jetzt sind diese einheimischen Verkehrsmittel mehr und mehr durch das Auto ersetzt, das in der Trockenzeit auch auf einfachen Naturwegen oder weglos fahren kann. In der Regenzeit allerdings, wo der Boden durchweicht ist und viele Niederungen überschwemmt sind, ist der Verkehr meist völlig unterbrochen.

Im ganzen tropischen Afrika gibt es viele große und kleine Sümpfe. Sie verhindern den Land- und den Wasserverkehr meist vollständig. In manchen kann man sich mit schmalen Einbäumen zwischen dem Röhricht hindurchwinden. Aber sie sind, wenn auch manchmal sehr groß, doch von beschränkter Ausdehnung und können umgangen werden.

Wenn auch die mangelnde Zugänglichkeit und Wegsamkeit die Entschleierung Afrikas sehr lange aufgehalten hat, so stellen sie doch der Erschließung durch moderne Verkehrsmittel, Eisenbahnen, Dampfer, Autos und Flugzeuge keine unüberwindlichen Schwierigkeiten entgegen. In vielen Gegenden, besonders in flachen Grasländern, können ausreichende Verkehrswege mit Leichtigkeit hergestellt werden.

3. Sicherheit vor Feinden

Gegen seine Feinde muß der Mensch sich selbst verteidigen. Aber die Natur erleichtert die Verteidigung hier, erschwert sie dort. Schwer zugängliche Gegenden und Orte bieten den Vorteil größerer Sicherheit vor Feinden. Bei Naturvölkern und Kulturvölkern, solange sie noch keine weittragende Waffen haben, spielt die Schutzlage für Ansiedlungen, eine wichtige, oft entscheidende Rolle, der andere Vorteile geopfert werden. Die Berberdörfer im Atlas, besonders in der Kabylei liegen stets auf den Bergkämmen und Gipfeln, obwohl das Wasser für den täglichen Gebrauch aus den Tälern oder von Quellen des Hanges mühsam heraufgetragen werden muß. In den so gangbaren, oft von Kriegerscharen zu Fuß oder zu Pferde durchzogenen Steppen des Sudans sind die Inselberge und -gebirge weniger diesen Kriegsstürmen ausgesetzt und bilden daher beliebte Rückzugsgebiete, in die die Schwächeren sich flüchten. Sie sind daher trotz erschwerten Anbaus oft dicht bevölkert und von vielerlei Völkern und Volkssplittern besetzt, z. B. das Mandaragebirge Kameruns. Am Tana- und am Panganifluß Ostafrikas bieten die Flußinseln beliebte Schutzanlagen. Man kann die Dörfer leicht vor nächtlichen Überfällen der Massai und anderer Nomadenvölker schützen, indem man nachts den ans Ufer führenden Steg durch Wegnehmen eines Balkens unterbricht. Selbst Sümpfe bilden Rückzugsgebiete für kleine Völkchen. Sie müssen da höchst dürftig leben in Schilfhütten, die auf Flößen aufgebaut und mit Einbäumen zwischen den Schilfbeständen hindurch erreichbar sind. Sie nähren sich hauptsächlich von Wurzeln gewisser Wasserpflanzen. Die Tanekwe-Buschmänner im sumpfigen Okavangodelta, die Batwa und Waunga im Bangweolosumpf und die Awatwa im Lukangasumpf Nordrhodesiens leben unter solchen Bedingungen.

Es ließen sich noch mancherlei Beispiele von Schutzlagen aufzählen. Ausgedehntere Rückzugsgebiete, die unwirtlich und von stärkeren Stämmen wenig begehrt sind, aber kleine Horden primitiver Naturvölker vortrefflich verbergen, sind der tropische Regenwald des Kongobeckens, in dem sich die vielen Splitter von Pygmäenvölkern erhalten haben, oder die sehr wasserarme Kalaharisteppe, wo die Buschmänner hausen.

Bietet eine größere Landschaft nicht nur durch Unzulänglichkeit Schutz vor Feinden, sondern außerdem auch reiche Ernährungs- und Lebensmöglichkeiten, so kann sich da, ungestört durch Feindwirkungen, eine höhere Kultur und ein starkes Volk entwickeln, das von seiner Heimat aus Kriegszüge in die Umgebung unternimmt und andere Völker unterwirft. Ein solches Festungsgebiet, wie Passarge es genannt hat, ist das abessinische Hochland, vielleicht das beste Beispiel der Welt. Hier ist das abessinische Reich erwachsen, fast so alt wie das chinesische, wenn auch von sehr wechselnder Machtfülle. Hier hat das Christentum dem Ansturm des Islams getrotzt, der es im ganzen übrigen Nordafrika und Vorderasien überrannte; während die Europäer sich Afrika unterwarfen, blieb Abessinien bis in die Zeit des Völkerbundes von europäischer Herrschaft frei. Auch das Basutoland Südafrikas und das Zwischenseengebiet Ostafrikas mit ihrer dichten Bevölkerung können als solche Festungsgebiete angesehen werden.

4. Fruchtbarkeit

In welchem Grade ein Land dem Menschen als Lebensraum dienen kann, hängt wohl in erster Linie ab von seiner natürlichen Erzeugungskraft, seiner Fruchtbarkeit. Denn diese bestimmt, wieviel Nahrung gewonnen werden kann, und wieviele Menschen von dem Land leben können. Die Fruchtbarkeit hängt ab vom Klima und vom Boden. Bei einer Übersicht über den Kontinent können wir nur die Verteilung der klimabedingten Fruchtbarkeit berücksichtigen, zumal auch wesentliche Züge der Bodenbeschaffenheit vom Klima abhängen. Die je nach Gestein und Böschung auf kleinstem Raum wechselnde Bodenbeschaffenheit muß hier außer Acht bleiben.

Wärme und Wasser sind die in erster Linie für das organische Leben maßgebenden Klimafaktoren. Von den höchsten Gebirgslagen abgesehen reicht in Afrika die Wärme überall und zu jeder Jahreszeit aus zur Entfaltung des Lebens. In den kühlsten geographischen Breiten Afrikas, im subtropischen Winterregenklima, ist gerade der kühle Winter die Wachstumszeit, der dürre Sommer die Zeit der Vegetationsruhe. Entscheidend für das Gedeihen der Pflanzen- und Tierwelt ist daher das Wasser. Nur die feuchten Jahreszeiten ermöglichen das Wachstum der Pflanzen, die Trockenzeiten sind Perioden der Ruhe. Je mehr Wasser zur Verfügung steht, desto üppiger kann die Pflanzenwelt gedeihen. Die natürliche Vegetation in ihrer Abstufung vom tropischen Regenwald bis zur Wüste zeigt genau die klimatische Fruchtbarkeit an. Sie ist annähernd proportional der Regenmenge. Es scheint, daß nur die Gegenden überreichen Regenfalls — mehr als 2 m im Jahr — von dieser Regel auszuschließen sind. H. Walter hat durch Messungen im Weideland Südwestafrikas erwiesen, daß im Klimabereich von 100 bis 600 mm jährlichen Regenfalles die von der natürlichen Pflanzenwelt erzeugte Trockensubstanz tatsächlich proportional der Regenmenge ist. Die jährliche Produktion frischer organischer Substanz schätzt Vageler in seiner tropischen Bodenkunde für die ackerbaufähigen trockenen Savannen, die einen Regenfall von 500 bis 1100 mm empfangen, auf 30 Tonnen je Hektar, für die Feucht-Savannen mit 1100 bis 1500 mm auf 50 to, für den Regenwald auf 100 bis 200 to/ha.

Was die Fruchtbarkeit des Bodens anbetrifft, so sei nochmals betont, daß sie von Ort zu Ort auf kleinstem Raum wechselt. Nur eine örtliche Bodenuntersuchung kann verläßliche Auskunft darüber geben, was an einer bestimmten Stelle angebaut werden kann und welche Maßnahmen der Düngung und Bodenbearbeitung dazu erforderlich sind. Allgemein sei hier folgendes hervorgehoben: In allen anbaufähigen Klimagebieten Afrikas sind große Flächen vom Anbau ausgeschlossen, die einen, weil der Boden zerstört und abgespült ist, die andern weil sie versumpft sind, wieder andere in Gebirgen, weil sie zu steil sind. Die geringe Produktivität der Trockenländer, die völlig mangelnde der Wüsten beruht nicht auf unfruchtbarem Boden, sondern auf Mangel an Wasser. Bei künstlicher Bewässerung geben sie daher gute Erträge.

Eine besondere Frage, vielleicht die für die Zukunftsmöglichkeiten Afrikas, soweit sie von den Naturgrundlagen abhängen, allerwichtigste, ist die nach der Erzeugungskraft des tropischen Regenwaldgebiets. Bei hoher Wärme und Feuchtigkeit das ganze Jahr hindurch entfaltet sich hier die natürliche Pflanzenwelt am üppigsten und mannigfaltigsten. Manche tropische Regenwaldgebiete, z. B. am Kamerunberg, namentlich aber in Java haben sich auch für den Anbau von Kulturpflanzen als außerordentlich fruchtbar erwiesen. Ohne Rücksicht auf die Jahreszeit kann hier jahraus jahrein gesät, gepflanzt und geerntet werden. Diese Tatsachen haben zu der Ansicht verleitet, daß man im Regenwaldgebiet überall die größten Erträge erzielen könne. In Westjava wird in rein landwirtschaftlichen Gebieten eine Bevölkerungsdichte von 400 Einwohner auf den Quadratkilometer erreicht. Daraufhin nahm A. Penck an, daß bei bester Kultivierung die Regenwaldgebiete allgemein eine Bevölkerungsdichte von 200 Einwohner/qkm tragen könnten. Hollstein errechnete auf Grund der Ernteerträge gut kultivierter Regenwaldlandschaften für die Gebiete mit Daueranbau sogar eine Volksdichte von 145 bis 542 Einwohner/qkm. Nehmen wir als Durchschnitt 350 Einwohner/qkm, so würden die heute so dünn bevölkerten Regenwaldländer Afrikas 1400 Millionen Menschen ernähren können, das Siebenfache der heutigen Gesamtbevölkerung des Kontinents.

Leider hat sich aber gezeigt, daß diese Rechnung von irrigen Voraussetzungen ausgeht. Wohl ist die vegetative Stofferzeugung des tropischen Regenwaldes groß, aber sie ist an den Urwald selbst, nicht an den Boden geknüpft. Der Regenwald ist ein System, das sozusagen nur aus sich selbst lebt. Die Zersetzung der abgestorbenen Pflanzenmassen erzeugt immer von neuem die Nährstoffe, besonders die Humusstoffe, die die Pflanzen zum Aufbau brauchen, unabhängig von dem guten oder schlechten Boden, der darunter ist. Ein verhältnismäßig kleines Kapital an Nährstoffen wird bei der hohen Wärme und Feuchtigkeit schnellstens umgesetzt. Wird aber der Urwald gerodet, insbesondere, wie es fast immer geschieht, mit Feuer gerodet, so geht von vornherein der Großteil dieser Nährstoffe verloren. Auch der im Boden vorhandene Humus und die für die chemischen Vorgänge des Boden wichtigen Bodenbakterien werden vernichtet, der Boden wird „totgebrannt", es bleibt nur ein bescheidener Rest mineralischer Nährstoffe in Form von Asche. Von dieser Aschendüngung leben die auf der Rodung angebauten Pflanzen. Sie erschöpft sich aber sehr rasch, da nun nicht mehr die Lebensvorgänge des Urwalds in ewigem Werden und Absterben die Nährstoffe erneuern, sondern die aus den Nährstoffen gewachsenen Früchte geerntet und nicht dem Boden zurückerstattet werden. Der Rotlehmboden unter dem Urwald, auch wenn er äußerlich ganz gleich aussieht, kann von sehr verschiedener Fruchtbarkeit sein, wie namentlich Versuche des Landwirtschaftlich-Biologischen Instituts zu Amani im Usambaragebirge Ostafrikas festgestellt haben. Nur bei jungvulkanischen Böden eines gewissen Entwicklungsstadiums, wie sie in Java vorhanden sind, liefert der Mineralboden selbst die hinreichenden Nährstoffe. Nach der Rodung aber ist der kahle unbeschattete Boden nicht nur der Abspülung, sondern auch ungünstigen physikalischen und chemischen Veränderungen ausgesetzt.

Demnach können wir heute über die landwirtschaftliche Erzeugungskraft noch vorhandener Urwälder gar kein Urteil fällen. Es ergibt sich für die Nutzung nur als Regel: Rodung durch Feuer muß vermieden werden. Die Rodung darf nie vollständig auf großen Flächen erfolgen, sondern es müssen mindestens Waldstreifen dazwischen stehen bleiben. Vielleicht mag für manche Kulturen Anbau unter dem Walde zweckmäßig sein.

Überblicken wir den Kontinent auf seine landwirtschaftliche Nutzbarkeit, so scheiden sich vor allem die anbaufähigen und die nicht anbaufähigen Klimagebiete. (Vergleiche die Ausklapptafel und Abb. 17). Da die Wärme überall für den Ackerbau ausreicht, so hängt es vom Niederschlag ab, wie weit man mit dem Anbau gehen kann, wo die Trockengrenze des Ackerbaus verläuft. Man kann jedoch nicht eine bestimmte jährliche Regenmenge angeben, die für den Ackerbau erforderlich ist, denn bei hoher Temperatur verdunstet viel mehr von dem gefallenen Regen als bei niedriger, so daß die gleiche Regenmenge bei höherer Temperatur für die Pflanzenwelt viel weniger ergiebig ist. Im äquatorialen Afrika liegt die Trockengrenze etwa bei 600 mm jährlichen Regenfalls, in Algerien rechnet man 350 mm, im kleinen Namaland Südafrikas 250 mm als erforderlich für den

Erzeugungskraft d

Landschaftstypen			Regen	Böden	Gewässer	Vegeta
Subtropen		Dauernd feuchte Subtropen	$>$ 500 mm	braune und kastanien-braune Böden	dauernd	Immergrüne
Subtropen		Winterregengebiet (Mittelmeerklima)	300—1000 mm		größtenteils periodisch	Hartlaub und Mac
						Trocker
Trockengürte		Subtrop. Trockensteppe und Halbwüste	$<$ 350 mm	Kalkkrusten	Trockenflüsse nur nach Regengüssen fließend, abflußlose Salzseen und Trockenseen. (Nur Fremdlingsflüsse dauernd!)	Salzsteppe Halbwüs
		Vollwüste	keine Regenzeit	Wüstenböden		fast pflanz
	Savannen (Grasländer mit laubwerfenden Bäumen) – Trockensavannen	Trop. Halbwüste, Dornsavanne (Sahelgürt. Salzsteppe)	100 — 500 mm 8–11 Mon. trocken (unter 30 mm)	Kalkkrusten		Halbsträuch.(Kniehohes Gr sträucher, Do
						Trocken
Tropengürtel	Savannen (Grasländer mit laubwerfenden Bäumen) – Trockensavannen	Ackerbaufähige Trockensavannen, (Sudangürtel)	500–1100 mm 5–7 Monate trocken	vielfach Schwarzerde	Periodische Flüsse, Trockenseen, Salzseen, auch Süßwasser-seen	Bis brusthoh breitlaubige, lose u. feinf Dornbäume, b Schirmaka Trockenwald Dornwa
						Penck'sc
Tropengürtel	Savannen – Feuchtsavannen	Feuchtsavannen (Breitlaubsavanne, Guineagürtel, Galeriewaldsteppen)	1100–1500 mm 2–4 Monate trocken	Roterden und Laterite, z. T. mit Eisenkrusten	Dauerflüsse, Süßwasserseen und -sümpfe mit Abfluß	Üb. mannshoh laubwerfende laubige Bäume grüne Galeri
Tropengürtel		Immergrüner Tropischer Regenwald	$>$ 1500 mm keine Trockenzeit, höchstens 2 Trockenmonate			Immergrü Hochwa
Tropengürtel		Höhenwald und Höhenweiden, meist über 1500 m	$>$ 600 mm meist über 1000 mm oft in Wolken gehüllt. Keine scharfe Trockenzeit		Dauerflüsse	Immergrü Hochwa (Nebelwa und Matt

*) Anzahl der Menschen, die von einem mit Nahrungspflanzen bebauten Qu

Landschaftstypen

	Viehzucht	Maßgrößen nach Hollstein: mittl. Ertrag dz/ha	Ernährungstage (zu 2500 Cal.) je ha	Menschenzahl *)	Anbaufähige Fläche i. % d. Gesamtfläche	Relative Wertzahl **)	Mögl. Volksdichte je km² b Ausnützungsfaktor 0,4
...ranbau	Rinder Ziegen Schafe Pferde Maultiere	35	4 620	1 265	35	162	177
...3. Zone, ...mmer- ...sserung		20	2 640	723	30–50	79–132	87–145
...aues							
...asen, im ...im Som- ...früchte. Dattel- Weizen ...hte Flächen	Nomadisierende Viehzucht, besonders Kamel, Schaf, Ziege. In Randgebieten Pferd und Rind.						
...aues							
...au, eine ...rocken- ...rnten. ...ß	Rind und Pferd im Trockenwald. Meist durch Tse-Tse Großviehzucht unmöglich. Kleinvieh.	25	3 300	904	40	132	145
...rockengrenze n=v im Durchschnitt des Jahres							
Durrah, ...lok, Ba- ..., Baum-	Großviehzucht meist unmöglich durch Tse-Tse	30 – 40	3 960 – 5 280	1 084 – 1 446	50	198 – 264	217 – 289
...enze der Viehzucht							
Anbau. Maniok, ...öheren ...e.	Keine Viehzucht. Höchstens Schweine und Ziegen.	(50)	(6 600)	(1 808)	(20 – 75)	(132 – 495)	(145 – 542)
Kaffee, ...höheren ...e der ...ne.	Gutes Weideland für Vieh	20	2 640	723	30	79	87

...enbedarf decken könnten. **) Ernährungstage mal $\frac{\%}{1000}$

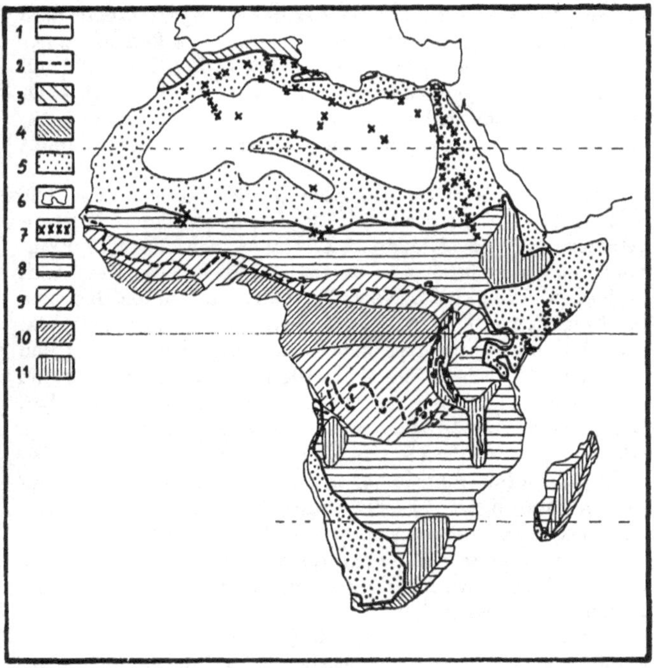

Abb. 17. Die Fruchtbarkeit Afrikas.

(Entwurf des Verfassers)

1 Grenze möglichen Regenfeldbaus. 2 Grenze der Ölpalme. 3 Subtropischer Ackerbau im Winter, im Sommer nur mit Bewässerung. 4 Suptropischer Ackerbau mit Sommer- u. Winterfrucht. 5 Weideland für Nomadenvieh, in der Sahara nur für Kamele und Schafe; in Südafrika Farmviehzucht. 6 Vollwüste. 7 Oasen. 8 Tropischer Ackerbau mit einer jährlichen Ernte, Kulturpflanzen mit geringeren Wasseransprüchen (Hirse, Erdnuß); gut für Viehzucht (Sudanzone). 9 Tropischer Ackerbau mit zwei jährlichen Ernten (Sorghum, Mais, Maniok, Baumwolle); meist ungünstig für Viehzucht (Guineazone). 10 Regenwaldgebiet; tropischer Feldbau ohne jahreszeitliche Unterbrechung; anspruchsvolle Tropengewächse wie Banane, Kakao, Kautschuk gedeihen; keine Viehzucht möglich. 11. Sommerfeuchte Hochländer mit meist nur einer Ernte.

Berichtigung: Die Mitte der ostafrikanischen Küste erhält die Signatur 9 (statt 6).

Anbau. Wir haben die Trockengrenze des Regenfeldbaus nach der Karte von Falkner (Die Trockengrenze des Regenfeldbaus in Afrika, Petermanns Mitt. 1938, S. 209—214, Tafel 22) auf unserm Kärtchen eingezeichnet und zwar die klimatisch mögliche Grenze, die an manchen Stellen, besonders in der Kalahari Südafrikas vom vorhandenen Ackerbau nicht erreicht wird.

Drei große Räume Afrikas sind nicht anbaufähig: Die Sahara, das Osthorn und der Südwesten. In diesen Trockengebieten sind die Niedergras-Dornsavannen, die die Franzosen als Sahelgürtel bezeichnen, und die Halbwüsten noch Weideland, das sich für Nomadenviehzucht, in Südafrika auch für Farmviehzucht eignet. In den Dornsavannen gedeiht das Rindvieh, die Halbwüsten bieten noch Kamelen, Schafen und Ziegen Weideflächen. Die Vollwüsten der inneren Sahara und der Namib sind überhaupt nicht landwirtschaftlich nutzbar. Die reine Weidewirtschaft ist sehr ausgreifend (extensiv), sie erfordert große Flächen, so daß in diesen Gegenden die Bevölkerungsdichte niemals auf mehr als 1 Einwohner/qkm ansteigen kann, meist sogar erheblich darunter bleibt. Die Nomaden können allerdings nicht ausschließlich von ihren Herden leben, sondern müssen sich durch Handel oder durch Raub aus den Oasen ihre Nahrung ergänzen. Aber von Milch und Datteln kann man leben.

In der riesigen Fläche der Trockensavannen und Wüsten bilden die Oasen, in denen vorhandenes Wasser den Anbau ermöglicht, nur sehr kleine Flächen. Wieviel angebaut werden kann, hängt ganz von der verfügbaren Wassermenge ab. Das Klima ist, wenn auch in den nördlichen Oasen nicht frostfrei, so doch warm genug auch für viele tropische Pflanzen wie das Zuckerrohr, die Baumwolle, die Dattelpalme. Im Winter gedeiht das Getreide der gemäßigten Zone.

Der landwirtschaftliche Wert der anbaufähigen Räume Afrikas ist sehr ungleich, in erster Linie je nach dem Regenfall. W. Hollstein (Eine Bonitierung der Erdoberfläche auf landwirtschaftlicher und bodenkundlicher Grundlage, Petermanns Mitt., Ergänzungsheft 234, Gotha 1937) hat versucht, den landwirtschaftlichen Wert der klimatischen Landschaften der Erde abzuschätzen, indem er den Ernteertrag bei guter Bearbeitung umrechnet in Ernährungstage, also angibt, wieviel Tage ein Mensch vom Ertrag eines Hektars leben kann. Sein Ziel ist, festzustellen, wieviel Menschen die einzelnen Erdräume und die Erde im ganzen ernähren können. Indem er für jedes Gebiet abschätzt, wieviel Hundertstel der Landfläche anbaufähig sind und die Ernährungstage mit diesem Bruchteil multipliziert, kommt er zu einer durchschnittlichen Wertzahl des Gebiets. Unter der Voraussetzung, daß $^4/_{10}$ der anbaufähigen Fläche für Nahrungsanbau verwendet werden können, berechnet er daraus die mögliche Volksdichte und die mögliche Bevölkerungszahl. Sie würde für die ganze Erde 13 295 Millionen, für Afrika 28,6% von dieser Zahl, nämlich 3800 Millionen Einwohner betragen.

Wenn auch diese Schätzungen mit vielen Unsicherheiten behaftet sind, so geben sie doch einen Anhaltspunkt über die Erzeugungskraft der Länder. Nur ein wesentlicher Einwand ergibt sich aus dem vorher Gesagten: Man darf nicht voraussetzen, daß das Regenwaldland überall und dauernd hohe Ernteerträge geben könne. Wir setzen daher in unserer Tabelle die Hollsteinschen Zahlen für das Regenwaldgebiet in Klammern.

In den subtropischen Winterregengebieten, also den Küstenländern des Mittelmeers und dem kapländischen Küstenstrich, ist Ackerbau ohne Bewässerung nur im Winter, nicht im trocknen Hochsommer möglich. Daher können nur Gewächse der gemäßigten Zone angebaut werden, namentlich Weizen und Gerste, dazu vielerlei Gemüse, von Dauerkulturen Weinstock und Ölbaum. Wo Bewässerung möglich ist, gedeihen Pflanzen mit größeren Wärmeansprüchen wie die Zitrusfrüchte, die Baumwolle. Ein Nahrungsertrag von 20 dz/ha oder 2640 Ernährungstagen/ha läßt sich gut erzielen. An der östlichen Südküste des Kaplandes, wo das Sommerregengebiet und das Winterregengebiet sich überdecken, sind zwei Ernten im Jahre möglich, etwa im Sommer Mais, im Winter Hafer oder auch zweimal feldmäßig Kartoffeln. Hollstein setzt für solche Gebiete einen möglichen Durchschnittsertrag an Körnerfrucht von 35 dz/ha ein.

In den Tropen können, von Höhenlagen abgesehen, überall Gewächse von hohem Wärmebedarf angebaut werden und geben meist hohe Erträge. Die Anbaumöglichkeiten stufen sich, wie die natürliche Vegetation, nach dem Regenfall ab. An der Trockengrenze des Ackerbaus beträgt der Jahresniederschlag etwa 500 mm, die Trockenzeit dauert 6 bis 7 Monate. Wegen der Unsicherheit des Niederschlags treten oft Mißernten und Hungersnöte ein. Die Landschaftsgürtel schlingen sich konzentrisch um das äquatoriale Regenwaldgebiet. Die Dornsavannen (Salzsteppen oder Trockensteppen) des Sahelgürtels mit 8 bis 11 Monaten Trockenzeit und weniger als 500 mm Regenfall sind nicht anbaufähig, sie dienen der nomadisierenden Viehzucht oder in Südafrika der Farmviehzucht der Weißen.

Es folgen bei einem Niederschlag von 500 bis 1100 mm und 6 bis 4 Monaten Trockenzeit die gemischten Laub- und Dornsavannen (Uferwaldsteppen), mit zunehmender Feuchtigkeit die Laubbuschsavannen und Trockenwälder des Sudangürtels. Dieser ist ein gutes Viehzuchtgebiet, wo auch Rind und Pferd gut gedeihen. In den feuchteren Teilen, soweit der großblätterige Trockenwald herrscht und nicht durch gerodete Flächen, durch „Kultursteppe" ersetzt ist, hemmt vielfach das Vorkommen der Tsetsefliege die Viehzucht Der Ackerbau muß sich in den äußeren, trockneren Gebieten auf weniger anspruchsvolle Gewächse mit kurzer Vegetationsperiode beschränken, wie Walzenhirse und Erdnuß. Im übrigen werden angebaut Durrahirse, Mais, Jams, Maniok, Bataten, Erdnuß, Baumwolle, in Schwemmländern mit Bewässerung auch Reis. Wegen der langen Trockenzeit kann nur eine Jahresernte erzielt werden. Hollstein rechnet den feuchteren Teil dieses Gürtels schon zum Bereich des Anbaus zweier Feldfrüchte hintereinander. Natürlich ist die Abgrenzung in diesen Gebieten allmählicher klimatischer Übergänge unsicher und nicht ohne Willkür möglich. Sicher kann man mit einer doppelten Ernte wohl erst in der feuchten Savannenzone rechnen, im Hochgrasgürtel, der mit immergrünen Galeriewäldern der dauernden Flüsse durchsetzt ist, wo der Regenfall 1100 bis 1500 mm beträgt und die trockne Zeit nur 2 oder 3, höchstens 4 Monate dauert. Hier ist die Ölpalme verbreitet, wenn auch Ölpalmanpflanzungen nur im Regenwaldgebiet erfolgreich sind. Man könnte vielleicht das Gebiet des Anbaus mit zwei jährlichen Ernten mit dem Verbreitungsgebiet der Ölpalme gleichsetzen. Allerdings reicht der zweimalige Anbau auch nach Ostafrika hinein, wo keine Ölpalmen vorkommen, nach Uganda und Kenja und an die ostafrikanische Küste. Diese Landstriche sind günstige Ackerbaugebiete. Hauptkulturpflanzen sind Mais, Durra, Bananen, Jams, Bataten, Tabak, Indigo, Baumwolle. Hollstein nimmt einen Durchschnittsertrag von 30 bis 40 dz/ha oder 3960 bis 5280 Ernährungstage/ha. an.

Im Gebiet des tropischen Regenwaldes an der Guineaküste und im Kongobecken, auch an der Ostseite Madagaskars, wo der Jahresniederschlag mindestens 1500 mm beträgt und die Trockenzeit höchstens 2 Monate dauert, erleidet der Anbau überhaupt keine Unterbrechung. Die anspruchsvollsten Tropengewächse gedeihen hier, von Nahrungspflanzen namentlich Maniok (hier Kassava genannt), Jamswurzel, die mehlige und die süße Banane, Reis, Mais sowie die Ölpalme. Für Viehzucht ist das Waldgebiet ungeeignet aus Mangel an Gras und wegen der Krankheiten.

Ein Sondergebiet für den Anbau bilden noch die sommerfeuchten Hochländer von mehr als 1200 bis 1500 m, das abessinisch-somalische Hochland, die Schwellenlandschaften Ostafrikas, das Hochland von Madagaskars und der östliche Teil des südafrikanischen Hochlands. Je nach der Höhenlage können noch tropische oder Feldfrüchte der gemäßigten Zone wie unsere Getreidearten gezogen werden, in der Regel mit nur einer Ernte. Diese Höhen sind mit ihren Hochweiden auch gute Viehzuchtgebiete. Wo die Lagen von 1000 bis 2000 m Gebirgsregenwald tragen, gedeiht der Kaffee.

5. Naturgaben und Naturschäden.

Was bietet die afrikanische Natur dem Menschen an nutzbaren Nahrungsmitteln, Rohstoffen und Kräften? Wodurch schädigt sie sein Leben und Wirken? Die wichtigste Naturgabe ist zweifellos die landwirtschaftliche Erzeugungsmöglichkeit, die wir besprochen haben. Wilde Früchte und Nahrungspflanzen bietet die Natur nur sehr beschränkt, wohl aber mancherlei Rohstoffe, vor allem Holz und Mineralien. An mineralischen Bodenschätzen ist Afrika reich. Die meisten waren den Eingeborenen nicht bekannt und sind auch nur auf höherer Kulturstufe gewinnbar. Die Eingeborenen gebrauchen meist nicht einmal Steine als Baustoff, sondern nur Lehm, mit dem sie die aus Holzstangen gebauten Wände ihrer Hütten verschmieren und der auch der Töpferei dient. Von Metallen gewannen sie Kupfer, Eisen und Gold. Diese Metalle spielten auch im Handel eine Rolle, da nur wenige Stämme in ihrem Gebiet die Rohstoffe fanden oder die Technik der Gewinnung kannten. Noch wichtiger war das Salz. Es konnte nur aus oberflächlichen Lagern, daher nur in Trockengebieten gewonnen werden, besonders in gewissen Salzpfannen der Sahara und des Sudans. Die Waldländer und feuchten Grasländer wurden durch einen ausgedehnten Handel damit versorgt. Sowohl Salz als auch Eisenhacken dienten in vielen Gegenden als Zahlungsmittel, ein Zeichen ihrer allgemeinen Wertschätzung.

Für die Weltwirtschaft ist Afrika seit etlichen Jahrzehnten das Hauptgewinnungsland von Gold und Diamanten. Es lieferte vor dem zweiten Weltkrieg 97% der Diamanten und 38% des Goldes der Welt. Auch hat es einen sehr bedeutenden Anteil an der Erzeugung von Phosphaten, Kupfer, Zinn, Radium und an den Stahlveredlern Mangan, Chrom, Kobalt und Vanadium. Die Lagerstätten befinden sich hauptsächlich in den Schwellen des Kontinents, wo das Grundgebirge zutage tritt, besonders in den das Kalaharibecken und das Kongobecken umrandenden Schwellen und der Nordguineaschwelle.

Die größte G o l d lagerstätte der Welt sind die Goldfelder des Witwatersrandes bei Johannesburg. Die goldführenden Schichten sind hier über eine Länge von mehr als 200 km bekannt und reichen in beträchtliche Tiefe. Obwohl die Lager seit 1885 in größtem Maßstabe abgebaut werden, reichen die Vorräte noch für längere Zeit.

Die D i a m a n t e n kommen teils auf ursprünglicher Lagerstätte vor in dem basischen Kimberlitgestein, das mächtige vulkanische Explosionsschlote ausfüllt, teils als „Seifen" verschwemmt im Kies und Sand einstiger und jetziger Flußläufe. mariner Strandwälle oder vom Wind angereicherter Wüstenabsätze. Die südafrikanischen Kimberlitschlote bei Kimberley liefern die herrlichsten Schmucksteine, die Diamantseifen des Kassaigebiets in Belgisch Kongo liefern etwa $^4/_5$ der Welterzeugung, vorwiegend für technische Zwecke.

In den basischen Eruptivgesteinen des Buschveldmassivs in Transvaal wurden 1924 die größten Platinlager der Welt entdeckt. Zu den größten Lagern der Erde gehören auch die Kupferlagerstätten von Katanga und Nordrhodesien. Bedeutende Zinnlagerstätten befinden sich im Bautschihochland Nigeriens und im belgischen Kolonialbereich in Katanga und dem Mandatsgebiet Ruanda-Urundi. Geringeren Umfangs sind die Blei- und Zinklagerstätten Nordrhodesiens.

Sehr reich ist Afrika an Rohstoffen der Eisen- und Stahlindustrie: Gewaltige Eisenlager, teilweise in günstiger Meeresnähe, finden sich in den nördlichen Ketten des Atlasgebirges, in Französisch-Guinea und Sierra Leone, in Transvaal. In jedem dieser Gebiete werden die Vorräte auf mehrere Milliarden Tonnen hochwertigen Erzes geschätzt. Doch förderte ganz Afrika 1938 nur 4% der Weltförderung, hauptsächlich aus Algerien. Die wichtigsten Manganlager finden sich in Postmasburg (Kapland), in der Goldküste, in Marokko und im Sinaigebirge in Ägypten. Afrika ist der an Chromerzen reichste Erdteil, sie finden sich hauptsächlich in Südrohdesien und Transvaal. Kobalt kommt besonders in Katanga und Marokko vor, Vanadium im Otavibergland Südwestafrikas und in Brokenhill (Nordrhodesien).

Auch in Bauxit, dem wichtigsten Rohstoff der Aluminiumindustrie, scheint Afrika die größten Vorräte der Welt zu haben; allein die der Goldküste werden auf ¼ der Weltvorräte geschätzt. Die als Düngemittel so wichtigen Phosphate kommen in den Atlasländern und Ägypten in riesigen Lagern vor und lieferten 1938 ⅓ der Weltförderung. Madagaskar hat sehr große Lager von Graphit. Südafrika von hochwertigem Asbest

Bescheiden sind Afrikas Vorräte an den Kraftstoffen Kohle und Erdöl. Immerhin werden die Kohlenlager der südafrikanischen Union auf 8 Milliarden, die des Wankiefeldes in Südrhodesien auf 6 Milliarden Tonnen geschätzt. Erdöllager von einiger Bedeutung, die im Krieg stark abgebaut wurden, hat nur Ägypten. Der geologische Bau des afrikanischen Kontinents läßt auch kaum wesentliche Erdöllager erwarten.

Dafür ist Afrika der an Wasserkräften reichste Kontinent, da auch seine großen Ströme in hoher Lage fließen und noch im Unterlauf großes Gefälle zu überwinden haben. Die U. S. Federal Commission schätzte 1935 die Wasserkräfte der Welt auf 472 Millionen PS, wovon 191 Millionen auf Afrika entfallen. Die gewaltigsten Wasserkräfte finden sich am untern Kongo.

Von nutzbaren Wildpflanzen und Tieren können nur einige der wichtigsten genannt werden. Sehr viele werden von den Eingeborenen verwandt, andere werden von ihnen gesammelt und durch Verkauf an europäische Händler dem Weltmarkt zugeführt. Solche Sammel- und Jagderzeugnisse waren namentlich in den Anfangsstadien der kolonialen Erschließung von Bedeutung, z. B. das Elfenbein in Ostafrika, der Kautschuk im Kongostaat.

Die Waldgebirge der Atlasländer liefern Bauholz und Brennholz, doch ist der Wald durch die Ziegenwirtschaft stark verdorben worden. Die im östlichen Tellatlas gedeihenden Korkeichenwälder liefern einen bedeutenden Teil der Welterzeugung von Kork. Die Zwergpalme gibt eine als Stopfmaterial für Matratzen geeignete Faser (crin végétal). Aus den Kernen des Arganbaumes in Südwestmarokko pressen die Eingeborenen das Arganöl.

Die Dattelpalme kommt in den saharischen Oasen nur kultiviert vor. Als Naturgaben der Sahara sind nur einige Salzlager, vor allem die mauretanische Sebkha Idjil zu nennen.

Die Grasländer der periodisch trocknen Tropen lieferten durch ihren Wildreichtum den Eingeborenen einen wesentlichen Beitrag zur Nahrung und auch durch die Felle und Häute zur Kleidung. In den Trockensteppen können Zwiebeln und Wurzelknollen, in den feuchteren auch mancherlei Wildfrüchte gewonnen werden. Die trocknen Dornbuschsavannen des Sahelgürtels liefern für den Weltmarkt das Harz der Acacia Verek, das Gummi arabikum, die Dornsavannen des nördlichen Somallandes seit dem Altertum Weihrauch und Myrrhen. In Trockenwäldern Ostafrikas wird das der Lackfabrikation dienende Kopalharz von lebenden Bäumen oder fossil aus dem Boden gesammelt. Der Kamerun- und Kongo-Kopal stammt aus Alluvialwäldern im Regenwaldgebiet.

Dem Guineagürtel und dem Regenwald gehören an der Kolabaum, dessen Nuß ein beliebtes Reizmittel ist, der Fett liefernde Schibutter- oder Karitébaum und vor allem die Ölpalme, deren Fruchtfleisch und Fruchtkern das zur Ernährung der Eingeborenen und als industrieller Rohstoff dienende Palmöl geben. Erst neuerdings wird die Ölpalme in großen Pflanzungen kultiviert; die Eingeborenen gewannen die Früchte von wilden, aber geschonten Bäumen.

Übrigens finden alle Palmen mannigfache Verwendung, ihre Stämme und Blattrippen als Bauholz, die Blattfiedern für Flechtwerk und Fasern, die Früchte, besonders die der Dattel- und der Ölpalme zur Nahrung, die Kernschale der Kokospalme als Gefäße, die Fasern der äußern Schale zur Herstellung von Seilen und Matten, das Nährgewebe, die Kopra, zur Fettgewinnung. Aus dem Mark oder dem Fruchtfleisch verschiedener Palmen werden gegorene Getränke hergestellt.

Das Regenwaldgebiet ist reich an Holz. Die Lokomotiven und Dampfer des tropischen Afrika werden wohl überall mit Holz geheizt, nicht nur in Regenwaldländern. Mancherlei Edelhölzer sind vorhanden, wie das Okumeholz und die afrikanischen Mahagonihölzer, das erste wird besonders in Gabun gewonnen. Sie sind alle deswegen schwer zu gewinnen, weil keine reinen Bestände vorhanden sind, wie gewöhnlich in unsern europäischen Wäldern, sondern die Bäume einzeln aus dem von zahlreichen verschiedenen Arten zusammengesetzten Urwald herausgeholt werden müssen. Manche Bäume und Lianen des Urwaldes geben Kautschuk und spielten in der Weltwirtschaft eine große Rolle bevor die Kautschukpflanzungen Malayas das Kautschuksammeln unlohnend gemacht hatten. Aus der Rinde eines Feigenbaumes stellen die Eingeborenen durch Klopfen eine Art Tuch her, das der Bekleidung dient.

Es ist auffallend, daß Afrika dem Menschen so wenig Kulturpflanzen und Kulturtiere geliefert hat. Die Mehrzahl der in Afrika angebauten Pflanzen sind in alten oder späteren Zeiten eingeführt, viele erst durch die Europäer aus dem tropischen Amerika. Afrikanisch sind die verschiedenen Hirsearten, der Kaffee, das abessinische Getreide Tef und die Ölpalme, die aber erst neuerdings Kulturpflanze geworden ist.

Die Neger Afrikas besitzen einige Kulturpflanzen, die nach Ansicht der besten Kenner dieser Fragen, Stuhlmanns und Schweinfurths, aus einheimischen Wildpflanzen gewonnen worden sind, so die Durrahirse, Andropogon sorghum, die im tropischen Afrika den Schwerpunkt ihrer Kultur hat und ursprünglich wohl aus Varietäten des über den größten Teil der wärmeren und heißen Zone der alten Welt verbreiteten Andropogon halepense hervorgegangen ist. Auch die Walzenhirse, Pennisetum spicatum ist afrikanisch, denn alle wilden Arten, die als Ursprungspflanze in Frage kommen, haben im tropischen Afrika ihre Heimat. Die Fingerhirse dagegen, Eleusine coracana, ist sowohl in Afrika wie in Indien beheimatet, der Ursprung ihrer Kultur ist fraglich. Die Jamswurzel, Dioscorea sp., rechnet Stuhlmann zu den in Afrika am frühesten in Pflege genommenen Gewächsen.

Nach Vavilof ist Abessinien ein Gebiet, das manche Kulturpflanzen geliefert hat. Sicher ist das Tefgetreide hier in Kultur genommen worden. Der Kaffee stammt zwar aus Abessinien, wahrscheinlich geht auch sein Name auf die abessinische Landschaft Kaffa zurück, aber er wurde anscheinend zuerst in Arabien kultiviert.

Diesen Naturgaben stehen die Schäden der Naturkräfte gegenüber, denen der Mensch in Afrika ausgesetzt ist. Die wenigen tätigen Vulkane Afrikas liegen meist in fast unbewohnten Gegenden, so daß ihre Ausbrüche keine Menschenwerke zerstören. Der Lavastrom, der 1922 den westlichen Hängen des Kamerunberges entströmte, vernichtete große Teile der Pflanzung Bibundi; derjenige, der 1912/13 aus dem

SW-Fuß des Niragongo bis in den Kivusee floß, zerstörte Felder der Eingeborenen. Die namentlich in den Grabengebieten Ostafrikas häufigen Erdbeben schaden auch wenig, denn wenn sie auch in bewohntem Land auftreten, so sind doch etwaige Schäden an Negerhütten leicht zu beheben. Auch die Sandstürme der Wüste haben selten Gelegenheit, Schaden anzurichten, wenn sie auch eine Karawane vernichten können. Zyklonale tropische Wirbelstürme kommen im SW des Indischen Ozeans vor und richten auf den Maskarenen und an der Ostküste Madagaskars gelegentlich schwere Zerstörungen an.

Viel häufiger sind die Klimaschäden, die späte Fröste oder der heiße Schirokko an den Kulturen der Mittelmeerländer anrichten, am größten sicher die, die durch die Unregelmäßigkeit des Regenfalls in den noch anbaufähigen periodisch trocknen Ländern entstehen. Die Landschaften in der Nähe der Trockengrenze des Ackerbaus sind immer wieder Mißernten und Hungersnöten ausgesetzt, die die Kolonialregierungen durch Zufuhr aus andern Ländern zu mildern suchen. Die Nomaden können den Schäden der Trockenjahre eher ausweichen, aber die fest ansässigen Viehfarmer Südafrikas leiden oft darunter und haben Viehverluste, die sie meist nicht durch stärkeren Futteranbau vermeiden können.

Wenn Überschwemmungsschäden nicht größer sind, so liegt das hauptsächlich daran, daß Afrika noch sehr wenig kultiviert ist. Die ausgedehnten Überschwemmungsgebiete der Flüsse bleiben eben frei von Ansiedlungen. Ein seit alters vollkommen beherrschter und kultivierter Fluß ist nur der ägyptische Nil. In den periodisch trocknen Gebieten, ja selbst in Oasen der Wüsten richten gelegentlich Überschwemmungen Schäden an, zerstören Häuser, reißen Ackerland weg, so z. B. der Swakop 1934 auf den Oasenfarmen der Namibwüste. Sehr häufig zerstören Überschwemmungen den Bahnkörper. In den regenreichen Jahren 1917 und 1918 waren die Südwestafrika manche Bahnstrecken wochenlang unterbrochen. Die Ingenieure hatten auf Grund ihrer europäischen

Erfahrungen nicht mit den großen Wassermengen gerechnet, die gelegentlich in einem sonst unbedeutenden Trockenbett oder in einer Geländemulde zu Tal fließen können.

Ein viel schlimmeres Werk der Naturgewalten ist die immer stärkere Abschwemmung des anbaufähigen Bodens, die für den Ackerbau und für den Wasserhaushalt des Landes besonders verheerende Folgen hat. Aber diese ist, wie wir Seite 99 ff. gesehen haben, durch menschlichen Eingriff, durch Zerstörung der Vegetation hervorgerufen und kann in Zukunft vermieden werden.

Von den tierischen Schädlingen kann man beinahe sagen, sie sind umso schlimmer, je kleiner sie sind. Der Schaden, den Raubtiere zufügen, indem gelegentlich Elefanten oder Flußpferde in eine Pflanzung einbrechen oder Löwen Menschen töten ist im ganzen gesehen gering, wenn auch beim Bau der Ugandabahn bei der Station Simba etwa 100 Menschen von Löwen getötet wurden. Bisweilen sterben Menschen durch Schlangenbiß.

Viel größere Schäden bringen Insekten. Zwar ist es wohl ein seltener Ausnahmefall, daß die lästigen Wanderameisen einem Menschen gefährlich werden. Die Termiten fressen allen möglichen Hausrat, ja zerstören das Haus selbst, soweit es aus Lehm und Holz gebaut ist, daß es zusammenfällt. Darum sind termitenfeste Hölzer, wozu das Kernholz mancher Bäume gehört, besonders gesucht. Heuschreckenschwärme vernichten oft die Feldfrüchte und verursachen Hungersnöte. Die kleinen Insekten, die die Krankheiten übertragen, wie die Schlafkrankheitsfliege, die Anophelesmücke sind die gefährlichsten Feinde des Menschen, höchstens die von ihnen übertragenen mikroskopisch kleinen Blutparasiten kann man als noch gefährlicher bezeichnen.

Auch die Schädlinge der Haustiere und der Kulturpflanzen, wie die Tsetsefliege, die eine Blutparasitenkrankheit der Pferde und Rinder überträgt und in den feuchteren Teilen des tropischen Afrika die Viehzucht verhindert, tun der menschlichen Wirtschaft schweren Schaden

6. Kulturanregungen

Inwieweit hat der afrikanische Lebensraum den Menschen zur Entwicklung seiner Fähigkeiten und zur Steigerung der Kultur angeregt? Die aus afrikanischem Boden erwachsenen Kulturanregungen sind gering. Das meiste, was heute an Kultur in Afrika vorhanden ist, ist von außen hereingetragen worden.

Wohl hat der Wildreichtum Afrikas den primitiven Jäger zu sinnreichen Jagdmethoden, genial erdachten Fallen angeregt, die man noch heute bei Buschmännern und Pygmäen sehen kann. Ob der Fortschritt zum Ackerbau in Afrika aus Anregungen der afrikanischen Natur gewonnen oder von den einwandernden Negern schon mitgebracht wurde, wissen wir nicht. Zu den wichtigsten Kulturanregungen der afrikanischen Natur müssen wir die afrikanischen Nutzpflanzen rechnen, die aus einheimischen Wildpflanzen hier in Kultur genommen worden sind (S. 154). Daß in Afrika die Hacke, in andern Ländern des niederen Ackerbaus der Grabstock oder der Pflanzstock verwandt wird, spricht für afrikanische Erfindung der Hacke. Das alles besagt aber noch nicht, daß der Ackerbau selbständig in Afrika erfunden worden ist, sondern das könnte nachträgliche Vervollkommnung der eingewanderten Ackerbauer sein.

Im Regenwaldgebiet vermindert das dauernd heiße Klima die Lebensenergie, das Düster des Waldes bedrückt den Menschen, die Menschen, die darin ihre Zuflucht finden, sind isoliert und kommen mit andern Menschen kaum in Berührung, ihnen fehlen die Kulturanregungen. Dem Ackerbauer gibt die Natur jahraus jahrein seine Feldfrüchte, sie nötigt ihn nicht, Vorräte zu sammeln und für die Zukunft zu sorgen. Auch lassen sich in diesem Klima und bei der Fülle der Schädlinge kaum Vorräte aufbewahren. Daher ist das Regenwaldgebiet ausgesprochen kulturfeindlich.

Die periodisch trocknen Gebiete dagegen, wo in der Trockenzeit keine Feldfrüchte wachsen, nötigen zur Vorratswirtschaft. Die Grasländer der Guineazone, wo außer günstigen Anbaumöglichkeiten die Jagd leichter möglich ist, als im Walde und wo in den Galleriewäldern doch die Rohstoffe des Waldes zur Verfügung stehen, begünstigen wohl am meisten die Kulturentwicklung der Naturvölker. Auch ergibt der leichtere Verkehr mehr Berührung mit andern Völkern und damit Anregungen.

Aber alle etwas höhere Kultur scheint von außen in den Kontinent gekommen zu sein. Auf die melanesischen Kultureinflüsse im tropischen Afrika ist man schon lang aufmerksam geworden. Vielleicht kommt der Pflanzenbau und alle Schiffahrt, die ja auf den afrikanischen Strömen verbreitet ist, von Melanesien. Immerhin ist das Kanu in einem stromdurchflossenen Waldland eine naheliegende Erfindung, die auch in Afrika selbständig gemacht sein könnte.

Die Viehzucht hat wohl außer kleinen Sonderanpassungen, nichts rein Afrikanisches, sondern ist von Eingeborenen äthiopider Rassen aus Asien gebracht worden. Soweit sie reicht, finden sich auch Völker äthiopiden Blutes und hamitischer Sprache oder doch ein Einschlag von beidem in Völkern gemischter Herkunft.

Wo in Afrika Kulturvölker leben, kam ihre Kultur von auswärts. Frobenius hat in den Kulturen des Sudans unter anderm die Elemente mittelmeerischer und orientalischer Kulturen nachgewiesen. Noch später hat sich die islamische Kultur über Nordafrika verbreitet, dabei allerdings auch viel älteres Kulturgut zerstört.

Nur eine Stelle Afrikas ist ein großer Kulturmittelpunkt in der Entwicklung der Menschheit gewesen, das ägyptische Niltal. Hier und in Babylonien steht die Wiege der Kultur. Der Nil mit seiner regelmäßigen Überflutung der Talaue inmitten der Wüste spendete stets erneute Fruchtbarkeit. Er zeigte seinen Anwohnern, daß nur da etwas wächst, wo Wasser hinkommt und lehrte sie, das Wasser durch Kanäle und Dämme auf die Felder der Talaue zu verteilen und aufs Vollkommenste zu auszunützen. Das erforderte nicht nur Wasserbaukunst, das erforderte organisierte Zusammenarbeit vieler. Das reiche Frucht bringende Land mußte gegen Raubzüge der Wüstennomaden gesichert und daher auch militärisch organisiert werden. Das führte zu einem straff geleiteten Staatswesen, in dem ein Wille entschied, dessen Könige die an Kanalbauten geschulten Ingenieure und Arbeiter zum Bau gewaltiger Pyramiden und Tempel verwenden konnten. Die vom Überschwemmungswasser verwischten Ackergrenzen mußten vermessen und vermarkt werden. So entstand die Feldmeßkunst und die Rechtsordnung. Schließlich mußten die Wasserbauingenieure voraussehen, wann das fruchtbare Hochwasser kommt. Sie fanden am gestirnten Himmel den ewigen Kalender, der ihnen die Zeit wies. So entstanden die Astronomie und die Anfänge der Wissenschaft. So erzog der Nil die Bewohner seines Tales zu technischer, sozialer, staatlicher und künstlerischer Kultur. S. Passarge hat versucht, die Entstehung der ägyptischen Kultur, insbesondere ihrer Anfänge noch mehr im einzelnen aus der Natur des Niltals zu erklären (Die Urlandschaft Ägyptens und die Lokalisierung der Wiege der altägyptischen Kultur. Nova Acta Leopoldina N. F. Band 9, Nr. 58, Halle 1940). Seine Darlegungen sind sehr anregend, aber ebenso hypothetisch, darum sei hier nicht näher darauf eingegangen.

Von Ägypten abgesehen hat sich Afrika als ein sehr spröder Erdteil erwiesen, der wohl fremde Kultur aufnehmen und bewahren, auch im einzelnen verändern und anpassen, aber nicht selbständige Kultur schaffen konnte. Das ist einer der Gründe dafür, daß Afrika so völlig unter die politische Herrschaft und kulturelle Leitung der Europäer geriet. Diese wissen aus dem spröden Erdteil Kulturanregungen zu entnehmen, sie empfanden den Antrieb zu seiner Entschleierung, dann zu wissenschaftlichen Forschungen auf den verschiedensten Gebieten. Die Völkerkunde, die Geographie, Botanik und Zoologie, Meteorologie, Geologie durchforschen den Erdteil systematisch. Landwirtschaftliche Versuchsstationen sind errichtet. Den Ehrenplatz unter den Wissenschaften über Afrika hat wohl die Medizin errungen, indem sie die furchtbarsten Tropenkrankheiten zu überwinden vermochte. Wir Europäer sehen in der Erschließung, Kultivierung und Betreuung des afrikanischen Erdteils eine große Zukunftsaufgabe, die uns gestellt ist und die wir lösen wollen. Diese Aufgabe erfordert von uns kraftvollen Einsatz und hingebende Arbeit. Daraus werden uns, wie aus jeder treu geleisteten Arbeit, neue Lebenskräfte wachsen.

Achtes Kapitel. Die landschaftliche Gliederung Afrikas

(Dazu die Karte Abb. 18)

I. NORDAFRIKA

1. Atlasgebiet
   - a) Rifgebirge
   - b) Marok. Atlasvorland
   - c) Hoher und mittlerer Atlas
   - d) Südmarokko
   - e) Tellatlas
   - f) Hochland der Schotts
   - g) Saharaatlas
   - h) Tunesisches Küstenland

2. Sahara
   - a) Westsaharische Flachwüste
   - b) Gebirgsländer und Becken der Mittelmeersahara
   - c) Randlandschaften am Mittelmeer
   - d) Libysche Wüste
   - e) Niloase
   - f) Gebirgswüste des Ostrandes

II. Tropisches AFRIKA

A. Trop. Niederafrika

3. Sudan
   - A. Westsudan
   - a) Senegambisches Tiefland
   - b) Hochland des obern Senegal und Niger
   - c) Tiefland des mittleren Niger und obern Volta
   - d) Land östlich des Nigers
   - B. Mittelsudan
   - e) Tschadseebecken
   - C. Ostsudan
   - f) Inselbergplatte Wadai-Darfur-Kordofan
   - g) Niltiefland

4. Nordguinea
   - a) Nordwestliches Savannenküstenland
   - b) Liberianischer Regenwaldgürtel
   - c) Nigerischer Regenwaldgürtel
   - d) Westliches Savannenhinterland
   - e) Savannenland von Goldküste-Togo-Dahomey
   - f) Nigerisches Savannenhinterland

5. Kamerun und Kongoland
   - a) Küstentiefland von Südguinea
   - bcd) Hochländer der Südguineaschwelle
   - b) Mittelkameruner Grashochland
   - c) Südkameruner Waldhochland
   - d) Kongograshochland
   - e) Asandehochland
   - f) Manyemahochland
   - g) Kongotiefland

B. Trop. Hochafrika

6. Abessinien und Somalland
   - a) Abessinisches Hochland
   - b) Danakil-Tiefland
   - c) Abessinischer Graben
   - d) Somalischolle

7. Ostafrika
   - a) Küstentiefland
   - b) Ostafrikanische Schwelle
   - c) Unjamwesi-Ugandabecken
   - d) Zentralafrik. Schwelle
   - e) Njassa-Schwelle

8. Lundaschwelle
   - a) Katangahochland
   - b) Lundahochland
   - c) Sambesihochland
   - d) Planalto
   - e) Küstenabdachung

III. SÜDAFRIKA

9. Südafrika
   - a) Östl. Küstenabdachung
   - b) Östl. Randhochland
   - c) Kalahari
   - d) Südwestafrik. Hochland
   - e) Karruhochland
   - f) Südl. Küstenland
   - g) Namibwüste

IV. INSELN

10. Inseln
    - a) im atlantischen Ozean (subtrop., trop.)
    - b) im indischen Ozean.

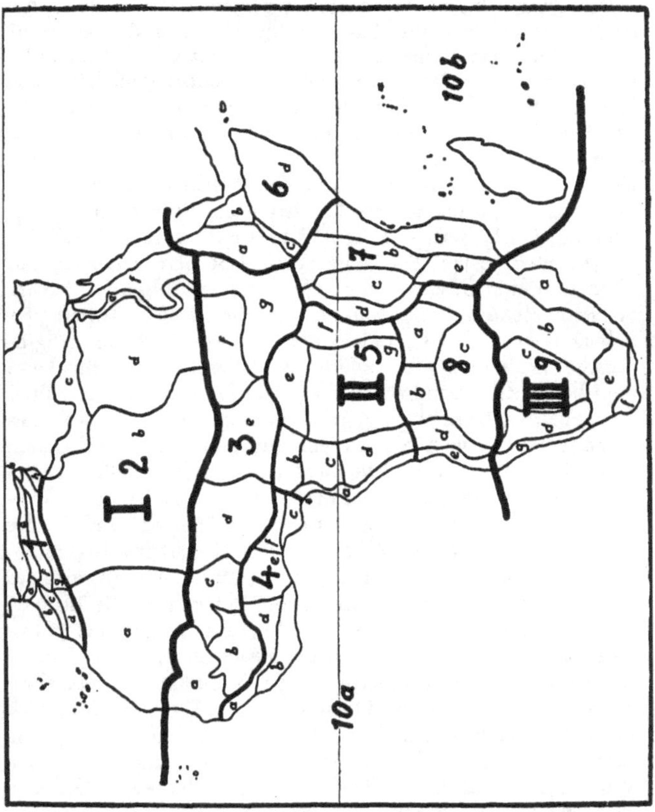

Abb. 18. Die landschaftliche Gliederung Afrikas.

(Entwurf des Verfassers)

Erläuterung in der Tabelle S. 160

1. Gesichtspunkte der Gliederung

Das geographische Wesen jedes großen oder kleinen Erdraumes ergibt sich aus dem Zusammenwirken der verschiedenen Naturerscheinungen, deren Ausbildung wir über Afrika verfolgt haben, der Lage, des Reliefs und der Bodenbeschaffenheit, des Klimas, der Gewässer, der Pflanzen- und Tierwelt, der Bewohner und ihrer Kultur. Sie sind die Kräfte, deren Wechselspiel die geographische Landschaft gestaltet. Da die Kräfte von Ort zu Ort wechseln, so entstehen aus ihrem Zusammenspiel überall andere Landschaften. Eine genauere Beschreibung erfordert, den Erdteil in einzelne, in sich einigermaßen gleichartige Teile, in „natürliche Landschaften" zu gliedern, deren Grenzen allerdings keine scharfen sein können. So sehr manche Landschaften, wie die Großlandschaft der Sahara oder die weit kleinere der Niltaloase sich als geographische Einheiten von andern unterscheiden, so sehr kann man bei andern Landschaften im Zweifel sein nicht nur über die genauere Umgrenzung, sondern auch über die Teile des Kontinents, die man als Einheit auffassen will. Je nachdem man diese oder jene Erscheinung für wichtiger hält, ergeben sich verschiedene Gliederungen. Wenn wir nach den Bewohnern und der Kultur einteilen, so zerfällt der Erdteil in das weiße Afrika, das Nordafrika einschließlich der Sahara, den Nilsudan und Abessinien umfaßt, und das schwarze Afrika südlich davon. Betont man die Lageverbundenheit, die sich in Verkehr, Kultur und politischer Zusammengehörigkeit stark auswirkt, so wird man so ungleiche Gebiete wie Ägypten, den Ostsudan und das abessinische Hochland als Nilländer, den Westsudan mit den Guineaküstenländern als Westafrika zusammenfassen. So klare natürliche Einheiten wie die Sahara und der Sudan werden aber dadurch zerrissen. Die Landschaften, in die man gliedert, sollen für alle oder doch für möglichst viele Erscheinungen das Gleichartige zusammenfassen und das Ungleiche trennen, eine Forderung, die nur selten vollständig erfüllt werden kann.

Wir wollen hier Landschaftseinheiten gleicher natürlicher Beschaffenheit herausstellen; sie sind wie schon das Kapitel über die Eignung Afrikas als Lebensraum erkennen ließ, in hohem Grade auch Einheiten der menschlichen Kultur, die sich ja, ganz besonders im Wirtschaftsleben, nach den natürlichen Grundlagen richten muß. Bei der geringen waagrechten und senkrechten Gliederung Afrikas schafft nicht die Bodengestalt, sondern das Klima die großen landschaftlichen Gegensätze. Die Unterschiede der die Oberfläche modellierenden Kräfte, der Bodenart, der Gewässer, der Pflanzendecke und der Tierwelt, der Kulturfähigkeit, des Wirtschaftslebens, der Besiedelung und der Kulturlandschaft fallen mit denen des Klimas in hohem Grade zusammen. Das Klima bestimmt in erster Linie das verschiedene Aussehen der afrikanischen Großlandschaften. Die Unterschiede der Bodengestalt kommen erst in zweiter Linie, für die Einteilung in kleinere Landschaften in Betracht. Da aber die Bodengestalt schärfere Grenzen zu ziehen erlaubt als die sehr allmählich in einander übergehenden Klimate, so werden wir die Grenzen unserer Landschaften nach Möglichkeit an solche der Bodengestalt anlehnen.

Wir müssen uns auf die Skizzierung der Großlandschaften beschränken, die Karte gibt eine weitere Gliederung. Jede Beschreibung einzelner Gebiete erfordert natürlich eine noch eingehendere Gliederung in kleinere landschaftliche Einheiten.

2. Gliederung in Zonen

Nach Lage und Klima läßt sich Afrika ungezwungen in drei Hauptgebiete einteilen: Nordafrika, das tropische Afrika und Südafrika. Nordafrika ist fast durchweg ein Trockengebiet, das größtenteils gar keinen regelmäßigen Regen, zum kleineren Teil Winterregen erhält und in dem Wüste und Halbwüste vorherrschen. Nicht die Pflanzendecke, sondern der nackte Boden bestimmt meist das Aussehen der Landschaft. Nach Bewohnern und Kultur gehört Nordafrika zum „Weißen Afrika“. Seine eingeborenen Bewohner gehören der mediterraniden und der orientaliden Rasse an, sprechen berberische Sprachen oder arabisch und bekennen sich zum Islam. Dazu kommen in den Mittelmeerländern die europäischen Siedler und die von ihnen geschaffene europäische Kulturlandschaft.

Das tropische Afrika ist ein dauernd warmes Gebiet tropischer Sommerregen, die längere oder kürzere Zeit oder gar nicht von Trockenheit unterbrochen werden. Feuchte und halbtrockne Länder herrschen vor. Es trägt eine überaus mannigfache Pflanzenwelt, die sich von dürftiger Dornsavanne, ja Halbwüste bis zum üppigsten tropischen Regenwald abstuft und eine entsprechende Tierwelt beherbergt. Es ist von Negern und im Osten von Völkern der äthiopiden Rasse bewohnt, die sudanische oder Bantusprachen sprechen. Nur im nördlichen Sudan und in Abessinien reichen die hamitischen und semitischen Bewohner weißer Rasse noch herein. Im ganzen ist es dünn bevölkert, auch in fruchtbaren Gegenden, die durch die extensive Wirtschaftsform der Wanderäcker nur unzureichend genutzt werden.

Südafrika mit seinen meist spärlichen Sommerregen, in einem kleineren Gebiet mit Winterregen, ist überwiegend trocknes Steppenland. Die Höhenlage mildert die Sommerhitze und macht die Winter ziemlich kühl. Daher ist Südafrika Siedlungsgebiet der Europäer, ein stark europäisiertes Land geworden, wirtschaftlich stärker entwickelt, mit europäischen Städten, in dem aber doch die Eingeborenen, meist Bantuneger, an Zahl weit überwiegen.

Die Grenze zwischen Nordafrika und dem tropischen Afrika legen wir in die Grenze der Wüste Sahara gegen die Dornsavannen des nördlichen Sudans. Sie verläuft also etwa unter 18° n. Br. vom Atlantischen Ozean zum Roten Meer. Die Grenze des tropischen und des südlichen Afrikas ist klimatisch weniger bestimmt, weil sich die Sommerregen in Südafrika so weit polwärts erstrecken. Hier bilden die gewaltigen, schwer zu überschreitenden Schluchten des untern Kunene und des Sambesi unterhalb der Viktoriafälle eine scharfe Grenze. Zwischen diesen Schluchten lassen wir die Grenze ungefähr der politischen Grenze von Südwestafrika folgen.

Doch rechnen wir das bewohnte Amboland, das von dieser Grenze geradlinig durchschnitten wird, ganz zum tropischen Afrika, die unbewohnte Etoschapfanne zu Südafrika.

3. Kurze Charakteristik der einzelnen Großlandschaften

Innerhalb Nordafrikas bildet das Atlasgebiet durch seinen gänzlich abweichenden Kettengebirgsbau ein Sondergebiet, das im Süden scharf gegen das Tafelland der Sahara abgesetzt ist.

Seine subtropischen Winterregen genügen aber nur im Tellatlas, im Rifgebirge, im marokkanischen Atlasvorland und auf den Westhängen des Hohen und Mittleren Atlas, um die Gebirge mit immergrünem Hartlaubwald und -busch, in den höheren Teilen mit laubwerfendem Wald und Nadelwald zu überziehen. Nur diese Landschaften sind ohne Bewässerung anbaufähig, dicht bewohnte mediterrane Kulturlandschaften mit Städten stark europäischen Gepräges, wie namentlich Algier und Casablanca. Das Steppenhochland mit seinen Trockenseen, den Schotts, der Saharaatlas, die SOseite des Hohen und Mittleren Atlas sind Steppenland, von nomadisierenden Viehzüchtern bewohnt; nur im Osten, in der Gegend von Constantine reichen Bauern und Ackerbau auf das Hochland hinauf. Die Niederschläge des Atlas spenden das Wasser für die Palmoasen an seinem Südfluß wie Tafilalt, Figig, Biskra, mit denen die Sahara beginnt.

Das Wüstengebiet der Sahara, mit mindestens 8 Millionen qkm bei weitem die größte der afrikanischen Großlandschaften, gewinnt seine Bedeutung als sperrende Schranke dadurch, daß es als 1700 km breiter Gürtel ununterbrochen von der Küste des Atlantischen Ozeans bis zum Roten Meer und der östlichen Mittelmeerküste reicht. Gewiß ist nicht dieser ganze Raum Vollwüste. Halbwüsten und Steppen, die der Nomadenviehzucht dienen, von denen kleine Teile Tripolitaniens und der Cyrenaika sogar noch anbaufähig sind, rahmen die völlig kahlen

Vollwüsten ringsum ein und unterbrechen sie in den aufragenden Gebirgen der ostsaharischen und der mittelsaharischen Schwelle; O a s e n , in denen das Grundwasser von Trockenbetten oder artesischer Schichten genutzt werden kann und Dattelpalmenwälder und Gärten hervorzaubert, sind punktweise darüber gestreut; das fruchtbare T a l d e s N i l s durchzieht die Wüste in ihrer ganzen Breite und verbindet das tropische Afrika mit der Mittelmeerküste. Kamelkarawanen querten den Wüstengürtel, von Oase zu Oase sich hindurcharbeitend. Sie sind erloschen, als die europäische Kolonisation der Guineaküste und die von dort ins Land stechenden Eisenbahnen die Güter des Sudans über den Atlantischen Ozean herauszuführen erlaubten. Wenn auch heute regelmäßig Autokurse von Algerien nach dem Niger gehen und der Bau der französischen Transsaharaeisenbahn beschlossen und begonnen ist, so ist die Bedeutung der Wüste als Verkehrsschranke noch kaum geringer geworden.

Außerordentlich einförmig, trocken und öde sind die westsaharische Flachwüste und die Libysche Wüste. Die M i t t e l - s a h a r a ist reicher gegliedert durch die Hochgebirge von Ahaggar und Tibesti, durch Hochflächen und zerlappte Schichtstufen, durch Beckenlandschaften und große Dünenfelder. Sie ist auch reicher an Oasen und ist der Sitz der hauptsächlichsten Wüstenvölker, der Tuareg und der Tibbu. Aber die wenigen Menschen verschwinden in der unendlichen Wüste. Einzig das ägyptische N i l t a l weist eine Millionenbevölkerung auf und hat durch seine landwirtschaftliche Erzeugung und seine Verkehrslage am Sueskanal eine Weltbedeutung.

Im t r o p i s c h e n Afrika tritt uns der Gegensatz von H o c h afrika und N i e d e r afrika und ferner der Gegensatz von dauernd feuchtem R e g e n w a l d l a n d und periodisch trocknem G r a s l a n d entgegen. Niederafrika nimmt den Norden und Westen, Hochafrika den Osten und Süden des tropischen Afrika ein. Das Urwaldgebiet bildet einen äquatorialen Kern an der Nordguineaküste und im Kongobecken, um den sich die Grasländer verschiedener Abstufung einschließlich des Trockenwaldes herumschlingen. Der Gegensatz von Hoch- und Niederafrika ist zugleich ein Gegensatz der Temperatur und der Lage. Hochafrika ist in der Hauptsache Hinterland des Indischen, Niederafrika Hinterland des Atlantischen Ozeans. Die Grenze zwischen beiden ziehen wir am Westfuß des abessinischen Hochlandes, über die Kammlinie des Westrandes des Zentralafrikanischen Grabens bis zum Lukugaausfluß, dann über die Steilabfälle der Hochländer von Katanga und Lunda und über die Wasserscheide des westlichen Kassaigebietes nach Sao Paolo de Loanda. Im tropischen Hochafrika haben sich in manchen Hochländern weiße Ansiedler in bescheidener Anzahl niederlassen können.

Das tropische Niederafrika besteht aus dem Sudan, dem Nordguineaküstenland und dem Kongobecken. Der Westsudan und das Guineaküstenland sind durch ihre Lage und daher auch politisch eng miteinander verknüpft, landschaftlich aber recht verschieden. Die flachen Grasländer des Sudans, aus denen da und dort isolierte Berge und Gebirge aufragen sind von N nach S nach der Feuchtigkeit abgestuft. Man pflegt zu unterscheiden den Sahelgürtel mit Dornbuschsteppen ohne Ackerbau, den Sudangürtel mit Ackerbau und Viehzucht, aber nur periodischen Flüssen, den Guineagürtel, das Land hohen Grases mit Dauerflüssen und immergrünen Galleriewäldern, beschränkter Viehzucht und reichem Anbau, der zwei Jahresernten erlaubt. Wir rechnen aber nicht den ganzen Guineagürtel zum Sudan, sondern grenzen ihn nach S orographisch und hydrographisch ab. Wir ziehen seine Südgrenze über die höchsten Höhen der Nordguineaschwelle, am Nordfuß des Kameruner Hochlandes entlang und über die Wasserscheide zwischen Schari und Nil im Norden und dem Kongo im Süden. Diese drei Landschaftsgürtel lassen sich als 5500 km lange, höchstens 500 km breite Streifen vom Atlantischen Ozean bis zum Fuß des abessinischen Hochlandes verfolgen. Von größter Bedeutung sind für den Sudan die Ströme, die von der Guinea- und Asandeschwelle nordwärts fließend den Trockengebieten die Wassermengen südlicherer Gegenden zuführen, der Senegal, der Niger mit dem Benue, der Schari, der den Tschadsee speist, der Weiße und der Blaue Nil. Ihre riesigen Schwemmlandebenen am Niger oberhalb Timbuktu, am Tschadsee, am Bahr el Djebel sind zum Teil noch versumpft, bieten aber für die Zukunft reiche Bewässerungs- und Anbaumöglichkeiten. Der schmale Streifen des Sudans zerfällt nach der Lage in verschiedene Landschaften, die hauptsächlich durch die Einzugsgebiete der Flüsse und die davon abhängigen Verkehrsverbindungen bestimmt sind. Der Westsudan oder das Senegal-Niger-Gebiet 3a—d ist über die Guineaküste mit dem Ozean enger verknüpft, der Mittelsudan oder das Tschadseebecken 3e, das orographisch weit in die Sahara hineinreicht, ist noch heute ein sehr verkehrsfernes Binnenland, den Ostsudan 3 f g verbindet der Verkehrsweg des Nils mit dem alten Kulturland Ägypten und dem Mittelmeer.

Die Nordguinealänder, die im wesentlichen mit der meerwärtigen Abdachung der Nordguineaschwelle und dem schmalen, ihr vorgelagerten Schwemmlandsaum zusammenfallen, haben unter dem Einfluß des Südwestmonsuns ein sehr regenreiches Klima. Ein 100 bis 300 km breiter Gürtel tropischen Regenwaldes begleitet die Küste, dahinter folgt die von Galleriewäldern durchzogene Parklandschaft des Guineagürtels. Nur an der trockneren Gold- und Togoküste ist der Urwaldgürtel unterbrochen und die Savanne des Guineagürtels reicht bis an die Küste. In diesem reichen Tropengebiet haben zuerst die Europäer ihre Handelsstützpunkte angelegt, aus denen in bunter Reihenfolge der Besitzer die späteren Kolonien erwachsen sind. Noch heute bezeichnet man die Küste nach den damaligen Ausfuhrerzeugnissen: Pfeffer-, Elfenbein-, Gold- und Sklavenküste. Unter dem Sklavenhandel haben diese Länder schwer gelitten. Heute sind Palmöl und Palmkerne das gemeinsame Kennzeichen der Ausfuhr aller Guineakistenländer, die Goldküste aber ist der größte Kakaoerzeuger der Welt geworden. Der Kakao und ebenso das Meiste der sonstigen reichen Produktion wird auf Pflanzungen der Eingeborenen gewonnen.

Die letzte Großlandschaft des tropischen Niederafrika, Kongoland mit Kamerun, liegt fast symmetrisch zu beiden Seiten des Äquators. Sie reicht von der Küste des

Atlantischen Ozeans bis an den Westrand des Zentralafrikanischen Grabens, vom Sudan bis an den Nordfuß der Lundaschwelle. Wir beziehen also nicht das ganze hydrographische Kongobecken ein, dessen Grenze im S auf der Höhe der Lundaschwelle verläuft. Die Lundaschwelle ist bedeutend höher als im N die Asandeschwelle. Sie ist ein Stück Hochafrikas und entspricht klimatisch und landwirtschaftlich etwa dem Sudan. Unsere Großlandschaft ist überwiegend ein regenreiches tropisches Tiefland, etwa zwischen 4° nördlicher und südlicher Breite mit tropischem Regenwald, nördlich und südlich davon mit Savanne vom Charakter des Guineagürtels bedeckt. Das orographische Kongobecken und das Stromsystem liegt nicht symmetrisch zum Äquator, sondern etwas weiter südlich. Das Schwemmland der Beckenmitte hat weniger als 500 m Meereshöhe. Von ihm steigen die umrandende Schwellen allmählich oder stufenweise empor. Die Asandeschwelle im N und die Südguineaschwelle im W überschreiten nur auf beschränkten Flächen 1000 m, vor allem im Nordrand des Kameruner Hochlandes, wo annähernd 3000 m erreicht werden. Die Guineaschwelle fällt meist schroff zum vorgelagerten Küstentiefland ab. Der 4070 m hohe Kamerunberg, ein noch tätiger Vulkan, erhebt sich nicht aus der Guineaschwelle, sondern entsteigt unmittelbar den Fluten des Ozeans und dem Tiefland. Die Flüsse strömen, der Abdachung der Schwellen folgend, nach dem innern Becken und sammeln sich im Kongo, der bei einem Einzugsgebiet von 3,7 Mill. qkm, das größtenteils in regenreichem Gebiet liegt, zu einem Riesenstrom wird. In den Schwellen haben die Flüsse Täler eingeschnitten und bilden vielfach Wasserfälle und Schnellen, so besonders der Kongo im gewaltigen Durchbruchstal seines Unterlaufs. Dadurch wird das großartige Netz der Wasserstraßen unterbrochen; Umgehungsbahnen haben die durchgehende Verkehrsverbindung, abwechselnd mit Dampfer und Eisenbahn, von der Kongomündung bis an den Tanganjikasee und die oftafrikanische Küste herstellen müssen. Trotz ähnlicher Natur und gleicher natürlicher Produktionsmöglichkeiten ist das Kongoland viel dünner bevölkert und weniger kultiviert als die Guineaküstenländer.

Das tropische Hochafrika gliedern wir in das Abessinisch-Somalische Hochland, Ostafrika und die Lundaschwelle.

Das Abessinisch-Somalische Hochland, diese massigste Anschwellung des Kontinents, ist, wie wir S. 73 näher sahen, durch das ostafrikanische Grabensystem in das Abessinische und das Somalische Hochland zerspalten. Die westwärts abgedachte Hochtafel Abessiniens erhält im Sommer nicht nur durch Zenitalregen, die nach N spärlicher werden, sondern auch durch Monsunregen reichlichen Niederschlag. Sein Ostabfall erhält durch einen abgelenkten Passat bescheidene Winterregen. Das Hochland ist in den gemäßigten Höhenlagen der Woina Dega, etwa zwischen 1800 und 2500 m ein fruchtbares Ackerbau- und Viehzuchtland, in den kühlen der Dega hauptsächlich Viehzuchtland, wenn auch der Gerstenbau bis 3900 m hinaufreicht. Die heiße Kolla nimmt hauptsächlich die steilen, das Hochland zerschneidenden Täler und die Randabfälle ein, die von der Besiedelung gemieden werden. Das Land hat seit ältesten Zeiten enge Kulturbeziehungen zum arabischen Jemen, von dem es seine semitische Bevölkerungsschicht erhielt, aber als Nilquellland auch zu Nubien und Ägypten. Bei seinem natürlichen Reichtum ist es ein selbständiges Kulturgebiet geworden, das als natürliche Gebirgsfestung die größten Stürme der Geschichte, selbst den Ansturm des Islams überstanden und das Christentum aus dem Altertum bis in die Gegenwart bewahrt hat. Das im Lee des Monsuns liegende Grabengebiet, besonders das Danakiltiefland (6 b) ist trockne Steppe, Halbwüste und Wüste und nur von hamitischen Nomadenvölkern bewohnt. Auch die südostwärts abgedachte Somalscholle liegt im Lee der regenbringenden Winde. Nur ihre höchsten Teile entsprechen der Woina Dega und der Dega; je tiefer wir zur Küste hinabgehen, desto trocknere Steppe wird das Land, das nur Nomaden nährt und die von den Italienern angelegten Oasensiedlungen am Unterlauf des Webi und des Djuba.

Ostafrika, das Seenhochland und das ihm vorgelagerte Küstentiefland, ist im ganzen viel trockener als das

Kongobecken und der Westen in gleicher geographischer Breite. Daher setzen sich die Grasländer und Trokkenwälder des Sudans hier durch die äquatorialen Breiten nach den äußeren Tropen der Südhalbkugel fort und umgürten so den äquatorialen Regenwald und die von Galleriewäldern durchzogenen Parklandschaften des Kongolandes. Es fehlt also die Verkehrsschranke des Regenwaldgürtels und dadurch ist Ostafrika für Völkerwanderungen viel durchgängiger. Daher stießen hier die Völker äthiopiden Blutes, hamitischer Sprache mit Viehzuchtkultur am weitesten nach S vor, machten Ostafrika zum Kampf- und Durchdringungsgebiet der Bantuneger und der Äthiopiden und beeinflußten bis an die Südküste Afrikas die Negervölker durch Bluteinschlag, kulturell und sprachlich. Durch die Grabenbrüche und die damit zusammenhängenden Vulkane hat Ostafrika das mannigfaltigste Relief von allen afrikanischen Großlandschaften, die höchsten Berge, die längsten und tiefsten Grabensenken, die größten Seebecken. Dem Relief entspricht das sehr mannigfache Klima, das sich von der Halbwüste bis zum tropischen Regenwald, von der gleichmäßigen Hitze des tropischen Tieflandes bis zur Kälte des ewigen Schnees abstuft. Am ausgedehntesten sind die weiten Flächen mit Trockenwald oder Dornbuschsteppe. Die Hochländer und Gebirge der Schwellen tragen Hochweiden und Nebelwald und sind, allerdings in bescheidener Zahl, von weißen Farmern besiedelt, die hier Kaffee, dort Weizen anbauen. Die mit Nebelwald bedeckten Gebirgshöhen haben die wichtige Funktion, das trockne Steppenland mit Bächen und Flüssen zu speisen, die der Bewässerung, nur in bescheidenem Maße der Schiffahrt und der Kraftgewinnung dienen können. Der feuchtere, durch Lage und natürliche Häfen gut aufgeschlossene Küstenstrich empfing seit alters, durch den jahreszeitlich wechselnden Monsun begünstigt, südasiatische Einflüsse. Araber haben ihn jahrhundertelang beherrscht und mit den Bantunegern das Mischvolk der Suaheli gebildet und durch Handel ihren Kultureinfluß weit ins Innere ausgedehnt. Im letzten Jahrhundert haben sich Inder, meist als Händler, stark ausgebreitet. Die Europäer, besonders die

Deutschen, haben hier mehr als sonst in Afrika Plantagen angelegt.

Die nach N und S sanft abgedachte Lundaschwelle folgt im S auf das Kongoland und trägt die Wasserscheide zwischen dem Kongo- und dem Sambesisystem. Das Hochland besteht aus einem vielfachen Wechsel von Hochflächen von 1500 bis 1600 m und Senken von nur 1000 bis 1200 m Meereshöhe. Im W, wo sie sich mit der Südguineaschwelle trifft, steigt sie im Planalto von Angola bis zu 2600 m an. Dann stürzt das Land, wie weiter nördlich und südlich, meist in hoher Steilstufe zum schmalen Küstentiefland ab. Nach ihrer Breitenlage und daher nach dem allgemeinen Klima- und Landschaftscharakter ist die Lundaschwelle das südliche Gegenstück des Sudans. Doch ist die Hitze durch die Höhenlage gemildert, so daß an vielen Stellen, in den Ackerbaugebieten Angolas wie in den Bergbaugebieten Katangas und Nordrhodesiens, Weiße angesiedelt sind. Das Hochland ist fast ganz mit Trockenwald bedeckt, der längs der Flüsse von Grasniederungen, auch von etlichen ausgedehnten Sümpfen unterbrochen ist. Der Küstenstrich ist Dornsavanne, im Süden schon Wüste.

Südafrika südlich des Sambesi und Kunene ist ein ungegliederter, in vieler Hinsicht sehr einheitlicher Landblock von 3½ Millionen qkm, etwa von der Größe der so reich gegliederten europäischen Halbinsel westlich der Linie Odessa—Memel. Das flach schüsselförmige, fast überall über 1000 m hohe Binnenhochland ist im Innern vom Sandfeld der Kalahari erfüllt und fällt ringsum steil ab zum Küstenland, aus dem sich noch beträchtliche Gebirge erheben. So ergibt sich eine konzentrische Anordnung von Sandfeld, Randhochländern, großem Steilabfall und Küstenabdachung. Große Gegensätze ergeben sich jedoch durch das Klima. In den der Sahara entsprechenden Breiten bringt der Südostpassat, der sich über dem vom Agulhasstrom erwärmten Meere mit Feuchtigkeit beladen hat, dem östlichen Küstenland und Hochlandsabfall und auch noch den östlichen Randhochländern ausgiebige Niederschläge. Der

Westseite jedoch bringt der über das vom Benguellastrom abgekühlte Meer wehende S- bis SW- Wind keine Niederschläge. Daher tropische Üppigkeit und Anbau tropischer Kulturpflanzen im östlichen Küstenland, Anbau von Mais und Weizen auf den östlichen Hochländern, Dornsteppenland und reine Viehzucht auf den Farmen der westlichen und südlichen Randhochländer, Vollwüste im westlichen Küstenstrich. Daß das Sandfeld der Kalahari kaum besiedelt ist, und daß dort kein Ackerbau getrieben wird, liegt nicht am mangelnden Regen, sondern an den im durchlässigen Sande mangelnden Wasserstellen. Das südliche Küstenland schließlich hat prächtiges subtropisches Klima.

Lange war Südafrika das Ende der Welt, am fernsten aller Kultur, der Sack, in den die schwächeren Völker, die Buschmänner und Hottentotten zurückgedrängt wurden. Mit Vasco da Gamas Entdeckung des Seewegs nach Ostindien wurde die Tafelbai Stützpunkt der Indienschiffahrt, an dem 1651 die Kapstadt gegründet wurde. Von hier konnten später die Weißen dank dem durch die Höhe gemäßigten Klima bis über den Wendekreis ins Innere vordringen und das Land besiedeln, doch blieben sie gegenüber den Eingeborenen weit in der Minderzahl. Südafrika ist nicht weißen Mannes Land wie Nordamerika oder Australien, sondern Mischkolonie, und daraus entspringen seine schwierigsten sozialen Probleme. Zur Erschließung haben vor allem die reichen Bodenschätze, die Diamanten und das Gold beigetragen. In der Weltwirtschaft ist Südafrika vor allem Bergbauland, seit einem halben Jahrhundert der bei weitem erste Golderzeuger und lange der erste Diamantenerzeuger der Erde.

Von den Inseln, die man zu Afrika zu rechnen pflegt, sind die des Atlantischen Ozeans alle gebirgige, vulkanische Inseln. Madeira und die Kanarengruppe haben noch subtropisches Mittelmeerklima und eine rein weiße Bevölkerung. Die wenig produktiven Kapverden liegen am Rand der Tropen und haben eine überwiegend aus Mischlingen bestehende Bevölkerung. Alle diese Inselgruppen sind wichtige Stützpunkte des Schiffs- und Flugzeugverkehrs, besonders nach Südamerika. Die von tropischem Regenwald bedeckten Guineainseln sind Plantagenländer, die besonders Kakao auf den Weltmarkt liefern. Die kleinen Inseln Ascension, St. Helena und Tristão da Cunha liegen abseits der Verkehrswege und haben geringe Bedeutung.

Die Inseln des Indischen Ozeans liegen alle in der Tropenzone. Die Rieseninsel Madagaskar ist nach ihrem Bau ein Stück Afrikas, im Osten aus einem gut bewässerten Hochland des Grundgebirges mit aufgesetzten Vulkanen, im Westen aus niedrigem, trocknerem Tafelland mit langen Schichtstufen bestehend. Die verschiedenen Schichten ihrer Bevölkerung aber hat sie nicht aus Afrika, sondern aus der austral-asiatischen Inselwelt erhalten. Die melanesische und malaiische Bevölkerung Madagaskars lebt größtenteils auf dem Hochland. Reisbau und Viehzucht sind die wichtigsten Lebensgrundlagen. Weltwirtschaftlich ist Madagaskar ein Pflanzungs- und Bergbauland. Die Komoren und die Maskarenen sind gebirgige regenreiche Vulkaninseln, die Seychellen hohe Granitklippen, Sokotra ein Splitter der Somalhalbinsel, die übrigen niedrige Koralleninselchen. Réunion mit weißer französischer und Mauritius mit vorwiegend indischer Bevölkerung sind ganz auf Zuckererzeugung eingestellt. Auch die Komoren und Seychellen sind tropische Pflanzungsländer, die übrigen Inseln haben geringe Bedeutung.

Nachtrag zu S. 119.

Die alljährlich in der Trockenzeit von den Eingeborenen angezündeten Grasbrände schädigen sehr den Holzwuchs und fördern den Graswuchs. Der französische Botaniker A. Aubreville hat neuerdings die schon 1908 von Busse ausgesprochene Ansicht bestätigt, daß ohne die Grasbrände die Bäume und Sträucher viel verbreiteter wären und dichter stünden. Nach Aubreville ist die natürliche Vegetation, die Klimax des wechselfeuchten tropischen Afrika bei mehr als 600 bis 700 mm jährlichem Regenfall der laubwerfende Trockenwald. Die Savannen sind durch Feuer, also durch den Menschen geschaffen

REGISTER

SAMMLUNG GÖSCHEN

GESAMTVERZEICHNIS

JEDER BAND DM 2,40

DOPPELBAND DM 4,80

WALTER DE GRUYTER & CO.

BERLIN W 35

SAMMLUNG GÖSCHEN

UNSER HEUTIGES WISSEN IN KURZEN, KLAREN, ALLGEMEINVERSTÄNDLICHEN EINZELDARSTELLUNGEN

Zweck und Ziel der „Sammlung Göschen"

ist, in Einzeldarstellungen eine klare, leichtverständliche und übersichtliche Einführung in sämtliche Gebiete der Wissenschaft und Technik zu geben; in engem Rahmen, auf streng wissenschaftlicher Grundlage und unter Berücksichtigung des neuesten Standes der Forschung bearbeitet, soll jedes Bändchen zuverlässige Belehrung bieten. Jedes einzelne Gebiet ist in sich geschlossen dargestellt, aber dennoch stehen alle Bändchen in innerem Zusammenhange miteinander, so daß das Ganze, wenn es vollendet vorliegt, eine einheitliche systematische Darstellung unseres gesamten Wissens bilden dürfte.

Naturwissenschaften und Technik

Mathematik

Geschichte der Mathematik. Von J. E. Hofmann.
I: Von den Anfängen bis zum Auftreten von Fermat und Descartes. 199 Seiten. 1953 . . . . Bd. 226

Mathematische Formelsammlung. Von F. Ringleb. Vollständig umgearbeitete Neuausgabe des Werkes von O. Th. Bürklen. 5., verbesserte Auflage. Mit 57 Figuren. 274 Seiten. 1949 . . . . Bd. 51

Fünfstellige Logarithmen. Mit mehreren graphischen Rechentafeln und häufig vorkommenden Zahlwerten. Von A. Adler. 2. Auflage. Neudruck. Mit 1 Tafel. 127 Seiten. 1949 . . . . Bd. 423

Elementare und klassische Algebra. Vom modernen Standpunkt. Von W. Krull. 2., erweiterte Auflage.
I: 136 Seiten. 1952 . . . . Bd. 930

Höhere Algebra. Von H. Hasse. 3., verbesserte Auflage.
I: Lineare Gleichungen. 152 Seiten. 1951. . . . . Bd. 931
II: Gleichungen höheren Grades. Mit 5 Figuren. 158 Seiten. 1951 . . . . Bd. 932

Aufgabensammlung zur höheren Algebra. Von H. Hasse und W. Klobe. 2., verbesserte und vermehrte Auflage. 181 Seiten. 1952 . . . . Bd. 1082

Gruppentheorie. Von L. Baumgartner. 2. Auflage. Mit 6 Figuren. 115 Seiten. 1949. . . . . Bd. 837

Elemente der Funktionentheorie. Von K. Knopp. 3. Auflage. Mit 23 Figuren. 144 Seiten. 1949 . . . . . . Bd. 1109

Funktionentheorie. Von K. Knopp. 7. Auflage.
I: Grundlagen der allgemeinen Theorie der analytischen Funktionen. Mit 8 Figuren. 139 Seiten. 1949 . . . Bd. 668
II: Anwendungen und Weiterführung der allgemeinen Theorie. Mit 7 Figuren. 130 Seiten. 1949 . . . . . Bd. 703

Aufgabensammlung zur Funktionentheorie. Von K. Knopp. 4. Auflage.
I: Aufgaben zur elementaren Funktionentheorie. 135 Seiten. 1949 . . . . Bd. 877
II: Aufgaben zur höheren Funktionentheorie. 151 Seiten. 1949 . . . . Bd. 878

Gewöhnliche Differentialgleichungen. Von G. Hoheisel. 4., neubearbeitete Auflage. 129 Seiten. 1951 . . . . Bd. 920

Partielle Differentialgleichungen. Von G. Hoheisel. 3., neubearbeitete Auflage. 1953 In Vorbereitung . . . Bd. 1003

Aufgabensammlung zu den gewöhnlichen und partiellen Differentialgleichungen. 2., umgearbeitete Auflage. 124 Seiten. 1952 . . . . Bd. 1059

Differentialrechnung. Von A. Witting †. 3., neubearbeitete Auflage. Durchgesehener Neudruck. Mit 95 Figuren und 200 Beispielen. 201 Seiten. 1949 . . . . . Bd. 87

Repetitorium und Aufgabensammlung zur Differentialrechnung. Von A. Witting †. 2., neubearbeitete Auflage. Durchgesehener Neudruck. 145 Seiten. 1949. . Bd. 146

Integralrechnung. Von A. Witting †. 2., verbesserte Auflage. Durchgesehener Neudruck. Mit 62 Figuren und 190 Beispielen. 176 Seiten. 1949 . . . . Bd. 88

Repetitorium und Aufgabensammlung zur Integralrechnung. Von A. Witting †. 2., neubearbeitete Auflage. Durchgesehener Neudruck. Mit 32 Figuren und 309 Beispielen. 121 Seiten. 1949 . . . . Bd. 147

Einführung in die konforme Abbildung. Von L. Bieberbach. 4. Auflage. Mit 42 Zeichnungen. 147 Seiten 1949 . . . . Bd. 768

Darstellende Geometrie. Von R. Haußner.

I: Elemente; ebenflächige Gebilde. 6., unveränderte Auflage. Mit 110 Figuren im Text. 207 Seiten. 1947 Bd. 142

II: Perspektive ebener Gebilde, Kegelschnitte. 5., unveränderte Auflage. Mit 88 Figuren im Text. 168 Seiten. 1947 . . . . Bd. 143

Sammlung von Aufgaben und Beispielen zur analytischen Geometrie der Ebene mit den vollständigen Lösungen. Von R. Haußner. Neudruck. Mit 22 Figuren im Text. 139 Seiten. 1949 . . . . Bd. 256

Nichteuklidische Geometrie. Hyperbolische Geometrie der Ebene. Von R. Baldus. 3., verbesserte Auflage, durchgesehen von F. Löbell. 1953. In Vorbereitung . . . . Bd. 970

Vermessungskunde. Von P. Werkmeister.

I: Stückmessung und Nivellieren. 9. Auflage. Mit 145 Figuren. 165 Seiten. 1949. . . . . Bd. 468

II: Messung von Horizontalwinkeln. Festlegung von Punkten im Koordinatensystem. Absteckungen. 7. Auflage. Mit 93 Figuren. 151 Seiten. 1949 . . . . Bd. 469

III: Trigonometrische und barometrische Höhenmessung. Tachymetrie und Topographie. 6. Auflage. Mit 64 Figuren. 147 Seiten. 1949 . . . . Bd. 862

Vektoranalysis. Von S. Valentiner. 7., wesentlich veränderte Auflage. Mit 19 Figuren. 138 Seiten. 1950 Bd. 354

Versicherungsmathematik. Von F. Böhm. 2., verbesserte Auflage.

I: Elemente der Versicherungsrechnung. Neudruck. 1953. In Vorbereitung . . . . Bd. 180

II: Lebensversicherungsmathematik, Einführung in die technischen Grundlagen der Sozialversicherung. 205 Seiten. 1953 . . . . Bd. 917/917a

Physik / Chemie / Allgemeine, anorganische, organische und experimentelle Chemie / Elektrochemie / Technologie

Physikalische Formelsammlung. Von G. und K. Mahler. 8., verbesserte Auflage. Mit 69 Figuren. 153 Seiten. 1950 . . . . Bd. 136

Physikalische Aufgabensammlung. Von G. und K. Mahler. Mit den Ergebnissen. 7., verbesserte Auflage. 127 Seiten. 1952 . . . . Bd. 243

Differentialgleichungen der Physik. Von E. Sauter. 2. Auflage. Mit 16 Figuren. 148 Seiten. 1950 . . . . Bd. 1070

Geschichte der Chemie in kurzgefaßter Darstellung. Von G. Lockemann.

I: Vom Altertum bis zur Entdeckung des Sauerstoffs. Mit 8 Bildnissen. 142 Seiten. 1950 . . . . Bd. 264

Allgemeine und physikalische Chemie. Von W. Schulze. II: 3., durchgesehene Auflage. Mit 36 Figuren. 160 Seiten. 1949 . . . . Bd. 698

Physikalisch-Chemische Rechenaufgaben. Von E. Asmus. 2. Auflage. 96 Seiten. 1949 . . . . Bd. 445

Anorganische Chemie. Von W. Klemm. 7. Auflage. Mit 18 Abbildungen. 184 Seiten. 1952 . . . . Bd. 37

Maßanalyse. Theorie und Praxis der klassischen und der elektrochemischen Titrierverfahren. Von G. Jander und K. F. Jahr. 6. Auflage.
I: 140 Seiten. Mit 18 Figuren. 1952 . . . . Bd. 221
II: 139 Seiten. Mit 24 Figuren. 1952 . . . . Bd. 1002

Thermochemie. Von W. A. Roth. 2., verbesserte Auflage. Mit 16 Figuren. 109 Seiten. 1952 . . . . Bd. 1057

Stöchiometrische Aufgabensammlung. Von W. Bahrdt und R. Scheer. Mit den Ergebnissen. 5., verbesserte Auflage. 120 Seiten. 1952 . . . . Bd. 452

Analytische Chemie. Von J. Hoppe. 5., verbesserte Auflage.
I: Reaktionen. 135 Seiten. 1950 . . . . Bd. 247
II: Gang der qualitativen Analyse. 166 Seiten. 1950 Bd. 248

Elektrochemie und ihre physikalisch-chemischen Grundlagen. Von A. Daßler.
I: Mit 21 Abbildungen. 149 Seiten. 1950 . . . . . Bd. 252
II: Mit 17 Abbildungen. 178 Seiten. 1950 . . . . . Bd. 253

Warenkunde. Von K. Hassak † und E. Beutel †. 7. Auflage. Neubearbeitet von A. Kutzelnigg.
I: Anorganische Waren sowie Kohle und Erdöl. Mit 19 Figuren. 116 Seiten. 1947 . . . . Bd. 222
II: Organische Waren. Mit 32 Figuren. 143 Seiten. 1949 Bd. 223

Die Fette und Öle. Von K. Braun. 5., vollständig neubearbeitete und verbesserte Auflage. Von Th. Klug. 145 Seiten. 1950 . . . . Bd. 335

Die Seifenfabrikation. Von K. Braun. Vollständig neubearbeitet von Th. Klug. 3., neubearbeitete und verbesserte Auflage. Mit 18 Abbildungen. 116 Seiten. 1953 Bd. 336

Atomphysik. III. Von Bechert-Gehrtsen. 1953. In Vorbereitung . . . . Bd. 1123

Naturwissenschaften / Biologie / Botanik / Zoologie Land- und Forstwirtschaft

Hormone. Von G. Koller. 2., neubearbeitete und erweiterte Auflage. Mit 60 Abbildungen und 19 Tabellen. 187 Seiten. 1949 . . . . Bd. 1141

Geschlecht und Geschlechtsbestimmung im Tier- und Pflanzenreich. Von M. Hartmann. 2., verbesserte Auflage. Mit 61 Abbildungen und 7 Tabellen. 116 Seiten. 1951 . . . . Bd. 1127

Fortpflanzung im Tier- und Pflanzenreich. Von J. Hämmerling. 2., ergänzte Auflage. Mit 101 Abbildungen. 135 Seiten. 1951 . . . . Bd. 1138

Grundriß der allgemeinen Mikrobiologie. Von W. Schwartz.
I: Mit 17 Abbildungen. 104 Seiten. 1949 . . . . . Bd. 1155
II: Mit 12 Abbildungen. 93 Seiten. 1949 . . . . . Bd. 1157

Symbiose der Tiere mit pflanzlichen Mikroorganismen. Von P. Buchner. 2., verbesserte und vermehrte Auflage. Mit 121 Abbildungen. 130 Seiten. 1949 . . . . Bd. 1128

Entwicklungsgeschichte des Pflanzenreiches. Von H. Heil. 2. Auflage. Mit 94 Abbildungen und 1 Tabelle. 138 Seiten. 1950 . . . . Bd. 1137

Morphologie der Pflanzen. Von L. Geitler. 3. Auflage. 1953. In Vorbereitung . . . . Bd. 141

Pflanzenzüchtung. Von H. Kuckuck. 3., völlig umgearbeitete Auflage.
I: Grundzüge der Pflanzenzüchtung. Mit 22 Abbildungen. 132 Seiten. 1952 . . . . Bd. 1134

Die Laubhölzer. Kurzgefaßte Beschreibung der in Mitteleuropa gedeihenden Laubbäume und Sträucher. Von F. W. Neger und E. Münch. 3., durchgesehene Auflage. Herausgegeben von B. Huber. Mit 63 Figuren und 7 Tabellen. 143 Seiten. 1950 . . . . Bd. 718

Die Nadelhölzer (Koniferen und übrigen Gymnospermen). Von F. W. Neger und E. Münch. 4. Auflage, durchgesehen und ergänzt von B. Huber. Mit 75 Figuren, 4 Tabellen und 3 Karten. 140 Seiten. 1952 . . . . Bd. 355

Das Tierreich IV/3: Insekten. Von H. von Lengerken. Mit 58 Abbildungen. 128 Seiten. 1953 . . . . Bd. 594

Entwicklungsphysiologie der Tiere. Von F. Seidel.
I: Ei und Furchung. Mit 29 Abbildungen. 126 Seiten. 1953 . . . . Bd. 1162
II: Körpergrundgestalt und Organbildung. Mit 42 Abbildungen. 159 Seiten. 1953 . . . . Bd. 1163

Vergleichende Physiologie der Tiere. Von K. Herter. 3. Auflage der „Tierphysiologie".
I: Stoff- und Energiewechsel. Mit 64 Abbildungen. 155 Seiten. 1950 . . . . Bd. 972
II: Bewegung und Reizerscheinungen. Mit 110 Abbildungen. 148 Seiten. 1950 . . . . Bd. 973

Landwirtschaftliche Tierzucht. Die Züchtung und Haltung der landwirtschaftlichen Nutztiere. Von H. Vogel. Mit 11 Abbildungen. 139 Seiten. 1952 . . . . Bd. 228

Kulturtechnische Bodenverbesserungen. Von O. Fauser. 4., neubearbeitete Auflage.
I: Allgemeines, Entwässerung. Mit 47 Abbildungen. 122 Seiten. 1947 . . . . Bd. 691
II: Bewässerung, Ödlandkultur, Umlegung. Mit 67 Abbildungen. 150 Seiten. 1948 . . . . Bd. 692

Agrikulturchemie. Von K. Scharrer.
I: Pflanzenernährung. 143 Seiten. 1953 . . . . . . Bd. 329

Geologie / Mineralogie / Kristallographie

Kristallographie. Von W. Bruhns und P. Ramdohr. 4. Auflage. 1953. In Vorbereitung . . . . Bd. 210

Einführung in die Kristalloptik. Von E. Buchwald. 4., verbesserte Auflage. Mit 121 Figuren. 138 Seiten. 1952 Bd. 619

Lötrohrprobierkunde. Mineraldiagnose mit Lötrohr und Tüpfelreaktion. Von M. Henglein. 3., verbesserte Auflage. Mit 11 Figuren. 91 Seiten. 1949 . . . . . . Bd. 483

Mineral- und Erzlagerstättenkunde. Von H. Huttenlocher. 1953. In Vorbereitung . . . . Bd. 1014/1015/1015a

Ingenieurwissenschaften

Allgemeines / Maschinenbau / Hoch- und Tiefbau Elektrotechnik / Wasserbau

Technische Tabellen und Formeln. Von W. Müller. 4., verbesserte und erweiterte Auflage. Von E. Schulze. Mit 105 Figuren. 152 Seiten. 1951 . . . . Bd. 579

Dynamik. Von W. Müller. 2., verbesserte Auflage.
I: Dynamik des Einzelkörpers. Mit 48 Figuren. 128 Seiten. 1952 . . . . Bd. 902
II: Systeme von starren Körpern. Mit 41 Figuren. 102 Seiten. 1952 . . . . Bd. 903

Technische Thermodynamik. Von W. Nusselt.
I: Grundlagen. 3., verbesserte Auflage. Mit 71 Abbildungen. 144 Seiten. 1950 . . . . Bd. 1084
II: Theorie der Wärmekraftmaschinen. Neudruck. Mit 87 Abbildungen und 32 Zahlentafeln. 144 Seiten. 1951 Bd. 1151

Festigkeitslehre. Von W. Gehler und W. Herberg.
I: Elastizität, Plastizität und Festigkeit der Baustoffe und Bauteile. Durchgesehener und erweiterter Neudruck. Mit 118 Bildern. 159 Seiten. 1952 . . . . Bd. 1144

Technische Schwingungslehre. Von L. Zipperer.
I: Allgemeine Schwingungs-Gleichungen, einfache Schwinger. 2., neubearbeitete Auflage. Mit 101 Abbildungen. 120 Seiten. 1953 . . . . Bd. 953

Metallkunde. Einführendes über Aufbau, Eigenschaften und Untersuchung von Metallen und Legierungen sowie über Grundlagen des Schmelzens, des Gießens, des Verformens, der Wärmebehandlung, der Oberflächenbehandlung, der Verbinde- und Trennarbeiten. Von H. Borchers. 2. Auflage.
I: Aufbau der Metalle und Legierungen. Mit 2 Tabellen und 90 Abbildungen. 110 Seiten. 1950 . . . . . . Bd. 432
II: Eigenschaften. Grundzüge der Form- und Zustandsgebung. Mit 8 Tabellen und 100 Abbildungen. 154 Seiten. 1952 . . . . Bd. 433

Getriebelehre. Von P. Grodzinski. 2., neubearbeitete Auflage.
I: Geometrische Grundlagen. Mit 142 Figuren. 159 Seiten. 1953 . . . . Bd. 1061

Die Maschinenelemente. Von E. A. vom Ende. 2., verbesserte Auflage. Mit 173 Figuren und 12 Tafeln. 159 Seiten. 1950 . . . . Bd. 3

Das Maschinenzeichnen mit Einführung in das Konstruieren. Von W. Tochtermann. 4. Auflage.
I: Das Maschinenzeichnen. Mit 77 Tafeln. 156 Seiten. 1950 . . . . Bd. 589
II: Ausgeführte Konstruktionsbeispiele. Mit 58 Tafeln. 130 Seiten. 1950 . . . . Bd. 590

Die Dampfkessel und Feuerungen einschl. Hilfseinrichtungen in Theorie, Konstruktion und Berechnung. Von W. Marcard †. 2. Auflage, neubearbeitet von K. Beck.
I: Die theoretischen Grundlagen. Wärme, Verbrennung, Wärmeübertragung. Mit 42 Abbildungen und 16 Tabellen. 150 Seiten. 1951 . . . . Bd. 9
II: Dampfkessel. Mit 53 Abbildungen. 147 Seiten. 1952 Bd. 521

Gießereitechnik. Von H. Jungbluth.
I: Eisengießerei. Mit 44 Abbildungen. 126 Seiten. 1951 Bd. 1159

Autogenes Schweißen und Schneiden. Von H. Niese. 5. Auflage. Von A. Küchler. 1953. In Vorbereitung . Bd. 499

Die wichtigsten Baustoffe des Hoch- und Tiefbaus. Von O. Graf. 4., verbesserte Auflage. Mit 63 Abbildungen. 131 Seiten. 1953 . . . . Bd. 984

Baustoffverarbeitung und Baustellenprüfung des Betons. Von A. Kleinlogel. 2., neubearbeitete und erweiterte Auflage. Mit 35 Abbildungen. 126 Seiten. 1951 . . Bd. 978

Grundlagen des Stahlbetonbaues. Von A. Troche. 2., neubearbeitete und erweiterte Auflage. Mit 75 Abbildungen, 17 Bemessungstafeln und 20 Rechenbeispielen. 208 Seiten. 1953 . . . . Bd. 1078

Fenster, Türen, Tore aus Holz und Eisen. Eine Anleitung zu ihrer guten Gestaltung, wirtschaftlichen Bemessung und handwerksgerechten Konstruktion. Von W. Wickop. 3., überarbeitete und ergänzte Auflage. Mit 96 Abbildungen. 154 Seiten. 1949 . . . . Bd. 1092

Heizung und Lüftung. Von J. und W. Körting. 8. neubearbeitete Auflage.
I: Das Wesen und die Berechnung der Heizungs- und Lüftungsanlagen. Mit 29 Abbildungen und 18 Zahlentafeln. 140 Seiten. 1951 . . . . Bd. 342
II: Die Ausführung der Heizungs- und Lüftungsanlagen. 1953. In Vorbereitung . . . . Bd. 343

Die Gleichstrommaschine. Von K. Humburg. Durchgesehener Neudruck.
I: Mit 59 Abbildungen. 102 Seiten. 1949 . . . . . Bd. 257
II: Mit 38 Abbildungen. 98 Seiten. 1949 . . . . . Bd. 881

Die synchrone Maschine. Von K. Humburg. Neudruck. Mit 78 Bildern. 109 Seiten. 1951 . . . . Bd. 1146

Transformatoren. Von W. Schäfer. 2. Auflage. Mit 74 Abbildungen. 128 Seiten. 1949 . . . . Bd. 952

Die komplexe Berechnung von Wechselstromschaltungen. Von H. K. Meinke. Mit 114 Abbildungen. 160 Seiten. 1949 . . . . Bd. 1156

Theoretische Grundlagen zur Berechnung der Schaltgeräte. Von F. Kesselring. 3. Auflage. Mit 92 Abbildungen. 144 Seiten. 1950 . . . . Bd. 711

Elektromotorische Antriebe (Grundlagen für die Berechnung) Von A. Schwaiger. 3., neubearbeitete Auflage. Mit 34 Abbildungen. 96 Seiten. 1952 . . . . Bd. 827

Überspannungen und Überspannungsschutz. Von G. Frühauf. Durchgesehener Neudruck. Mit 98 Abbildungen. 122 Seiten. 1950 . . . . Bd. 1132

Talsperren. Von F. Tölke. Mit 70 Abbildungen. 122 Seiten. 1953 . . . . Bd. 1044

Verkehrswasserbau. Von H. Dehnert.
I: Entwurfsgrundlagen, Flußregelungen. Mit 52 Textabbildungen. 103 Seiten. 1950 . . . . Bd. 585
II: Flußkanalisierungen und Schiffahrtskunde. Mit 60 Textabbildungen. 94 Seiten. 1950. . . . . Bd. 597
III: Schleusen und Hebewerke. Mit 70 Textabbildungen. 98 Seiten. 1950 . . . . Bd. 1152

Wehr- und Stauanlagen. Von H. Dehnert. Mit 90 Textabbildungen. 134 Seiten. 1952 . . . . Bd. 965

Geisteswissenschaften

Philosophie / Psychologie

Einführung in die Philosophie. Von H. Leisegang. 145 Seiten. 1951 . . . . Bd. 281

Hauptprobleme der Philosophie. Von G. Simmel. 7., unveränderte Auflage. 177 Seiten. 1950 . . . . Bd. 500

Erkenntnistheorie. Von G. Kropp.
I: Allgemeine Grundlegung. 143 Seiten. 1950 . . . . Bd. 807

Geschichte der Philosophie. I. Die griechische Philosophie. 1. Teil: Von Thales bis Leukippos. Von W. Capelle. 2., erweiterte Auflage. 135 Seiten. 1953 . . . . Bd. 857

Geschichte der Philosophie. II. Die griechische Philosophie. 2. Teil: Von der Sophistik bis zum Tode Platons. Von W. Capelle. 2., stark erweiterte Auflage. 144 Seiten. 1953 . . . . Bd. 858

Geschichte der Philosophie. VIII. Die Philosophie des 19. Jahrhunderts I. Von G. Lehmann. 151 Seiten. 1953. Bd. 571

Geschichte der Philosophie. IX. Die Philosophie des 19. Jahrhunderts II. Von G. Lehmann. 168 Seiten. 1953 . . . . Bd. 709

Die geistige Situation der Zeit (1931). Von K. Jaspers. 3., unveränderter Abdruck der im Sommer 1932 bearbeiteten 5. Auflage. 211 Seiten. 1953 . . . . Bd. 1000

Philosophisches Wörterbuch. Von M. Apel. 4., unveränderte Auflage. 260 Seiten. 1953 . . . . Bd. 1031

Therapeutische Psychologie. Freud-Adler-Jung. Von W. M. Kranefeldt. Mit einer Einführung von C. G. Jung. 2. Auflage. 152 Seiten. 1950. . . . . Bd. 1034

Religionswissenschaften

Jesus. Von M. Dibelius †. 2. Auflage. Unveränderter Neudruck. 137 Seiten. 1949 . . . . Bd. 1130

Paulus. Von M. Dibelius †. Nach dem Tode des Verfassers herausgegeben und zu Ende geführt von W. G. Kümmel. 155 Seiten. 1951 . . . . Bd. 1160

Musik / Kunst

Musikästhetik. Von H. J. Moser. 180 Seiten. 1953. . . Bd. 344

Systematische Modulation. Von R. Hernried. 2. Auflage. 136 Seiten. 1950 . . . . Bd. 1094

Der polyphone Satz.
I: Der cantus-firmus-Satz. Von E. Pepping. 2. Auflage. 223 Seiten. 1950 . . . . Bd. 1148

Die Musik des 19. Jahrhunderts. Von W. Oehlmann. 1953. In Vorbereitung. . . . . Bd. 170

Stilkunde. Von H. Weigert. 2. Auflage.
I: Vorzeit, Antike, Mittelalter. 1953. In Vorbeitung Bd. 80
II: Spätmittelalter und Neuzeit. 1953. In Vorbeitung Bd. 781

Die Kunst des Dirigierens. Von H. W. Sartorius von Waltershausen. 2. Auflage. 1953. In Vorbereitung . . Bd. 1147

Geschichte

Allgemeines / Vor- und Frühgeschichte / Altertum Mittelalter und Neuzeit / Kulturgeschichte

Einführung in die Geschichtswissenschaft. Von P. Kirn. 2. Auflage. 121 Seiten. 1952. . . . . Bd. 270

Kultur der Urzeit. Von F. Behn. 4. Auflage der „Kultur der Urzeit" Band I–III. Von M. Hoernes.
I: Die vormetallischen Kulturen. (Die Steinzeiten Europas. Gleichartige Kulturen in anderen Erdteilen) Mit 48 Abbildungen. 172 Seiten. 1950 . . . . Bd. 564
II: Die älteren Metallkulturen. (Der Beginn der Metallbenutzung. Kupfer- und Bronzezeit in Europa, im Orient und in Amerika) Mit 67 Abbildungen. 160 Seiten. 1950 Bd. 565
III: Die jüngeren Metallkulturen. (Das Eisen als Kulturmetall. Hallstatt-Latène-Kultur in Europa. Das erste Auftreten des Eisens in den anderen Erdteilen.) Mit 60 Abbildungen. 149 Seiten. 1950 . . . . Bd. 566

Vorgeschichte Europas. Von F. Behn. Völlig neue Bearbeitung der 7. Auflage der „Urgeschichte der Menschheit" von M. Hoernes. Mit 47 Abbildungen. 125 Seiten. 1949 Bd. 42

Archäologie. Von A. Rumpf.
I: Einleitung, historischer Überblick. Mit 6 Abbildungen im Text und 12 Tafeln. 143 Seiten. 1953 . . . . . Bd. 538

Zeitrechnung der römischen Kaiserzeit, des Mittelalters und der Neuzeit. Für die Jahre 1 bis 2000 n. Chr. Von H. Lietzmann. 2. Auflage. Von A. Hofmeister. 1953. In Vorbereitung. Bd. 1085

Quellenkunde der deutschen Geschichte im Mittelalter (bis zur Mitte des 15. Jahrhunderts). Von K. Jacob.
I: Einleitung, allgemeiner Teil. Die Zeit der Karolinger. 5. Auflage. 118 Seiten. 1949. . . . . Bd. 279
II: Die Kaiserzeit (911-1250) 4. Auflage. 127 Seiten. 1949 . . . . Bd. 280
III: Das Spätmittelalter (vom Interregnum bis 1500). Unter Verwertung der Hinterlassenschaft herausgegeben von F. Weden. 152 Seiten. 1952 . . . . Bd. 284

Von den Karolingern zu den Staufern. Die altdeutsche Kaiserzeit (900–1250). Von J. Haller. 3. Auflage. Mit 4 Karten. 141 Seiten. 1944 . . . . Bd. 1065

Deutsche Geschichte im Zeitalter der Reformation, der Gegenreformation und des 30jährigen Krieges. Von F. Hartung. 129 Seiten. 1951. . . . . Bd. 1105

Geschichte Englands. Von H. Preller.
I: bis 1815. 3., stark umgearbeitete Auflage. 135 Seiten. Mit 7 Stammtafeln und 2 Karten im Text. 1952 . . Bd. 375

Sprach- und Literaturwissenschaften

Indogermanisch / Germanisch

Gotisches Elementarbuch. Grammatik, Texte mit Übersetzung und Erläuterungen. Mit einer Einleitung von H. Hempel. 2., umgearbeitete Auflage. 165 Seiten. 1953 . . . . Bd. 79

Indogermanische Sprachwissenschaft. Von H. Krahe. 2. Auflage. 134 Seiten. 1948. . . . . Bd. 59

Germanische Sprachwissenschaft. Von H. Krahe. 2. Auflage.
I: Einleitung und Lautlehre. 127 Seiten. 1948 . . Bd. 238
II: Formenlehre. 140 Seiten. 1948 . . . . Bd. 780

Althochdeutsches Elementarbuch. Von Naumann-Beetz. 1953. In Vorbereitung . . . . Bd. 1111

Altnordisches Elementarbuch. Schrifttum, Sprache, Texte mit Übersetzung und Wörterbuch. Von F. Ranke. 2., durchgesehene Auflage. 146 Seiten. 1949 . . . . Bd. 1115

Deutsche Sprache und Literatur

Deutsches Rechtschreibungswörterbuch. Von M. Gottschald. Etwa 17 Bogen. 1953. In Vorbeitung . . Bd. 200/200a

Deutsche Wortkunde. Eine kulturgeschichtliche Betrachtung des deutschen Wortschatzes. Von A. Schirmer. 3., durchgesehene Auflage. 109 Seiten. 1949 . . . . Bd. 929

Deutsches Dichten und Denken von der germanischen bis zur staufischen Zeit (Deutsche Literaturgeschichte vom 5. bis 13. Jahrhundert). Von H. Naumann. 2., verbesserte Auflage. 166 Seiten. 1952 . . . . Bd. 1121

Deutsches Dichten und Denken vom Mittelalter zur Neuzeit. (1270 bis 1700). Von G. Müller. 2., durchgesehene Auflage. 159 Seiten. 1949 . . . . Bd. 1086

Deutsches Dichten und Denken von der Aufklärung bis zum Realismus (Deutsche Literaturgeschichte von 1700 bis 1890). Von K. Viëtor. 2., durchgesehene Auflage. 156 Seiten. 1949 . . . . Bd. 1096

Deutsche Sprachlehre. Von W. Hofstaetter. 9., neubearbeitete Auflage von G. Spree. 144 Seiten. 1953 . . . Bd. 20

Sprechen und Sprachpflege. (Die Kunst des Sprechens.) Von H. Feist. 2., verbesserte Auflage. Mit 25 Abbildungen. 99 Seiten. 1952 . . . . Bd. 1122

Der Nibelunge Nôt in Auswahl mit kurzem Wörterbuch herausgegeben von K. Langosch. 9., umgearbeitete Auflage. 164 Seiten. 1953 . . . . Bd. 1

Englische Sprache / Romanische Sprache und Literatur

Altenglisches Elementarbuch. Einführung, Grammatik, Texte mit Übersetzung und Wörterbuch. Von M. Lehnert. 2., verbesserte und vermehrte Auflage. 176 Seiten. 1950 . . . . Bd. 1125

Beowulf. Eine Auswahl mit Einführung, teilweiser Übersetzung, Anmerkungen und etymologischem Wörterbuch. Von M. Lehnert. 2., verbesserte Auflage. 135 Seiten. 1949 . . . . Bd. 1135

Englische Literaturgeschichte. Von F. Schubel.
I: Die alt- und mittelenglische Periode. 1953. In Vorbereitung . . . . Bd. 1114

Italienische Literaturgeschichte. Von K. Voßler. Unveränderter Nachdruck der 1927 erschienenen 4., durchgesehenen und verbesserten Auflage. 148 Seiten. 1948 Bd. 125

Griechisch / Lateinisch

Griechische Sprachwissenschaft. Von W. Brandenstein. 1953. In Vorbereitung . . . . Bd. 117

Geschichte der griechischen Sprache. Von O. Hoffmann. 3., umgearbeitete Auflage von A. Debrunner.
I: bis zum Ausgang der klassischen Zeit. 1953. In Vorbereitung . . . . Bd. 111

Geschichte der griechischen Literatur. Von W. Nestle. 2., verbesserte Auflage.
I: Von den Anfängen bis auf Alexander d. Gr. 148 Seiten. 1950 . . . . Bd. 70
II: Von Alexander d. Gr. bis zum Ausgang der Antike. 128 Seiten. 1945 . . . . Bd. 557

Geschichte der lateinischen Sprache. Von F. Stolz. 3., stark umgearbeitete Auflage von A. Debrunner. 136 Seiten. 1953 . . . . Bd. 492

Orientalia / Russisch

Sanskrit-Grammatik. Von M. Mayrhofer. 89 Seiten. 1953 Bd. 1158

Hebräische Grammatik. Von G. Beer. 2., völlig neubearbeitete Auflage von R. Meyer.
I: Schrift-, Laut- und Formenlehre I. 157 Seiten. 1952 Bd. 763/763a
II: Schrift-, Laut- und Formenlehre II. 1953. In Vorbereitung . . . . Bd. 764/764a

Russische Grammatik. Von E. Berneker. 6., unveränderte Auflage von M. Vasmer. 155 Seiten. 1947 . . . . . Bd. 66

Erd- und Länderkunde

Afrika. Von F. Jaeger. 2. Auflage.
I: Physische Erdkunde. 1953. In Vorbereitung. . . Bd. 910
II: Geographie des Menschen und seiner Kultur. 1953. In Vorbeitung . . . . Bd. 911

Australien und Ozeanien. Von H.-J. Krug. Mit 46 Skizzen. 176 Seiten. 1953 . . . . Bd. 319

Kartenkunde. Von M. Eckert-Greifendorff. Durchgesehen von W. Kleffner. 3. Auflage. Mit 63 Abbildungen. 149 Seiten. 1950 . . . . Bd. 30

Wirtschaftswissenschaften / Gesellschaftskunde

Allgemeine Betriebswirtschaftslehre. Von K. Mellerowicz. 7., veränderte Auflage.
I: 142 Seiten. 1952 . . . . Bd. 1008
II: 112 Seiten. 1952 . . . . Bd. 1153
III: 143 Seiten. 1952 . . . . Bd. 1154

Soziologie. Geschichte und Hauptprobleme. Von L. von Wiese. 4. Auflage. 151 Seiten. 1950 . . . . Bd. 101

Sammlung Göschen / Bandnummernfolge

1 Langosch, Der Nibelunge Nôt
3 vom Ende, Die Maschinenelemente
9 Marcard-Beck, Die Dampfkessel I
20 Hofstaetter, Deutsche Sprachlehre
30 Kleffner, Kartenkunde
37 Klemm, Anorganische Chemie
42 Behn, Vorgeschichte Europas
51 Bürklen-Ringleb, Mathematische Formelsammlung
59 Krahe, Indogermanische Sprachwissenschaft
66 Berneker-Vasmer, Russische Grammatik
70 Nestle, Griechische Literaturgeschichte I
79 Hempel, Gotisches Elementarbuch
80 Weigert, Stilkunde I
87 Witting, Differentialrechnung
88 Integralrechnung
101 von Wiese, Soziologie
111 Hoffmann-Debrunner, Gesch. d. griech. Sprache I
117 Brandenstein, Griechische Sprachwissenschaft
125 Vossler, Italienische Literaturgeschichte
136 Mahler, Physikalische Formelsammlung
141 Geitler, Morphologie der Pflanzen
142 Haussner, Darstellende Geometrie I
143 Haussner, Darstellende Geometrie II
146 Witting, Repetitorium und Aufgabensammlung zur Diff.-Rechn.
147 Witting, Repetitorium und Aufgabensammlung z. Integralrechn.
170 Oehlmann, Musik des 19. Jahrhunderts
180 Böhm, Versicherungsmathematik I
200/200a Gottschald, Deutsches Rechtschreibungs-Wörterbuch
210 Bruhns-Ramdohr, Kristallographie
221 Jander-Jahr, Maßanalyse I
222 Hassak-Beutel, Warenkunde I
223 Hassak-Beutel, Warenkunde II
226 Hofmann, Geschichte der Mathematik I
228 Vogel, Landwirtschaftliche Tierzucht
238 Krahe, Germanische Sprachwissenschaft I
243 Mahler, Physikalische Aufgabensammlung
247 Hoppe, Analytische Chemie I
248 Hoppe, Analytische Chemie II
252 Dassler, Elektrochemie I
253 Dassler, Elektrochemie II
256 Haussner, Aufgabensammlung zur analyt. Geometrie der Ebene
257 Humburg, Die Gleichstrommaschine I
264 Lockemann, Geschichte der Chemie I

270 Kirn, Einführung in die Geschichtswissenschaft
279 Jacob, Quellenkunde der deutschen Geschichte I
280 Jacob, Quellenkunde der deutschen Geschichte II
281 Leisegang, Einführung in die Philosophie
284 Jacob-Weden, Quellenkunde der deutschen Geschichte III
319 Krug, Australien und Ozeanien
329 Scharrer, Agrikulturchemie I
335 Braun-Klug, Die Fette und Öle
336 Braun-Klug, Seifenfabrikation
342 Körting, Heizung und Lüftung I
343 Körting, Heizung und Lüftung II
344 Moser, Musikaesthetik
354 Valentiner, Vektoranalysis
355 Neger-Münch, Die Nadelhölzer
375 Preller, Geschichte Englands
423 Adler, Fünfstellige Logarithmen
432 Borchers, Metallkunde I
433 Borchers, Metallkunde II
445 Asmus, Physikalisch-chemische Rechenaufgaben
452 Bahrdt-Scheer, Stöchiometrische Aufgabensammlung
468 Werkmeister, Vermessungskunde I
469 Werkmeister, Vermessungskunde II
483 Henglein, Lötrohrprobierkunde
492 Stolz-Debrunner, Geschichte der lateinischen Sprache
499 Niese, Autogenes Schweißen
500 Simmel, Hauptprobleme der Philosophie
521 Marcard-Beck, Dampfkessel und Feuerungen II
538 Rumpf, Archäologie I
557 Nestle, Griechische Literaturgeschichte II
564 Behn, Kultur der Urzeit I
565 Behn, Kultur der Urzeit II
566 Behn, Kultur der Urzeit III
571 Lehmann, Philosophie des 19. Jahrhunderts I
579 Müller, Technische Tabellen
585 Dehnert, Verkehrswasserbau I
589 Tochtermann, Das Maschinenzeichnen I
590 Tochtermann, Das Maschinenzeichnen II
594 Lengerken, Tierreich IV/3: Insekten
597 Dehnert, Verkehrswasserbau II
619 Buchwald, Kristalloptik
668 Knopp, Funktionentheorie I
691 Fauser, Kulturtechnische Bodenverbesserungen I
692 Fauser, Kulturtechnische Bodenverbesserungen II
698 Schulze, Allgemeine und physikalische Chemie II
703 Knopp, Funktionentheorie II
709 Lehmann, Philosophie des 19. Jahrhunderts II
711 Kesselring, Elektrische Schaltgeräte I
718 Neger-Münch, Die Laubhölzer
763/63a Beer-Meyer, Hebräische Grammatik I
764/64a Beer-Meyer, Hebräische Grammatik II
768 Bieberbach, Einführung in die konforme Abbildung
780 Krahe, Germanische Sprachwissenschaft II
781 Weigert, Stilkunde II
807 Kropp, Erkenntnistheorie I
827 Schwaiger, Elektromotorische Antriebe
837 Baumgartner, Gruppentheorie
857 Capelle, Griechische Philosophie I
858 Capelle, Griechische Philosophie II
862 Werkmeister, Vermessungskunde III

877 Knopp, Aufgabensammlung zur Funktionentheorie I
878 Knopp, Aufgabensammlung zur Funktionentheorie II
881 Humburg, Die Gleichstrommaschine II
902 Müller, Dynamik I
903 Müller, Dynamik II
910 Jaeger, Afrika I
911 Jaeger, Afrika II
917/17a Böhm, Versicherungsmathematik II
920 Hoheisel, Gewöhnliche Differentialgleichungen
929 Schirmer, Deutsche Wortkunde
930 Krull, Elementare und klassische Algebra I
931 Hasse, Höhere Algebra I
932 Hasse, Höhere Algebra II
952 Schäfer, Transformatoren
953 Zipperer, Technische Schwingungslehre
965 Dehnert, Wehr- und Stauanlagen
970 Baldus, Nichteuklidische Geometrie
972 Herter, Tierphysiologie I
973 Herter, Tierphysiologie II
978 Kleinlogel, Baustoffverarbeitung und Baustellenprüf. des Betons
984 Graf, Die wichtigsten Baustoffe des Hoch- und Tiefbaues
1000 Jaspers, Geistige Situation der Zeit
1002 Jander-Jahr, Maßanalyse II
1003 Hoheisel, Partielle Differentialgleichungen
1008 Mellerowicz, Allgemeine Betriebswirtschaftslehre I
1014 Huttenlocher, Mineral- und Erzlagerstättenkunde I
1015/15a Huttenlocher, Mineral- und Erzlagerstättenkunde II/III
1031 Apel, Philosophisches Wörterbuch
1034 Kranefeldt, Therapeutische Physiologie
1044 Tölke, Talsperren
1057 Roth, Thermochemie
1059 Hoheisel, Aufgabensamml. zu den gew. u. partiellen Diff.-Gleich.
1061 Grodzinski, Getriebelehre I
1065 Haller, Von den Karolingern zu den Staufern
1070 Sauter, Differentialgleichungen der Physik
1078 Troche, Stahlbetonbau
1082 Hasse, Aufgabensammlung zur Höheren Algebra
1084 Nusselt, Technische Thermodynamik I
1085 Lietzmann, Zeitrechnung
1086 Müller, Deutsches Dichten u. Denken vom Mittelalter zur Neuzeit
1092 Wickop, Fenster, Türen, Tore
1094 Hernried, Systematische Modulation
1096 Viëtor, Deutsches Dichten und Denken v. d. Aufkl. b. z. Realism.
1105 Hartung, Deutsche Geschichte der Neuzeit I
1109 Knopp, Elemente der Funktionentheorie
1111 Naumann-Beetz, Althochdeutsches Elementarbuch
1114 Schubel, Englische Literaturgeschichte I
1115 Ranke, Altnordisches Elementarbuch
1116 Meissner, Englische Literaturgeschichte II
1121 Naumann, Deutsches Dichten und Denken I
1122 Feist, Sprechen und Sprachpflege
1123 Bechert-Gehrtsen, Atomphysik III
1124 Meissner, Englische Literaturgeschichte III
1125 Lehnert, Altenglisches Elementarbuch
1127 Hartmann, Geschlecht und Geschlechtsbestimmung im Tier- und Pflanzenreich
1128 Buchner, Symbiose der Tiere mit pflanzlichen Mikroorganismen
1130 Dibelius, Jesus
1132 Frühauf, Überspannungen und Überspannungsschutz

1134 Kuckuck, Pflanzenzüchtung
1135 Lehnert, Beowulf
1136 Meissner, Englische Literaturgeschichte IV
1137 Heil, Entwicklungsgeschichte des Tier- und Pflanzenreichs
1138 Hämmerling, Fortpflanzung im Tier- und Pflanzenreich
1141 Koller, Hormone
1144 Gehler, Festigkeitslehre I
1146 Humburg, Die synchrone Maschine
1147 Sartorius von Waltershausen, Kunst des Dirigierens
1148 Pepping, Der polyphone Satz I
1151 Nusselt, Technische Thermodynamik II
1152 Dehnert, Verkehrswasserbau III
1153 Mellerowicz, Allgemeine Betriebswirtschaftslehre II
1154 Mellerowicz, Allgemeine Betriebswirtschaftslehre III
1155 Schwartz, Mikrobiologie I
1156 Meinke, Komplexe Berechn. der Wechselstromschaltungen
1157 Schwartz, Mikrobiologie II
1158 Mayrhofer, Sanskrit-Grammatik
1159 Jungbluth, Gießereitechnik I
1160 Dibelius-Kümmel, Paulus
1162 Seidel, Entwicklungsphysiologie der Tiere I
1163 Seidel, Entwicklungsphysiologie der Tiere II

Auf Wunsch versenden wir

kostenlos

unsere Auswahlverzeichnisse:

Allgemeine Geisteswissenschaften. 32 Seiten. Stand Juni 1953
Mathematik. 17 Seiten. Stand August 1953
Medizin. 24 Seiten. Stand Mai 1953
Naturwissenschaften. 32 Seiten. Stand Mai 1953
Rechtswissenschaften. 40 Seiten. Stand Mai 1953
Sprach- und Literaturwissenschaften / Geschichte. 32 Seiten. Stand Juni 1953
Technik. 32 Seiten. Stand Juni 1953
Theologie. 33 Seiten. Stand August 1953

FSC
www.fsc.org
MIX
Papier | Fördert gute Waldnutzung
FSC® C083411

Kolibri 360 GmbH
Ferdinand-Jühlke-Straße 7
99095 Erfurt, Deutschland
produktsicherheit@kolibri360.de